HEYNE <

Daniel Harrich
Danuta Harrich-Zandberg

SAAT DES TERRORS

Wie die westlichen Geheimdienste den Terror
vor unsere Haustür bringen

WILHELM HEYNE VERLAG
MÜNCHEN

Sollte diese Publikation Links auf Webseiten Dritter enthalten, so übernehmen wir für deren Inhalte keine Haftung, da wir uns diese nicht zu eigen machen, sondern lediglich auf deren Stand zum Zeitpunkt der Erstveröffentlichung verweisen.

Verlagsgruppe Random House FSC® N001967

Originalausgabe 10/2019
Copyright © 2019 by Wilhelm Heyne Verlag, München,
in der Verlagsgruppe Random House GmbH,
Neumarkter Straße 28, 81673 München
Begleitendes Lektorat und
konzeptionelle Unterstützung: Kerstin Lücker
Redaktion: Isabella Kortz
Umschlaggestaltung: Hauptmann und Kompanie, Zürich,
unter Verwendung eines Motives von © diwafilm
Satz: Schaber Datentechnik, Austria
Druck: CPI books GmbH, Leck
Printed in Germany

ISBN: 978-3-453-60501-5

www.heyne.de

Inhaltsverzeichnis

Vorwort 9

Die drei Säulen des Terrors 9
Die Spur des modernen Terrors
führt nach Pakistan 13
Anmerkungen zu den Recherchen
und den verwendeten Quellen 17
Warum ist das Buch heute so wichtig? 20

Der Feind meines Feindes Teil 1 23

Armut, Korruption, Terrorismus 23
Die Teilung Indiens: Pakistan entsteht 26
Die Sowjets in Afghanistan 33
Die Sowjets verlieren den Krieg
in Afghanistan 41
Erste Folge der 1980er:
Die Taliban in Afghanistan 43
Zweite Folge der 1980er: Al-Qaida entsteht 46

Dritte Folge: Der pakistanische
Geheimdienst ISI fördert Terror 52
Nuklearisierung Pakistans 56

Der Feind meines Feindes Teil 2 63

Nine-Eleven 63
Das neue Bündnis der USA mit Pakistan 66
2001–2011: Pakistan hilft dem Westen 67
Pakistan schützt Osama bin Laden 73
Die Spuren von Anschlägen auf
der ganzen Welt führen nach Pakistan 76
Pakistan unterstützt Terroristen gegen
das eigene Bündnis in Afghanistan 80
Auf welcher Seite steht der
pakistanische Geheimdienst ISI? 84
Der Mord an Benazir Bhutto 86
Keep the fire burning 88
Die Geister, die ich rief 93
Pakistan heute 96
Kehrtwende 98
2011 – Osama bin Laden wird in Pakistan getötet 100
Von Osama bin Laden zu David Headley 105

David Coleman Headley 107

Eine spektakuläre Verhaftung 107
Daood Gilanis Kindheit 111

Daood wird Drogendealer 116
Nine-Eleven: Gilani wird Agent in Pakistan 125
Ausbildung zum Terroristen 131
Der pakistanische Geheimdienst ISI
kommt ins Spiel 142
Headley plant den Anschlag in Mumbai 148
Vorbereitungen 154
Diskussionen über die Ziele des Anschlags 167
Die Vorbereitungen des Anschlags
von Mumbai werden konkret 173
Alle Warnungen verhallen ungehört 176

Der Anschlag: Protokoll der Ereignisse 179

Nach den Anschlägen 204
Welche Rolle spielen die amerikanischen
Behörden? Und wie tief ist Pakistans Geheimdienst
in die Anschläge verstrickt? 216
Die Bedeutung der Ereignisse 224
Headley wechselt zu al-Qaida 229
Headley wird gefasst 237
Das neue Geschäft von ISI und LeT:
Anschläge in Europa 246

Die Welt verändert sich 249

Der Irak zerfällt 249
Der Arabische Frühling 252

Die Geschichte wiederholt sich	256
Mumbai in Europa	258
Paris	260
Ansbach	264
Manchester	266

Schluss 269

Nachwort und Danksagung 277

Register 281

Vorwort

Die drei Säulen des Terrors

Zehn Terroristen, bewaffnet mit Kalaschnikows, Handgranaten und Sprengstoff, fielen am 26. November 2008 gegen 21.30 Uhr in die indische Millionenmetropole Mumbai ein. Sie zogen in Zweiergruppen quer durch die Stadt, griffen fast zeitgleich das Hotel Oberoi-Trident, das Leopold Cafe, das nahe gelegene Hotel Taj Mahal Palace, den Bahnhof Victoria Terminus und ein amerikanisch-jüdisches Zentrum an. Fast drei Tage hielten sie die Stadt gefangen, deponierten Bomben, warfen Handgranaten und erschossen unschuldige Menschen. »Wir wollten schon zahlen, da hörte ich einen riesigen Knall und dann ging es los. Bam, bam, bam. Schüsse fielen – minutenlang«, erinnert sich Desirée Baumann, eine der Überlebenden. Am Ende wurden mehr als 170 Tote und mehr als 230 Verletzte gezählt.

Der Anschlag von Mumbai 2008, nach dem Vorbild von 9/11 auch 26/11 genannt, war für uns, die Autoren dieses Buches, der Einstieg in eine mehr als zehn Jahre dauernde Recherche. Was wir damals nicht ahnten: Unsere Nachforschungen führten uns nicht etwa in die ideologisch-politisch motivierten Kreise von al-Qaida und anderen Terrornetzwerken. Stattdessen zeichnete sich immer deutlicher ab, wie tief Geheimdienste und Regierungen durch den sogenannten »Krieg gegen den Terror« selbst in den Terror verstrickt sind.

Das Thema Terror ist nicht neu. Es ist jedoch noch nie so allgegenwärtig gewesen wie in den letzten Jahren, seit der internationale islamistische Terrorismus mit den Anschlägen von Brüssel und Paris Europa erreicht hat. Terror begegnet uns an den Sicherheitsschleusen von Flughäfen, Museen und praktisch jedem öffentlichen Gebäude, er beherrscht die Medien, von den Nachrichtenkanälen bis zu Spielfilmen und Serien, er durchzieht politische und gesellschaftliche Diskurse. Die Angst vor Terror hat überall in Europa politische Kräfte salonfähig gemacht, die bis dahin als die eigentliche Bedrohung der freiheitlichen Grundordnung und der Demokratie galten. Und natürlich gibt es eine unendliche Zahl von wissenschaftlichen Studien und Büchern zum Thema. Umso überraschter waren wir, als wir neben den erwartbaren politischen, ideologischen und religiösen Beweggründen auf einen Aspekt stießen, der selbst in der Fachliteratur kaum beleuchtet wird: Terror ist ein Geschäftsmodell, bei dem es um Geld, Waffen, politischen Einfluss und Macht geht, und zwar für alle Beteiligten.

Ganz gleich, ob rechts, links, fundamental-religiös oder anders motiviert und auf welcher Ebene, vom General an der Spitze einer Militärmacht bis zum Selbstmordattentäter – es lassen sich immer dieselben drei *Säulen des Terrors* identifizieren: 1. Ideologie, 2. Politik, 3. Geld und Macht.

Während Ideologie und Politik ausführlich und intensiv analysiert und diskutiert werden, bleibt das Geschäftsmodell Terror fast immer unter dem Radar der öffentlichen und politischen Wahrnehmung. Kaum jemand spricht darüber, dass im »Kampf gegen den Terror« Strukturen entstehen, von denen nicht nur Terrororganisationen profitieren, sondern auch Geheimdienste und Regierungen. Unsere Recherchen zeigen, dass durch die Bemühungen von – meist westlichen – Regierungen, Terror zu bekämpfen, ganze Länder von den damit verbundenen Geldflüssen und Hilfsleistungen abhängig werden. Dazu ein Beispiel: In den 1970er-Jahren hofften mehrere europäische Regierungen und sogar Unternehmen (Fluggesellschaften und Ölkonzerne), palästinensische Terrororganisationen durch Millionenzahlungen davon abhalten zu können, Anschläge auf ihrem Hoheitsgebiet durchzuführen bzw. ihre Flugzeuge zu entführen. Das Ergebnis dieser heimlichen Strategie führte keineswegs zum gewünschten Ziel. Im Gegenteil: Immer wieder gab es Anschläge, weil die palästinensischen Organisationen wussten, dass sie genauso lange Geld bekamen, wie es den Terror gab, der mit diesem Geld bekämpft werden sollte.

Im Kampf gegen den islamistischen Terror, wie wir ihn seit etwa Ende der 1990er-Jahre erleben, kooperieren westliche Geheimdienste mit Partnern – beispielsweise den Geheimdiensten von Ländern wie Pakistan, dem Irak, Iran, Saudi-Arabien oder Libyen –, deren Interessenlage nicht immer klar ist. Sicher aber kann man sagen: Je mehr Parteien involviert sind und je komplexer die Gemengelage ist, desto undurchsichtiger wird das Geschäftsmodell Terror. Und ähnlich wie die palästinensischen Terrororganisationen in den 1970er-Jahren lernen auch heute viele der Partner, mit denen westliche Regierungen Bündnisse schließen, dass Konflikte ihnen Geld, Waffen, politischen Einfluss und Relevanz bringen. Inzwischen ist es ein offenes Geheimnis, dass genau diese angeblichen Bündnispartner allenfalls nach außen hin auf der Seite des Westens stehen, dass sie oft jedoch gleichzeitig unsere Feinde unterstützen. Und das passiert nicht von ungefähr. Den Geheimdiensten und Sicherheitsapparaten in Pakistan, Tunesien, Libyen oder dem Irak ist bewusst, dass die westlichen Regierungen nur so lange an den für sie einträglichen Kooperationen interessiert sind, solange es die Konflikte gibt. Ist die Lage einigermaßen stabil, erhalten sie keine Unterstützung mehr. Warum also sollten sie daran interessiert sein, Konflikte wirklich zu befrieden?

In einem der zahlreichen Interviews, die wir im Zuge unserer Recherchen mit hochrangigen Akteuren geführt haben, bringt Richard Kemp, ehemaliger Offizier der britischen Armee und Geheimdienstkoordinator der britischen Regierung, den verhängnisvollen Zusammenhang überraschend offen auf den Punkt: »Es ist ein sehr dreckiges Geschäft. Riesige Geldsummen werden von den USA, Großbritannien, Deutschland und der EU gezahlt. Und damit werden Terroristen finanziert, die Anschläge gegen uns verüben.«

Die Spur des modernen Terrors führt nach Pakistan

Der Anschlag auf Mumbai war einer von vielen traurigen Höhepunkten in einem Dauerkrieg, der seit mehr als einem halben Jahrhundert zwischen Indien und Pakistan herrscht. Doch die Bedeutung von Mumbai 26/11 reicht über den Konflikt zwischen Indien und Pakistan hinaus. Hier gingen die Terroristen nach einer neuen Strategie vor, der Angriff auf Mumbai wurde zur Blaupause für Anschläge ähnlicher Art, die später in Kopenhagen, Paris und Berlin verübt werden sollten. Pakistan wurde zu einem Ausgangspunkt für den weltweiten islamistischen Dschihad gegen den Westen. Wieder einmal. Denn die Spuren des Terrors führten schon früher nach Pakistan. Die Wurzeln dessen, was in Mumbai geschah und sich später in Paris, Kopenhagen und Berlin wiederholte, reichen fast 40 Jahre zurück. Damals, in den 1980er-Jahren, wurde in Pakistan die Saat des Terrors gesät, die jetzt aufgegangen ist.

Als Reaktion auf die Invasion sowjetischer Truppen in Afghanistan schlossen westliche Geheimdienste – CIA, BND und andere – Ende der 1970er-Jahre zusammen mit der Regierung Pakistans und dem pakistanischen Geheimdienst ISI eine unheilvolle Allianz mit religiös-fundamentalistisch indoktrinierten Terroristen. Doch schon bald sollte sich dieses Bündnis gegen den Westen selbst richten. Lange wollte man es nicht wahrhaben, aber inzwischen ist auch den westlichen Regierungen und Geheimdiensten klar, dass Mitarbeiter des ISI und der pakistanischen Regierung zahlreiche Terrororganisationen decken, offen unterstützen und sogar gegründet haben. Pakistan spielt ein doppeltes Spiel: Offiziell ist das Land Partner der westlichen Allianz im Kampf gegen den Terror, doch hinter den Kulissen ist es zugleich Pate des Terrors.

Angehörige des ISI und des pakistanischen Sicherheitsapparates betätigen sich als Hauptsponsor und Unterstützer zahlreicher Terrororganisationen. Dabei nutzen sie ausgerechnet jene Ressourcen, die ihnen das Bündnis mit den westlichen Partnern einbringt, denn von ihnen werden sie finanziert, ausgebildet und ausgerüstet. So hat sich im Lauf der Jahrzehnte ein perfides Geschäftsmodell entwickelt, das vereinfacht bedeutet: Je mehr Geld, desto mehr Terror. Oder umgekehrt: Je mehr Terror, desto mehr Geld.

Über die fragwürdige Kooperation, die westliche Geheimdienste über Jahrzehnte mit Pakistan eingegangen sind, macht sich heute niemand mehr Illusionen; zu groß ist die Zahl der Beweise dafür, dass Pakistan seine westlichen Partner hintergeht. Daher lässt sich das »Geschäftsmodell Terror« am Beispiel dieses Landes besonders gut beschreiben. Dabei sticht ein Fall besonders hervor: Die Geschichte des amerikanisch-pakistanischen Doppelagenten David Coleman Headley.

Headley ist in vielerlei Hinsicht eine Schlüsselfigur des weltweiten Terrors. Vor allem aber ist sein Fall – anders als viele andere – außergewöhnlich gut dokumentiert. Als bekannt wurde, dass Headley nicht nur für mehrere amerikanische Dienste, sondern auch für den ISI und mehrere pakistanische Terrororganisationen aktiv war und dass er mit Mumbai 26/11 einen der schwersten Anschläge pakistanischer Terroristen auf Indien vorbereitet hatte, waren der Skandal und die Angst vor ähnlich grauenvollen Anschlägen in Europa und insbesondere in den USA so groß, dass der damalige Präsident Barack Obama seine Verhaftung persönlich anordnete. Sogar Osama bin Laden verfolgte aus seinem Versteck im pakistanischen Abbottabad intensiv den Prozess, der Headley gemacht wurde – wie schriftliche Aufzeichnungen des Terroristenführers beweisen.

Obwohl die amerikanischen Behörden versucht haben, die Einzelheiten der Akte Headley unter Verschluss zu halten, gelangten relativ viele Informationen an die Öffentlichkeit. Zum einen wurden viele Details während des strafrechtlichen Ermittlungsverfahrens und des Prozesses in Chicago öffentlich, zum anderen tauchte der Fall in den von Edward Snowden geleakten Dokumenten auf, und schließlich machten indische Ermittlungsbehörden eigentlich geheime Hintergrundinformationen öffentlich, weil sie darüber enttäuscht waren, dass die Amerikaner einen der Drahtzieher des Attentats auf Mumbai nicht an Indien auslieferten. Bei Weitem nicht alle Dokumente wurden veröffentlicht. Dank stunden-, in einigen Fällen auch tagelanger Gespräche in Geheimdienstkreisen kann ein Teil der Informationen in dieses Buch einfließen.

Headleys Geschichte ist auch deshalb wichtig, weil er maßgeblich daran beteiligt war, die Attentate nach dem sogenannten Mumbai-Stil zu entwickeln. Die Anschläge vom 26. November 2008 waren auf schockierende Art und Weise neu und wurden zum Vorbild für vergleichbare Anschläge in Europa. Damit wurde Headley zum Mastermind des modernen Terrorismus, den wir heute in vielen Ländern erleben.

Headley nutzte die Verflechtungen mehrerer der einflussreichsten und mächtigsten Ermittlungsbehörden der Welt, um seine wahren Absichten zu verheimlichen. Die westlichen Dienste glaubten, mit ihm eine unverzichtbare Quelle zu haben, einen Agenten, mit dem sie das für sie ebenso undurchschaubare wie undurchdringbare Terrain der islamistischen Gotteskrieger infiltrieren konnten. Headley aber spielte zur gleichen Zeit eine strategisch führende Rolle innerhalb der pakistanischen Terrororganisation Lashkar-e-Taiba (LeT). Dabei wurde er von seinen originären Auftraggebern – den westlichen Diensten – mutmaßlich gedeckt und finanziert. Und nicht nur das: Gerade, als er sich nach den Anschlägen von Mumbai von Lashkar-e-Taiba abwandte, Kontakte zu al-Qaida knüpfte und die ersten Attentate in europäischen Städten plante, wurde er in Amerika verhaftet. Er hat also selbst noch erste Schritte unternommen, um den Terror nach Europa zu tragen. Insofern kann man an Headley in vielfacher Hinsicht beispielhaft sehen, wie die Globalisierung des Terrors funktioniert und wie leicht den Geheimdiensten die Kontrolle über ihre eigenen Ressourcen aus den Händen gleitet.

Anmerkungen zu den Recherchen und den verwendeten Quellen

Der Großteil der Recherche für dieses Buch führt in die Welt der Geheimdienste. Diese sind nicht gerade für ihre Öffentlichkeitsarbeit bekannt. Darum ist es wichtig, zu hinterfragen, welche Informationen uns zugänglich gemacht wurden und warum. Wir haben uns bei jedem Schritt unserer Recherchen mit diesen Fragen auseinandergesetzt.

Die Community der Geheimdienste befindet sich in einer Zeit drastischen Umbruchs. Die Digitalisierung des Informationsaustauschs und die Vernetzung der Welt bedeuten – neben großem Potenzial zur Informationsgewinnung – auch, dass Geheimnisse schwerer zu schützen sind und sich rasend schnell verbreiten können. Für die amerikanischen Geheimdienste, die lange Zeit große Unterstützung und das Vertrauen der Bevölkerung in den USA genossen, kommt hinzu, dass die Regierung unter Donald Trump in bis dahin ungekannter Opposition und Offenheit ihre Glaubwürdigkeit infrage stellt. Zum Beispiel, indem der Präsident wiederholt behauptete, die CIA habe ihn im Wahlkampf abgehört. Die Snowden-Dokumente und der durch sie ausgelöste NSA-Skandal haben auch in anderen Ländern das Vertrauen in die Geheimdienste erschüttert. Angesichts dieser veränderten Situation sehen viele Dienste sich offenbar dazu veranlasst, sich zu rechtfertigen und, entgegen ihrer üblichen Strategie des Schweigens, offener zu kommunizieren. Dabei kam uns im Falle unserer Recherchen zugute, dass die Geheimdienste in Bezug auf ihre Zusammenarbeit mit Pakistan nicht mehr viel zu verlieren haben. Da längst außergewöhnlich viel außergewöhnlich gut dokumentiert ist, redeten Geheimdienstvertreter ungewöhnlich offen mit uns – über die Fehler der ehemaligen Partner, aber auch über die eigenen Fehltritte.

Für *Saat des Terrors* konnten wir eine Vielzahl exklusiver Interviewpartner gewinnen, die sich zum Teil zum ersten Mal äußerten. Hier eine Auswahl:

Jean-Louis Bruguière – ehem. oberster französischer Ermittlungsrichter
Daniel Collins – Bundesstaatsanwalt Illinois

General Asad Durrani – ehem. Chef des pakistanischen Geheimdienstes ISI
Dr. Sajjan Gohel – International Security Director der Asia Pacific Foundation
»Sam« Charles Faddis – ehem. CIA-Agent in Pakistan
General Michael Vincent Hayden – langjähriger Direktor der CIA & zuvor NSA
Colonel Richard Justin Kemp – Geheimdienstkoordinator COBR, britisches Kabinett
Claude Moniquet – ehem. Agent des französischen Geheimdienstes
General Pervez Musharraf – langjähriger Staatspräsident Pakistans
Shuja Nawaz – Atlantic Council, South Asia Center
Markus Potzel – Sonderbeauftragter der Bundesregierung für Afghanistan und Pakistan
Gerhard Schindler – ehem. Präsident des Bundesnachrichtendiensts BND
Vikram Sood – ehem. Chef des indischen Geheimdienasts RAW
Sanjeev Tripathi – ehem. Chef des indischen Geheimdiensts RAW
Ernst Uhrlau – ehem. Präsident des Bundesnachrichtendiensts BND

Direkte Zitate sind, wo nicht anders gekennzeichnet, den von uns geführten und per Videoaufnahme dokumentierten Interviews entnommen.

Darüber hinaus haben wir eine riesige Zahl diplomatischer Depeschen und Nachrichten ausgewertet, die beispielsweise von der Whistleblower-Plattform WikiLeaks veröffentlicht worden sind.

Warum ist das Buch heute so wichtig?

Seit es ähnliche Anschläge in Kopenhagen, Paris, Brüssel usw. gab, sind Attentate im Mumbai-Stil für uns zu einer allgegenwärtigen Bedrohung geworden. Allerdings hat sich die weltpolitische Lage stark verändert. Durch die Destabilisierung des arabischen Raumes, vom Irak und Syrien bis nach Marokko, ist Europa unter den wachsenden Druck von Migrationsströmen geraten. Dass mit ihnen auf dem Höhepunkt der Ereignisse im Sommer 2015 auch Terroristen unkontrolliert in europäische Länder einreisten, machte die Lage noch schwieriger, und so begannen die westlichen Geheimdienste, neue Allianzen zu schließen, mit Geheimdiensten und Sicherheitsapparaten von Ländern, mit denen eine Kooperation aufgrund der politischen Situation und der Menschenrechtslage bis vor Kurzem noch undenkbar war. Auf einmal suchen europäische Regierungen den Schulterschluss mit den nordafrikanischen Mittelmeeranrainern und Transitstaaten oder weiten die bestehenden Bündnisse zu Kooperationen aus. Sie sollen helfen, die unkontrollierte Zuwanderung von Flüchtlingen nach Europa zu stoppen. Dafür erhalten sie Unterstützung bei Ausbildung und Ausrüstung. Und viel Geld. Was daraus folgt, sollte nicht überraschen: Die neuen »Partner« spielen dasselbe doppelte Spiel, das wir schon aus Pakistan kennen. Mal betätigen sie sich als Schleuser, mal unterstützen sie Terroristen, die Anschläge in Europa verüben. Geschichte wiederholt sich, und wir sind mittendrin.

Der Feind meines Feindes
Teil 1

Armut, Korruption, Terrorismus

Im Norden der Hindukusch, der Karakorum und der Himalaja, die drei höchsten Gebirgsketten der Welt. Im Süden das Delta des Indus, eine der ältesten Kulturlandschaften der Menschheit. Schier endlose Wüsten, eine Tausende Kilometer lange Küste zum Arabischen Meer. So vielversprechend wird Pakistan in Reiseberichten beschrieben. Pakistan, doppelt so groß wie Deutschland und Österreich zusammen, ist ein atemberaubend schönes Land. Wenn man nicht an die Politik, den Terrorismus und die bittere Armut denkt, heißt es in einem Artikel in *Die Welt* vom 8. Mai 2011 mit dem Titel »Das gefährlichste Land der Welt«. Wenige Tage zuvor, am 2. Mai, war der meistgesuchte Terrorist, al-Qaida-Chef Osama bin Laden, in seinem Versteck in der pakistanischen Garnisonsstadt Abbottabad von einer amerikanischen Eliteeinheit gefasst worden.

In Pakistan, das zu den ärmsten und am wenigsten entwickelten Ländern der Welt gehört, zahlt nur etwa ein Prozent der Bevölkerung Steuern. Zudem leidet das hoch verschuldete Land mit rund 200 Millionen Einwohnern (laut einer UN-Schätzung von 2017) – ähnlich wie Indien – an Überbevölkerung und hat dabei mit einer jährlichen Bevölkerungszunahme von mehr als zwei Prozent eine der höchsten Wachstumsraten in Asien. Dazu kommen gigantische Naturkatastrophen, mit denen das Land in den vergangenen Jahrzehnten fertig werden musste; Erdbeben und Überschwemmungen, bei denen Hunderttausende ums Leben kamen.

Laut einer Volkszählung von 1998 waren 96,3 Prozent der damals über 130 Millionen Einwohner Muslime. Religiöse Minderheiten sind starken Repressionen ausgesetzt und dürfen ihren Glauben in der Öffentlichkeit nicht zeigen. Übergriffe auf Hindus und Christen sind keine Seltenheit. Auch kommt es laut Menschenrechtsorganisationen wie Amnesty International und Human Rights Watch immer wieder zu Lynchmorden und Selbstjustiz gegen die Anhänger nicht muslimischer Religionen, beispielsweise wegen des Vorwands der Gotteslästerung. Und obwohl Ehrenmorde dem pakistanischen Gesetz nach verboten sind, bezeichnen Menschenrechtsorganisationen Pakistan als das Land mit den meisten Ehrenmorden weltweit.

Doch nicht nur Extremismus und religiöse Intoleranz prägen das Klima in Pakistan. Die Staatsgewalt liegt in den Händen weniger Familien. Korruption ist laut Transparency International allgegenwärtig und die politische Lage chronisch instabil, sodass es immer wieder zu Militärputschen und politischen Morden kommt, wie dem an der ehemaligen Premierministerin Benazir Bhutto. Die Infrastruktur ist mangelhaft, und der Schmuggel mit Drogen, Waffen und Unterhaltungselektronik, der seine Basis hauptsächlich in den Stammesgebieten hat, gilt – man möchte es kaum glauben – als »Rückgrat der gesamten pakistanischen Wirtschaft«. All das wirkt auf ausländische Investoren wenig attraktiv. Im Gegensatz zum verfeindeten Nachbarland Indien, das in den 1990er-Jahren seine Märkte der Welt öffnete und zu den Globalisierungsgewinnern zählt, scheint in Pakistan eine wirtschaftliche Entwicklung kaum möglich. Auch deshalb nicht, weil das Militär und der Geheimdienst ISI Pakistan eisern in ihrem Griff halten, und die verfolgen andere Interessen: Das von ethnisch-religiösen Konflikten und Terror zerrissene, verarmte und vollkommen instabile Land besitzt die sechstgrößte Armee der Welt und verfügt über Atomwaffen.

Für Deutschland ist das Land am Hindukusch, trotz dieser Probleme, in erster Linie ein wichtiger Handelspartner. Die Bundesrepublik exportiert Maschinen, Chemieerzeugnisse, Elektroware und Fahrzeuge nach Pakistan und importiert Textilien und Lederwaren. Allein im Jahr 2018 belief sich das bilaterale Handelsvolumen der beiden Länder auf 3 Milliarden Euro. Mit Frankreich gehört Deutschland zu den wichtigsten bilateralen Partnern Pakistans. Nach dem Ausstieg Großbritanniens aus der EU rechnet man in Berlin mit einer noch wichtigeren Position Deutschlands in Pakistan. Außerdem ist Deutschland der weltweit viertgrößte Geldgeber Pakistans – mit einem 39-Millionen-Euro-Kredit für Verbesserungen in Pakistans Energiesektor. Auch darum betreibt die Bundesregierung zusammen mit anderen internationalen Geldgebern hinter den Kulissen Lobbyarbeit und lädt zweimal im Jahr zum strategischen Dialog nach Deutschland ein.

Die Teilung Indiens: Pakistan entsteht

Pakistan ist ein junger Staat, der im Nordwesten des indischen Subkontinents entstand, nachdem Konflikte zwischen der hinduistischen und der muslimischen Bevölkerung 1947 zur Teilung Indiens geführt hatten. »Mit der Freiheit kam das Morden« betitelt *Die Welt* einen Bericht vom 15. August 2017, der sich der Teilung des ehemals britischen Kolonialreichs widmet, der Partition. Die Grenzen Pakistans und Indiens wurden am Kartentisch festgelegt, heißt es darin. Ein Blutbad war die Folge. Ein nicht enden wollendes Blutbad. Die pakistanische Historikerin Ayesha Jalal bezeichnet die Partition als »das wohl dramatischste Ereignis in der Entkolonialisierung nach dem Zweiten Weltkrieg«. Paranoia und Hass vergiften noch immer das Verhältnis der beiden Staaten, die einmal eine Einheit waren.

Der Teilung ging eine lange gemeinsame Geschichte voraus: Die ersten Muslime waren schon im achten Jahrhundert mit Turkvölkern nach Indien gekommen. Bis zum 13. Jahrhundert eroberten sie Delhi und die Gangesebene. Sie führten die Scharia ein, das islamische Recht. Zwar mussten Nichtmuslime fortan Schutzgelder zahlen, doch die Sultane veränderten nichts an der hinduistischen Sozialordnung. Dann wurde Nordindien, einschließlich Bengalen, durch die muslimische Dynastie der Ghuriden erobert. 1352 gründete Shamsuddin Ilyas Shah das Sultanat von Bengalen, das bis 1576 bestand. Es folgte eine weitere Eroberungswelle durch Muslime Anfang des 16. Jahrhunderts. Diese aus Zentralasien stammenden Moguln brachten eine tolerante, freiheitliche Form des Islam, die zunächst im Norden des Subkontinents Fuß fasste und später mit Hilfe ihrer technisch überlegenen Armee über weite Teile Indiens die Macht übernahm. Einige der bis heute bekanntesten Prachtbauten des Subkontinents entstanden während der Herrschaft der Moguln, beispielsweise das Grabmal Taj Mahal in Agra und die Moschee Jama Masjid in Delhi.

Die Niederlassung der ersten europäischen Handelskompanien, insbesondere die East India Company, im 17. Jahrhundert bestimmten das weitere Schicksal der gesamten Region. Mit der Unterwerfung des indischen Subkontinents wuchs Großbritannien mit seinem nunmehr weltumspannenden Kolonialreich zu einer Weltmacht heran. Die Folgen dieser dramatischen Wende sollten die Zukunft politisch wie gesellschaftlich bis ins Hier und Heute entscheidend prägen. 1877 wurde Königin Victoria zur Kaiserin von Indien, Englisch zur Amtssprache. Die Machtübernahme durch die Briten brachte durchaus positive Entwicklungen: Indien erhielt ein Telegrafie- und ein Eisenbahnnetz. Der Hinduismus wurde reformiert, das indische Recht nach britischem Muster modifiziert, gegen die Menschenwürde verstoßende Praktiken wie Witwenverbrennung und Ritualmorde verboten. Doch die neuen Herrscher sahen in Indien, dem »Kronjuwel« ihres Imperiums, wie sie es nannten, vor allem einen Rohstofflieferanten, den sie hemmungslos ausbeuteten. Während sich Europa im Zuge der Aufklärung reformierte, galten die Menschenrechte mitnichten für die Einwohner der Kolonien in Asien, Afrika, Australien und Amerika.

Ende des 19. Jahrhunderts wurde der Ruf nach Freiheit laut. Was zur Folge hatte, dass sich mehrere Parteien formierten, die nach Unabhängigkeit von den britischen Kolonialherren strebten, vor allem der Indische Nationalkongress, dem Mahatma Gandhi und der erste indische Ministerpräsident Jawaharlal Nehru angehörten. Wenig später sammelten sich die Muslime in der 1906 gegründeten Partei der Muslimliga. Wegen der zunehmenden Konflikte mit den Hindus arbeitete sie auf einen eigenen, von Indien unabhängigen Staat hin.

Es zeichnete sich ab, dass die ehemaligen Königreiche und Provinzen Indiens sich nach dem Ende der britischen Kolonialherrschaft in einem Staat vereinen würden. Doch genau das wollte die Muslimliga nicht. Sie fürchtete, dass die indischen Muslime, die etwa ein Viertel der Gesamtbevölkerung ausmachten, von den Hindus dominiert und um ihre Bürgerrechte gebracht werden würden. »Hindus und Moslems sind zwei Nationen, die sich in allen wesentlichen Dingen des Lebens grundsätzlich voneinander unterscheiden«, so der Wortlaut der »Zwei-Nationen-Theorie« des Führers der Muslimliga, Mohammed Ali Jinnah, mit der er die Forderung nach einem eigenen Staat begründete. Er wurde Gründervater und erster Staatspräsident des muslimischen Pakistans – nachdem die Muslimliga 1946 in den muslimisch dominierten Regionen Punjab, Bengalen und Sindh die Wahlen gewonnen und die britischen Kolonialherren der Teilung ihrer indischen Kolonie zugestimmt hatten.

Am 14. August 1947 erfolgte die offizielle Verkündung der Teilung von Britisch-Indien in zwei unabhängige Staaten: Indien und Pakistan. Das Ereignis markierte eine Zäsur in der Weltpolitik. Die sogenannte »Partition« bedeutete das Ende der britischen Weltmachtstellung und zugleich das Ende des Kolonialzeitalters. In den darauffolgenden Jahren traten überall selbstständige Staaten an die Stelle von ehemals europäischen Kolonien.

Als Indien und Pakistan in den Tagen um den 14./15. August 1947 voneinander getrennt wurden, entflammte jedoch auch einer der größten Konfliktherde der Weltpolitik. Bereits vor 1947 hatte es blutige Kämpfe zwischen den Glaubensgemeinschaften gegeben. Unter der schwindenden Autorität der ehemaligen Kolonialmacht hatte eine von politischen, sozialen und religiösen Spannungen geprägte Stimmung geherrscht. Die Hindus empfanden den Rindfleischverzehr von Muslimen als Sünde, Muslime fühlten sich durch die laute Musik der an Moscheen vorbeiziehenden Hindu-Prozessionen provoziert. Nun aber, infolge des Machtvakuums, das die Briten mit ihrem überstürzten Rückzug zurückließen, kam es zu schwersten Auseinandersetzungen zwischen Hindus und Muslimen, mit Tausenden Toten. Historiker sprechen von einem Blutrausch auf beiden Seiten der Grenze. Die Brutalität des Sommers 1947 erreichte eine neue Dimension, und sie vergiftete das Verhältnis der beiden Staaten dauerhaft. Pakistans ehemaliger Regierungschef General Pervez Musharraf erinnert sich in unserem Interview im Oktober 2018: »Ich kam 1947 mit meinen Eltern und meinen beiden Brüdern am Bahnhof von Karatschi an. Ich war drei Jahre alt. Auf dem Bahnsteig sah ich tote Menschen. Es waren Muslime.« Musharraf und seine Familie stammten aus Delhi; im Zuge der Teilung flüchteten sie in den westlichen Landesteil, das heutige Pakistan. »Die Partition war äußerst brutal. Hindus brachten Moslems um, Moslems töteten Hindus. Wir mögen einander nicht, und zwar gar nicht.« Musharraf schlug eine militärische Laufbahn ein und nahm nach eigenem Bekunden Rache am Todfeind. In zwei Kriegen, 1965 und 1971, kämpfte er gegen die verhassten Inder und stieg in den Rang eines Generals auf. Später wurde er oberster Befehlshaber der pakistanischen Armee, nach einem Militärputsch übernahm er 1999 die Macht im Land. Von 2001 bis 2008 war er Präsident Pakistans.

»Mit der Unabhängigkeit kam die Spaltung, mit der Spaltung kam der Hass«, so beschreibt der *Weser-Kurier* in dem Artikel »Pakistan und Indien – Erzrivalen seit 70 Jahren« vom 14. August 2017 die Gefühle »in den Herzen der Menschen und in der Politik« der verfeindeten Nachbarn treffend. Hass und Paranoia führten bereits zu drei Kriegen der Atommächte gegeneinander. In deren beider Fokus: der ewige Zankapfel Kaschmir, das malerische Bergtal im Himalaja.

Das britische Empire, das Indiens Selbstständigkeit so lange verhindert hatte, vollzog die Trennung des Subkontinents völlig überhastet, und so geriet die Partition zur Katastrophe. Selbst in Regionen und an Orten, wo Nachbarn mit unterschiedlichen Religionen jahrhundertelang friedlich zusammengelebt hatten, herrschten über Nacht Mord und Totschlag. Bis zu zwölf Millionen Menschen wurden auf beiden Seiten in die Flucht getrieben und mussten binnen weniger Monate ihre Heimat verlassen. Muslime zogen nach Pakistan, Hindus und Sikhs zogen nach Indien. Zur menschlichen Tragödie kam eine geografische Fehlentscheidung hinzu. Der Grenzverlauf zog sich in einer Zickzacklinie durch Dörfer und Felder, und so wurden bis 1950 im Zuge eines weltweit nie da gewesenen Bevölkerungsaustauschs Wohnviertel entvölkert und ganze Dörfer ausgelöscht.

Konservative Schätzungen sprechen von Hunderttausenden Toten, andere von fast einer Million Menschen, die ihr Leben verloren. Und doch konnte die Teilung das Problem der Religionskonflikte für die Zukunft nicht lösen, da ein Drittel der Muslime in Indien verblieb. Gandhi, der sich für eine faire Behandlung Pakistans bei der Teilung der kolonialen Erbmasse eingesetzt hatte, wurde am 30. Januar 1948 von einem Hindu-Fanatiker erschossen. Der Mörder, ein Brahmane, gab bei seiner

Vernehmung an, er habe Gandhi getötet, weil er der muslimischen Minderheit in Indien die gleichen Rechte wie den Hindus zugebilligt habe.

Historisch gesehen war die Gebietstrennung eine der großen Tragödien des 20. Jahrhunderts, verbunden mit einem Trauma, das immer noch nachwirkt und zu einer tief sitzenden Feindschaft geführt hat. Sie belastet bis heute die Weltpolitik.

1956 rief sich Pakistan zur ersten Islamischen Republik der Welt aus. Pakistan, übersetzt »Land der Reinen«, bestand bis 1971 aus zwei Landesteilen: dem Nordwesten mit Punjab und Sindh als Kern und dem über 1500 Kilometer östlich gelegenen Ostbengalen. Dann – mit militärischer Unterstützung des verhassten Indiens – spaltete sich der Osten in einem blutigen Bürgerkrieg von Pakistan ab und nannte sich Bangladesch. Ein zweiter Streit um die Provinzen Jammu und Kaschmir entwickelte sich zum Dauerkonflikt. Die sogenannten »Northern Territories« gehörten damals nicht zu Indien, sondern zu Pakistan. Doch Lord Mountbatten, der letzte Vizekönig Britisch-Indiens, wollte für eine Übergangszeit Generalgouverneur beider Nachfolgestaaten werden. Nach einigem Hin und Her blieb ungeklärt, zu welchem der beiden Länder Kaschmir tatsächlich gehört, die indisch-pakistanische Grenze wurde im Nordwesten nicht eindeutig definiert. Damit begann der Kaschmir-Konflikt, in dem auch China Territorien beansprucht, das 1962 sogar einen Grenzkrieg mit Indien führte und seither einen Teil des Gebiets mit einer für China wichtigen Handelsstraße besetzt hält. Zweimal führten Pakistan und Indien

Krieg um Kaschmir: 1947 und 1965. Beide beharren in dem bis heute ungelösten Grenzstreit an der 776 Kilometer langen »Line of Control«, jener provisorischen Grenze, die Kaschmir trennt, auf ihre Hoheitsansprüche über das Gebiet.

Die Sowjets in Afghanistan

Die neuen, nach der Teilung Indiens von den ehemaligen Kolonialherren unabhängigen, Staaten gerieten schon bald zwischen die Fronten des Kalten Krieges. Während das bündnisfreie Indien sich zur Sowjetunion wandte, orientierte sich Pakistan seit 1954 Richtung Westen. Um sich gegenüber dem Erzrivalen Indien abzusichern, suchte das Land starke Bündnispartner. Die sah man vor allem in den USA und der Volksrepublik China – beide Länder hatte Indien mit seiner an die Sowjetunion angelehnten Politik verärgert. Die USA ließen Pakistan seit den 1950er-Jahren umfangreiche finanzielle Unterstützung zukommen und belieferten das Land auch mit Waffen. Pervez Musharraf wirft den Amerikanern jedoch vor, sich damals ungerecht verhalten zu haben: »Sie lieferten uns Waffen und als wir die Waffen 1965 gegen die Inder einsetzten, bestraften [sie] uns […] mit Sanktionen. Es war ein ständiges Auf und Ab mit den Amerikanern«, sagt Musharraf. »Mal brauchten sie uns, mal brauchten sie uns nicht.«

Anfang der 1980er-Jahre brauchten die USA Pakistan – wegen eines Konflikts, der sich im Nachbarland Afghanistan zuspitzte. Hier hatte 1978 die kommunistische Partei die Macht ergriffen und begonnen, sich an die Sowjetunion anzunähern. Dagegen wehrten sich religiös motivierte Gruppen unterschiedlicher Strömungen. Sie riefen zum Widerstand gegen die angestrebte Säkularisierung auf, und so geriet Afghanistan in einen Bürgerkrieg. Ein Jahr später, 1979, griffen sowjetische Truppen in das Geschehen ein. Offiziell begründete die Regierung in Moskau den Einmarsch damit, sie wolle verhindern, dass die muslimische Bevölkerung der südlichen Sowjetrepubliken sich von dem Aufstand der islamistischen Widerstandsgruppen anstecken ließ. Wahrscheinlicher ist, dass die Sowjets fürchteten, die USA könnten ihren Einfluss in der Region ausdehnen. »Der Krieg, der nicht zu gewinnen war«, lautet der Titel eines *ZEIT*-Artikels vom 23. Dezember 2009. Er beleuchtet »das totale Desaster«, das der Intervention der Sowjets in Afghanistan folgte – angeführt von berüchtigten Einheiten des Geheimdienstes KGB –, am Weihnachtsabend 1979 seinen Lauf nahm und erst neun Jahre später mit einem schmachvollen Rückzug der Sowjetarmee endete.

Nach der Logik des Kalten Krieges fürchteten die USA umgekehrt den Einfluss der Sowjets. Weil sie verhindern wollten, dass Russland in Asien an Stärke gewann, unterstützten die Amerikaner den afghanischen Widerstand gegen die Kommunisten. Zu diesem Zweck gingen sie ein folgenschweres Bündnis ein, das aber einem jahrhunderte-, vielleicht jahrtausendealten militärischen Prinzip folgte: Der Feind meines Feindes ist mein Freund. Der amerikanische Journalist Steve Coll, der damals für die *Washington Post* berichtete, beschreibt die verhängnisvolle Kooperation in seinem 2005 mit dem Pulitzer Preis ausgezeichneten Buch: *Ghost Wars: The Secret History of the CIA, Afghanistan and bin Laden, from the Soviet Invasion to September 10, 2001*. In dem Buch stellt Coll unter anderem die entscheidende Frage: Inwieweit waren die amerikanischen Geheimdienste bereit, im Kampf gegen den Kommunismus die wachsende Gefahr des radikalen Islamismus in Kauf zu nehmen? Die Antwort: Um diesen Kampf zu gewinnen, legten die Agenten der CIA die Saat des Terrors, indem sie Extremisten, darunter Osama bin Laden, die Macht an die Hand gaben und den verheerenden Krieg in Afghanistan gegen die sowjetischen Truppen befeuerten. Damit legten die Amerikaner die Saat für den Terror, der im September 2001 ihr eigenes Land treffen sollte, so der Journalist Steve Coll.

Nach der Invasion der Sowjets in Afghanistan versprachen die Amerikaner ihren neuen Partnern eine dauerhafte Freundschaft. Man wollte Pakistan stets zur Seite stehen, beim Aufbau der Wirtschaft helfen und den Einfluss und die Bedeutung des Landes in der Region stärken.

Welche Dimensionen diese zunächst regionale Kooperation entfalten würde, schien damals niemand zu erfassen. Bei den Millionen Afghanen, die nach Pakistan flohen, um sich von hier aus für den Kampf zu rüsten, handelte es sich um die erste Generation von wachsenden, religiös motivierten Gruppierungen, die nur ein Jahrzehnt später der gesamten westlichen Welt den Krieg erklärten. Damals wurden sie zunächst in Pakistan in Madrasen aufgenommen, Koranschulen, in denen sie sich zu »Mudschaheddin« genannten Gotteskriegern ausbilden ließen, um in einen »Heiligen Krieg«, einen »Dschihad« gegen die Sowjets zu ziehen. Pakistans Militärmachthaber General Mohammed Zia-ul-Haq ließ eigens zu diesem Zweck neue Koranschulen im Land und an der Grenze zu Afghanistan einrichten.

So begann mit dem Widerstand gegen die von den Sowjets unterstützten Kommunisten in Afghanistan der weltweit erste organisierte Dschihad der Moderne, im Zeichen einer Ideologie, die später als islamistischer Fundamentalismus bekannt wurde – finanziert und mit aufgebaut von der CIA. Pakistan, das zwischen Afghanistan und Indien in eine Nussknackerposition geraten war, bot die notwendige operationelle Basis, und so wurde das Land zur Wiege eines unheilvollen Bündnisses, das bald weit über die Unterstützung von ein paar afghanischen Widerständlern hinausreichen sollte.

Gegen die Supermacht Sowjetunion reichte eine Streitmacht aus afghanischen Flüchtlingen nicht aus. Deshalb begann der pakistanische Geheimdienst ISI, Muslime aus der ganzen Welt zu rekrutieren, die den Mudschaheddin Hilfe leisten sollten. Wie der pakistanische Journalist Ahmed Rashid in seinem Buch *Taliban. Afghanistans Gotteskrieger und der Dschihad*, erschienen bei Droemer 2001 (im Folgenden als »Rashid« zitiert) berichtet, wies die Regierung alle Botschaften im Ausland an, jedem, der sich den Gotteskriegern anschließen wollte, ohne große Fragen Visa auszustellen. Damit begann eine

Welle der muslimischen Solidarisierung. Die Muslimbruderschaft half im Mittleren Osten bei der Rekrutierung von Freiwilligen, in Saudi-Arabien die Weltmuslimliga, im Nahen Osten die palästinensischen Radikalen. In Pakistan begrüßten Empfangskomitees des ISI und die islamistische Organisation Jamaat-e-Islami (JI) die Ankommenden und sorgten für Unterbringung und Ausbildung. Es trafen Araber aus Algerien, Ägypten, Saudi-Arabien und Kuweit, Filipinos, Usbeken aus dem sowjetischen Zentralasien, Uiguren aus China ein, so beschreibt Ahmed Rashid die Entwicklung, die der Journalist in seinem Heimatland selbst miterlebte. Die freiwilligen Rekruten kamen nach Pakistan und ließen sich an den Waffen, im Herstellen von Bomben und militärischen Taktiken ausbilden, um anschließend als Mudschaheddin in Afghanistan in den Kampf zu ziehen. Laut Schätzungen reisten zwischen 1982 und 1992 etwa 35 000 radikale Muslime aus 43 islamischen Ländern des Mittleren Ostens, Nord- und Ostafrika, Zentralasiens und dem Fernen Osten nach Pakistan, um sich den afghanischen Mudschaheddin anzuschließen. Zehntausende weitere radikale Muslime strömten in das Land, um die neuen Koranschulen, die Madrasen, zu besuchen.

Die amerikanische CIA griff die Initiative des pakistanischen Geheimdienstes bereitwillig auf. Obwohl die Amerikaner offenkundig um die Radikalität der Islamisten wussten, die aus der ganzen arabischen Welt nach Pakistan zogen – inzwischen nannte man sie sogar »Araber-Afghanen« –, waren die Militär- und Geheimdienststrategen in den USA entschlossen, sie für ihre eigenen

Ziele zu nutzen. Washington ließ Camps für sie und ihre Familien errichten, mit sozialen Einrichtungen, Krankenhäusern, Schulen und sogar eigenen Bussen, die die Kombattanten ins Kampfgebiet und zurückbrachten.

Politische Beobachter sprechen von über 100 000 radikalen Muslimen, die auf diese Weise in den Bann des Dschihad gerieten. Sie lernten sich in den Ausbildungslagern kennen, trainierten, kämpften Seite an Seite und knüpften taktische und ideologische Verbindungen für die Zukunft. Das Nachrichtenmagazin *Der Spiegel* widmet im Oktober 2001 der Analyse des Journalisten Ahmed Rashid eine mehrteilige Serie, in der »das dramatische Scheitern dieser Politik« geschildert wird. Das Fazit: Die wahre Intention der Mudschaheddin, nämlich ein weltweiter Glaubenskrieg, blieb Washingtons Geheimdiensten verborgen. Der Kalte Krieg bestimmte das politische Szenario und machte die Akteure blind für andere Gefahrenherde oder die Glaubenskrieger spielten nur eine Rolle, nämlich die der nützlichen Gehilfen.

Nicht nur die Amerikaner unterstützten den Dschihad, der von Pakistan aus gegen die Sowjets in Afghanistan geführt wurde. Auch der BND kooperierte über mehrere Jahre mit den Mudschaheddin, so das Ergebnis von Recherchen der *Welt am Sonntag* und des *ZDF* von 2013. Demnach soll sich der Bundesnachrichtendienst im Zuge der Operation »Sommerregen« in den 1980er-Jahren »umfangreich im Kriegsgebiet engagiert haben«. Den Medienberichten zufolge arbeiteten die deutschen Agenten mit den Mudschaheddin zusammen, um an Waffen der Sowjets zu kommen. Der saudi-arabische Geheimdienst beteiligte sich an der Finanzierung, denn die Saudi-Araber sahen eine Gelegenheit, den Wahhabismus (Kampf für die reine Lehre des Islam) voranzubringen und sich zugleich ihrer eigenen Radikalen zu entledigen. Wie Rashid in seinem Buch berichtet, befand sich unter den Tausenden Rekruten, die Anfang der 1980er-Jahre in Pakistan eintrafen, ein junger Mann namens Osama bin Laden. Sein Vater, der milliardenschwere jemenitische Baulöwe Mohammed bin Laden, war ein enger Freund des saudi-arabischen Königs Feisal, seine Baufirma war durch die Restaurierung und den Ausbau der heiligen Moscheen in Mekka und Medina zu sagenhaftem Reichtum gekommen. Bin Ladens Vater unterstützte den Kampf in Afghanistan ideologisch und finanziell und reagierte begeistert, als der Sohn sich ihm anschloss. Der fand mächtige Unterstützer für sein dschihadistisches Netzwerk: Prinz Turki al-Feisal, Mitglied der saudischen Königsfamilie und damals Chef des saudischen Geheimdienstes, General Hamid Gul, ein früherer Direktor von Pakistans Geheimdienst ISI, und Osama bin Laden wurden zu Freunden.

1980 reiste Osama bin Laden das erste Mal zu den Mudschaheddin in die nahe der afghanischen Grenze gelegene Stadt Peschawar, berichtet Ahmed Rashid. Der junge radikale Saudi namens bin Laden »kam immer öfter«. Er brachte nicht nur saudische Spendengelder, sondern auch Ingenieure und Maschinen aus dem familieneigenen Unternehmen, um Straßen und Depots für die Mudschaheddin zu bauen, und ließ sich schließlich ganz in Peschawar nieder. Die CIA fand in ihm einen tatkräftigen Verbündeten, so Rashid: 1986 half bin Laden beim Bau des Khost-Tunnel-Komplexes, den die CIA als bedeutendes Waffendepot, Trainingslager und medizinisches Zentrum für die Mudschaheddin in den Bergen nahe der pakistanischen Grenze finanzierten. In Khost gründete der zukünftige Topterrorist ein erstes eigenes Ausbildungslager für seine Glaubenskrieger, die ihn damals bereits als ihren Anführer sahen. Später erinnert bin Laden sich: »Ich errichtete mein erstes Lager, wo diese Freiwilligen von pakistanischen und amerikanischen Offizieren ausgebildet wurden. Die Waffen wurden von den Amerikanern geliefert, das Geld stammte von den Saudis. Ich sah, dass selbst dies nicht ausreichte, um in Afghanistan zu kämpfen, hatte aber die Aufgabe, an allen Fronten gegen kommunistische oder westliche Unterdrückung zu kämpfen.«

Bin Laden war mit seinem Mentor, dem aus Palästina stammenden Theologen Scheich Abdallah Yusuf Azzam, nach Peschawar gezogen. 1984 eröffneten die beiden dort ein Dienstleistungsbüro, um junge Männer aus allen möglichen arabischen Ländern aufzunehmen, zu Mudschaheddin auszubilden und nach Afghanistan zu schicken. Wieder wurden sie dabei von CIA, ISI und Saudi-Arabien unterstützt. In der Absicht, den Dschihad auf die gesamte muslimische Welt auszudehnen, knüpfte bin Laden Kontakte zur Nationalen Islamischen Front im Sudan, der Hisbollah im Libanon und der Hamas, der radikalen islamischen Palästinenserbewegung im Gazastreifen und im Westjordanland. Unterdessen reiste auch Azzam durch die Welt, um für die afghanische Sache zu werben, und gründete unter anderem eine Zweigstelle des Büros in den USA.

Die Sowjets verlieren den Krieg in Afghanistan

Die CIA und die amerikanische Regierung folgten allein der Logik des Kalten Krieges, die verlangte, alle Kräfte gegen die Sowjets zu bündeln. Nur so erklärt sich, wieso niemand damit rechnete, dass sich der Hass der islamistischen Extremisten eines Tages gegen den Westen richten würde. Und tatsächlich schien die Strategie gegen die Sowjets aufzugehen. Die Besatzer führten einen Krieg der verbrannten Erde, schreibt *Die Zeit* (»Der Krieg, der nicht zu gewinnen war«, 23. Dezember 2009). Sie gingen mit Napalm und Nervengas, mit Sprengfallen und als Spielzeug getarnten Kleinminen gegen die Bevölkerung vor. In der Folge geriet die Sowjetunion fast völlig in die Isolation. Von den rund 15,5 Millionen Afghanen flüchteten etwa 3,5 Millionen ins benachbarte Pakistan. Die dortigen Auffanglager wurden zur logistischen Basis der Mudschaheddin. Dort gingen CIA-Agenten ein und aus. Dort wurden die Mudschaheddin trainiert und zu Kampftruppen ausgebildet. Aufgrund der breiten internationalen Unterstützung gelang es den Mudschaheddin, das kommunistische Bündnis in Afghanistan durch einen zermürbenden Guerillakrieg in Schach zu halten. Trotz ihrer militärischen Überlegenheit schafften die Sowjets es nicht, den Widerstand der von den Geheimdiensten CIA und ISI professionell ausgebildeten Gotteskrieger zu brechen. Als schließlich die CIA, der britische MI6 und der ISI beschlossen, den Kampf durch den Einsatz von hochmodernen Stinger-Raketen zu unterstützen, verloren die sowjetischen Truppen auch die Luftüberlegenheit im Land. Den Regierungen in Moskau dämmerte, dass der Krieg in Afghanistan für sie nicht zu gewinnen war, und so suchten sie Ende der 1980er nach einem Weg, sich zurückzuziehen, ohne noch mehr an Ansehen zu verlieren. Doch selbst der Rückzug gestaltete sich aufgrund fortwährender Angriffe seitens der Mudschaheddin äußerst schwierig.

Zwischen dem 15. Mai 1988 und 15. Februar 1989 zogen die Sowjets ihre Truppen schließlich aus Afghanistan ab. 620 000 sowjetische Soldaten waren in Afghanistan im Einsatz gewesen. »Ursprünglich als schnelle und begrenzte Operation geplant«, schreibt die *Frankfurter Allgemeine Zeitung* in dem Bericht »Völlig zerstört und gebrochen« vom 26. Juni 2017, hatte sich der Afghanistan-Krieg »bald zu einem ressourcen- und kräftezehrenden Debakel« entwickelt. Die Bilanz des neun Jahre dauernden Krieges in Afghanistan: Etwa 5,5 Millionen Menschen, das heißt, jeder zweite, »wurden in die Flucht getrieben«; außerdem gab es bis zu 1,5 Millionen Tote auf afghanischer Seite, und etwa 15 000 sowjetische Soldaten waren umgekommen – und »die Kraft des Islam war stärker denn je«, lautet das Resümee im genannten Artikel in der *Zeit*.

Aus den großen Versprechungen der amerikanischen Partner wurde nichts. Die Amerikaner verschwanden, als sich die Sowjetarmee zurückgezogen hatte, ebenso schnell wie sie gekommen waren. Und so hinterließen die beiden Supermächte ein Afghanistan, das erneut in einem Bürgerkrieg versank, während sich im Nachbarland Pakistan Tausende radikale Islamisten aus der ganzen Welt eingefunden hatten, denen nach dem Abzug der Sowjets ihr Gegner und ihre Aufgabe abhandengekommen waren.

Auf die Zeit nach der Invasion der Sowjetarmee in Afghanistan angesprochen, sagt Pervez Musharraf: »Nach dem Abzug der Sowjets haben sich die Amerikaner aus dem Staub gemacht und uns im Stich gelassen.« Das Land blieb laut UN-Schätzungen mit weit über zwei Millionen afghanischen Flüchtlingen – Musharraf spricht sogar von vier Millionen –, darunter vermutlich unzählige fanatische Extremisten, und dem Bürgerkrieg im Nachbarland Afghanistan zurück.

Erste Folge der 1980er: Die Taliban in Afghanistan

Nicht alle Gegner des kommunistischen Bündnisses in Afghanistan waren islamistische Fundamentalisten. Ahmad Schah Massoud, ein Sunnit der Volksgruppe der Tadschiken, war tiefgläubig. Doch – oder gerade deshalb – lehnte er den fundamentalistischen Islam der Taliban, al-Qaida und den Wahhabismus des saudischen Königshauses entschieden ab. Für seine Anhänger war er nicht nur militärischer Anführer, sondern auch Lehrer und religiöses Vorbild. Massoud, der »Löwe von Pandjschir«, spielte eine zentrale Rolle beim Rückzug der Sowjetunion aus Afghanistan. Das *Wall Street Journal* widmete ihm 1989 eine eigene Titelseite: »Der Afghane, der den Kalten Krieg gewann«. Nach dem Fall des kommunistischen Regimes in Afghanistan 1992 wurde Massoud zum Verteidigungsminister ernannt.

Die westlichen Geheimdienste machten sich offenbar keine Illusionen darüber, dass Pakistan weiterhin in den Bürgerkrieg in Afghanistan eingriff. Doch zu ihrem Leidwesen verfolgte das Land dabei andere Ziele als die ehemaligen westlichen Bündnispartner, die ihre Hoffnungen in den gemäßigten Massoud setzten. Massoud wollte demokratische Strukturen in Afghanistan aufbauen. Er hatte eine Deklaration für Frauenrechte unterzeichnet und trainierte in den von ihm kontrollierten Gebieten Polizeikräfte für die Zeit nach den Taliban.

Die Taliban aber, einst von der CIA aufgebaut, wurden nach wie vor von Pakistan unterstützt. Nach dem Abzug der Sowjets aus Pakistan kehrten die afghanischen Gotteskrieger, die von CIA und ISI ausgebildet worden waren, nach Afghanistan zurück und wurden – dank der Hilfe aus Pakistan – zur stärksten Kraft im Bürgerkrieg.

»Die Taliban sind eine Erfindung der Pakistaner«, sagt der frühere Agent des französischen Geheimdienstes Claude Moniquet. Und der ehemalige CIA-Chef Michael

Hayden erklärt uns im Interview im August 2018: »Die Taliban sind das Werkzeug der Pakistaner.«

Pakistan hatte mehrere Eisen im Feuer. So unterstützte der Geheimdienst ISI den afghanischen Milizenführer Gulbuddin Hekmatyār und dessen Ziel, eine muslimische Diktatur zu errichten. Er gehörte zwar nicht zu den Taliban, war aber nicht weniger radikal. Mit Pakistan im Rücken führte er einen jahrelangen Krieg in der Hauptstadt Kabul. So musste Massoud erleben, wie sich die Mudschaheddin, die sich für den Kampf gegen die Sowjets zu Tausenden in Pakistan versammelt hatten, nun gegen alle Menschen in Afghanistan richteten, die weniger radikal waren als sie selbst. »Als wir 1992 in Kabul eindrangen, kämpften die Araber-Afghanen in den Reihen Hekmatyārs gegen uns. Wir werden sie auffordern, unser Land zu verlassen«, so Massoud im Jahr 1997, nachdem er von den Taliban aus Kabul verdrängt worden war, zitiert im bereits erwähnten Buch von Rashid.

Als Hekmatyār scheiterte, wandte sich Pakistan 1994 wieder verstärkt den Taliban zu, die daraufhin eine militärische Offensive starteten und Kabul nach mehrmonatiger Belagerung im September 1996 eroberten. Massoud zog sich in den Norden Afghanistans zurück. Unter seiner Führung wurde die Vereinte Front zu einer nationalen militärisch-politischen Widerstandsbewegung gegen die Taliban. Als die Gotteskrieger im Jahr 1994 die afghanische Hauptstadt Kabul belagerten und zwei Jahre später das Islamische Emirat Afghanistan ausriefen, nahm auch der Westen endlich von ihnen Notiz.

Laut einem Bericht der Vereinten Nationen begingen sie dabei systematische Massaker gegen die Zivilbevölkerung. Allein für den Zeitraum von 1996 bis 2001 werfen die UN den Taliban 15 Massaker in Afghanistan vor. Nun kehrte sich der Prozess um, und die weniger radikal gesinnten Afghanen flohen aus dem Land; nach offiziellen Schätzungen soll es etwa eine Million Menschen gewesen sein.

Massoud, dem die Taliban vergeblich einen hohen Posten in ihrer Regierung angeboten hatten, fiel am 9. September 2001, zwei Tage vor den Anschlägen von Nine-Eleven, einem Selbstmordattentat zum Opfer. Zwei Mitglieder der al-Qaida, die sich als belgische Journalisten ausgegeben hatten, zündeten während eines Interviews mit Massoud im nordafghanischen Tachar eine Bombe, die sie in ihrer Videokamera versteckt hatten. Massoud starb wenig später an seinen Verletzungen. Direkt danach begannen die Taliban mit einer Offensive gegen die Truppen Massouds.

Zweite Folge der 1980er: Al-Qaida entsteht

»Al-Qaida as-sulba« heißt »feste Basis«. Bin Ladens Mentor Azzam hatte 1987 dazu aufgerufen, eine solche »feste Basis« zur Verbreitung des Islam zu gründen. Schon zuvor hatte der Theologe mit seinen Schriften maßgeblich dazu beigetragen, dass der Dschihad der Islamisten eine ideologische Grundlage erhielt.

Drei Monate nachdem die Sowjets mit dem Abzug ihrer Truppen aus Afghanistan begannen, am 11. August 1988, gründeten Anführer der »Araber-Afghanen« um Osama bin Laden in Peschawar jene Organisation, die sich bald zum Terrornetzwerk al-Qaida entwickelte. Ihr Ziel war es, den Dschihad fortzusetzen und zu einem weltweiten Krieg auszuweiten. Dabei setzten sie auf genau jene Strategie, die sie von den Geheimdiensten gelernt und die sich im Konflikt in Afghanistan bewährt hatte: Sie gründeten zahlreiche extremistische Gruppen und Terrorzellen, um sie in Guerillakämpfen einzusetzen.

Die Allianz zwischen den Amerikanern, Saudi-Arabien, dem pakistanischen Geheimdienst und den afghanischen Taliban hatte Geld und Waffen nach Pakistan gebracht. Mit dem Abzug der Sowjets versiegte der Finanzfluss aus den USA und Saudi-Arabien. Bin Laden, sein Geld und sein Terrornetzwerk blieben. Unter seinen Unterstützern gewann nun der ägyptische Arzt Ayman al-Zawahiri an Einfluss. Er wollte den Terror auf die westliche, nicht muslimische Welt ausweiten und dabei, anders als Azzam, die Strategie um Anschläge auf Zivilisten erweitern. Abdallah Azzam stellte sich dagegen. Dessen Vertraute sagen, der Theologe habe keine Terrorkommandos in die Straßen westlicher Metropolen schicken und keine Flugzeuge entführen lassen wollen. Insider vertreten gar die Ansicht, es hätte Nine-Eleven nicht gegeben, wäre Azzam am Leben geblieben. Doch al-Zawahiri trieb mit Erfolg einen Keil zwischen bin Laden und seinen einstigen Mentor. Er behauptete sogar, Letzterer sei ein Agent der CIA. Es kam zum Zerwürfnis zwischen Azzam und bin Laden.

Als Azzam im November 1989 von einer Autobombe getötet wurde, gab es etliche Theorien hinsichtlich der Täterschaft. Unter anderem kamen CIA, ISI und der Mossad infrage. In der islamischen Welt wird jedoch die These favorisiert, bin Laden habe die Ermordung seines früheren Mentors in Auftrag gegeben.

1990 ging Osama bin Laden wegen interner Querelen unter den Mudschaheddin nach Saudi-Arabien zurück. Dort gründete er eine Wohlfahrtsorganisation für »Veteranen der Araber-Afghanen« und unterstützte auch deren Familien finanziell. Allein in Mekka und Medina sollen sich damals 4000 niedergelassen haben, die zuvor in Afghanistan im Einsatz waren. Als der irakische Diktator Saddam Hussein im August 1990 in Kuweit einfiel, versuchte bin Laden die saudische Königsfamilie zu überreden, eine eigene Volksverteidigung zu organisieren, mit aus Afghanistan zurückgekehrten Kriegern. So sollte der Irak bekämpft werden. König Fahd aber holte die Amerikaner ins Land. Nach und nach kamen die 540 000 Mann starken US-Truppen. Damit begann bin Laden, sich gegen die Amerikaner zu wenden und deren Präsenz in Saudi-Arabien. Doch durch seine offene Kritik an der Politik des Königs und dessen Innenministers Prinz Naif fiel er in Ungnade. In seinem Heimatland wurde bin Laden zur Persona non grata. Die königliche Familie entzog ihm später, 1994, sogar die Staatsbürgerschaft. Nichtsdestotrotz hatte bin Laden nach wie vor einflussreiche Verbündete innerhalb der Königsfamilie, und er hatte vor allem weiterhin starke Verbindungen zum saudi-arabischen Geheimdienst und dem ISI in Pakistan.

1992 ging bin Laden in den Sudan, und auch dorthin brachte er die Araber-Afghanen mithilfe seines Vermögens und seiner Geheimdienstkontakte, um die islamistische Revolution zu unterstützen. Die USA und Saudi-Arabien machten Druck auf den Sudan, sodass die Regierung ihn schließlich aufforderte, das Land zu verlassen.

Zu dem Zeitpunkt begannen die Amerikaner, sich der Gefahr bewusst zu werden, die von bin Laden ausging. Wie aus einem Bericht des US-Außenministeriums hervorgeht, schätzte die CIA Osama bin Laden damals schon als einen »der bedeutendsten Finanzgeber für islamischen Extremismus der Welt« ein. Laut einer Spezialeinheit des US-Geheimdienstes, die die Aktivitäten bin Ladens überwachen sollte, unterstützte er Terroristenlager in Somalia, Ägypten, Sudan, Jemen und Afghanistan. Der ägyptische Geheimdienst meldete, Osama bin Laden bilde eine zweite Generation von Araber-Afghanen aus, um eine islamische Revolution in den arabischen Ländern anzuzetteln. Später berichteten die Behörden von Bangladesch, bin Laden habe eine Million US-Dollar an die Terrororganisation Harkat al-Dschihad in Dhaka geschickt, deren Anhänger ebenfalls in Afghanistan ausgebildet worden waren. Sie sollten Bangladesch nach dem Vorbild der Taliban in einen islamischen Staat verwandeln. Im April 1996 unterzeichnete US-Präsident Bill Clinton das Anti-Terrorismus-Gesetz, das den USA gestattete, die Vermögen terroristischer Organisationen zu blockieren. Als Erstes wurde bin Ladens Vermögen in geschätzter Höhe von 250 bis 300 Millionen US-Dollar eingefroren.

Unterdessen ging bin Laden nach Afghanistan. Rashid berichtet, dass er im Mai 1996 in Jalalabad landete. Er kam in einem Charterflugzeug mit Familie, vier Ehefrauen und 13 Kindern, Leibwächtern und einer riesigen Gefolgschaft, bestehend aus militanten Arabern. In Afghanistan stand er unter dem Schutz der Taliban, und von hier aus erklärte er den ehemaligen Verbündeten im August 1996 den Krieg: Bin Laden rief den Dschihad gegen Amerika aus. »Die Mauern von Unterdrückung und Demütigung können nur durch einen Kugelhagel zerstört werden«, ließ er verlautbaren.

Bereits Anfang 1997 sollte ein CIA-Kommando, das eigens nach Peschawar entsandt worden war, bin Laden in einer Entführungsaktion aus Afghanistan herausholen. Offizielle Stellen in Afghanistan und Pakistan waren nicht nur eingeweiht, sie hatten sich von den Amerikanern sogar dazu verpflichten lassen, die Aktion zu unterstützen. Die aber scheiterte, bin Laden fand einen neuen Unterschlupf im afghanischen Kandahar. Dort scharte er Männer aus Tschetschenien, Bangladesch, den Philippinen, Algerien, Kenia, Pakistan und amerikanische Muslime um sich, berichtet der Journalist Ahmed Rashid. Sie brauchten Geld und einen Zufluchtsort. Bin Laden gab ihnen beides. Von Kandahar aus konnte er sich mit seinen Gefolgsleuten frei und sicher zwischen den Grenzen bewegen. So verabschiedete al-Qaida, wie Rashid berichtet, bei einem Treffen am 23. Februar 1998 im Khost-Lager das Manifest der »Internationalen Islamischen Front für den Dschihad gegen Juden und Kreuzritter«; außerdem wurde eine Fatwa verkündet, ein Erlass nach islamischem Recht. In dieser heißt es ins Deutsche übersetzt: »Zur Pflicht eines jeden Muslims soll es werden, die Amerikaner und all ihre Verbündeten zu töten, ob Zivilisten oder Militärs. Jeder, der dazu in der Lage ist, in jedem Land, wo es möglich ist, mit dem Ziel, die Al-Aqsa-Moschee (Jerusalem) und die Heilige Moschee (Mekka) aus ihrem Würgegriff zu befreien.« Zu einem späteren Zeitpunkt erklärte bin Laden gar, es sei seine islamische Pflicht, chemische und nukleare Waffen zu erwerben und gegen die USA einzusetzen. Von all dem nahm die westliche Welt damals – außerhalb der Nachrichtendienste – kaum Kenntnis, erklärt der frühere Geheimdienstagent Claude Moniquet. Dann aber, im August 1998, wurde bin Ladens Name durch die Bombenattentate auf die US-Botschaften in Kenia und Tansania im Westen bekannt. 263 Menschen kamen ums Leben. Die USA übten Vergeltung und feuerten 70 Cruise Missiles auf bin Ladens Lager bei Khost und Jalalabad. Im November 1998 boten die USA für bin Laden ein Kopfgeld in Höhe von fünf Millionen US-Dollar. Er war zum Staatsfeind Nummer eins geworden.

Dritte Folge: Der pakistanische Geheimdienst ISI fördert Terror

Nach dem Abzug der Sowjets aus Afghanistan wurden die Koranschulen in Pakistan endgültig zu Kaderschmieden, die einen Großteil der Taliban-Krieger hervorbrachten. Zugleich erfüllten die Madrasen immer schon eine politische Funktion, weil die radikal-islamischen Parteien auch in Pakistan selbst zunehmend an Macht gewannen.

So schlossen sich zu dem Zeitpunkt pakistanische Terroristen zusammen, die sich gegen die Regierung und das Militär wandten, hauptsächlich, weil sie für ein unabhängiges Wasiristan, eine kaum zu kontrollierende Grenzregion zu Afghanistan, kämpften. Sie verübten und verüben auch heute regelmäßig blutige Anschläge in Pakistan, unter anderem ein Attentat auf eine Schule in Peschawar, bei dem 130 Kinder starben. Auch diese Gruppierungen nennen sich Taliban (genauer: Bewegung der pakistanischen Taliban); sie haben aber andere Ziele als die afghanischen Taliban, die sich von ihnen distanzieren.

Während Pakistans Regierung und Geheimdienst gegen den Terror der »pakistanischen Taliban« im eigenen Land kämpfen, unterstützen sie die Taliban in Afghanistan. Dabei nutzen sie, was sie von den Amerikanern gelernt haben, für ihre eigenen Zwecke: Nach dem Abzug der Sowjets und der Amerikaner begann Pakistan, eigene »Freiheitskämpfer« auszubilden und für diese nach amerikanischem Vorbild Ausbildungs- und Trainingscamps zu bauen, mit Krankenhäusern, Schulen und sozialen Einrichtungen.

Eine besondere – oder besonders wichtige – Rolle spielt in diesem Zusammenhang der pakistanische Geheimdienst ISI. Darüber, dass der ISI keineswegs nur auf der Seite des westlichen Bündnisses stand, machten sich die Geheimdienste in Europa und den USA nicht einmal Illusionen. Das zumindest geht aus dem Interview hervor, das wir im Oktober 2018 mit Gerhard Schindler geführt haben, der von 2011 bis 2016 Präsident des BND war.

Schindler erklärte uns: »Natürlich galt es [...] festzustellen: Wo werden die Taliban, wo wird al-Qaida unterstützt? Wo kommen die Ressourcen her, personeller Art, aber auch materieller Art? Und natürlich sucht man, wenn man diesen Auftrag hat, Partner. Und einer dieser Partner war der mächtige ISI in Pakistan.« Schindler führte aus, der ISI sei, »was westliche Geheimdienste gar nicht mehr sind, nämlich so eine Art Staat im Staate. Und wir haben uns oft gefragt: Wer hat eigentlich jetzt das Sagen: der Oberbefehlshaber des Heeres oder der Chef des ISI? [...] Aber der ISI ist ein riesiger Apparat [...] und es war nicht immer klar, welche Abteilung des ISI gerade mit uns zusammenarbeitete und welche Abteilung im Grunde genommen durch Unterstützung der Taliban oder durch Unterstützung von al-Qaida gegen uns arbeitete.«

Was der ehemalige BND-Chef hier ausspricht, wurde im Zuge unserer Recherchen immer deutlicher: Der ISI hat engen Kontakt zu Terrororganisationen, und er nutzt sie als Stellvertreter für seine Kriege, er setzt also, in Ermangelung einer wirklichen Armee, Terroristen ein, um bestimmte Ziele zu verfolgen. Das Herzstück dieser Strategie des ISI ist die 1990 entstandene pakistanische Terrororganisation Lashkar-e-Taiba (LeT), die zu einer der bis heute gefährlichsten Terrororganisationen der Welt aufgestiegen ist. Nicht nur Geheimdienstexperten sagen Lashkar-e-Taiba bis heute engste Verbindungen zum Geheimdienst ISI nach. Manche sind überzeugt, dass Lashkar-e-Taiba de facto als Außenstelle des ISI operiert. Ursprünglich als militärischer Arm der islamischen Organisation »Markaz Dawa-wal-Irshad« (Zentrum für Predigt und Rechtleitung) geschaffen, avancierte Lashkar-e-Taiba mit Hilfe des ISI zur größten dschihadistischen Privatarmee des asiatischen Kontinents. Auch die Kämpfer der LeT wurden in Koranschulen und Moscheen rekrutiert, anders als al-Qaida aber wurden sie für den Kampf gegen Indien und hier vor allem für den Einsatz in Kaschmir und Jammu ausgebildet.

Mitglieder von Lashkar-e-Taiba verübten zahlreiche Anschläge in der Konfliktregion Kaschmir. Zwischen 1988 und 2015 gab es in diesem Streit zwischen Pakistan und Indien 44 500 Terrortote. Zum Vergleich: Der Konflikt zwischen Palästinensern und Israelis forderte im selben Zeitraum etwa 10 000 Terrortote. Dennoch nahm der Westen von den permanenten Angriffen in Kaschmir kaum Notiz.

Auf Lashkar-e-Taiba angesprochen, zeigt sich Pakistans ehemaliger Präsident Pervez Musharraf entrüstet: »Sie nennen sie Terroristen? Ich werde sie niemals Terroristen nennen. Das sind Mudschaheddin, Gotteskrieger. Das sind Helden und keine Terroristen. Sie arbeiten in sozialen Bereichen und haben viel Gutes getan für unsere muslimischen Schwestern und Brüder in Kaschmir. Sie sind die beste NGO (Hilfsorganisation) auf der Welt.«

Während Osama bin Laden und al-Qaida den Dschihad auf Ziele im Westen ausweiteten, entwickelte Pakistan sich in den 1990er-Jahren buchstäblich zum internationalen Ausbildungszentrum und Drehkreuz für Terroristen aus der ganzen Welt. In unserem Interview im Oktober 2018 gibt Musharraf dies überraschend freimütig zu: »Wir haben zusehen müssen, wie Muslime überall abgeschlachtet werden, und keiner hat etwas für sie getan. Die Welt hat tatenlos zugesehen und die Augen verschlossen, während Muslime getötet wurden«, erklärt er. Musharraf, damals als General der Armee für alle Auslandseinsätze des pakistanischen Militärs zuständig, bestätigt im Interview mit uns zum ersten Mal, dass er 1991 Kämpfer und Waffen zur Unterstützung der bosnischen Muslime in den Jugoslawienkrieg geschickt hat, ebenso wie nach Somalia, das 1991 ebenfalls einen Bürgerkrieg erlebte. »Ich selbst habe den Befehl zum Einsatz in Bosnien und Somalia gegeben«, erklärte er. »Das sollte eigentlich geheim bleiben. Aber es stimmt, ich habe Panzer und Panzerabwehrraketen nach Bosnien geschickt.« Auf die pakistanische »Unterstützung« in Bosnien und Somalia folgten der Irak und später Syrien: Pakistan wird so zum Exporteur muslimischer Terroristen. Unter anderem unterstützte Pakistan weiterhin paschtunische Islamisten wie die Taliban, von denen viele in Pakistan leben. So wie die berüchtigten Terrornetzwerke von Gulbuddin Hekmatyār und Jalaluddin Haqqani, mit denen der pakistanische ISI seit den 1980er-Jahren Verbindungen pflegte. Sie wurden von Pakistans Regierung, dem Geheimdienst und der Armee gedeckt. Zu beiden Netzwerken soll auch bin Laden bis zuletzt engen Kontakt gehabt haben.

Nuklearisierung Pakistans

Aus dem »Widerstand« gegen die Invasion der Sowjets in Afghanistan, den die CIA und andere westliche Geheimdienste aufgebaut hatten, waren Terrororganisationen hervorgegangen. Während die Amerikaner sich und der Öffentlichkeit kaum eingestehen wollten, dass sie an ihrer Entstehung maßgeblich beteiligt waren, wurden die Verbindungen zwischen der pakistanischen Regierung und verschiedenen Terrornetzwerken immer undurchsichtiger. Einerseits billigten Militär und ISI die Anschläge von LeT in Kaschmir oder initiierten sie sogar, und Pakistans Regierung unterstützte auch die Taliban in Afghanistan. Andererseits rangen im Land selbst islamisch-fundamentalistische und säkular gesinnte Kräfte um die Macht. So verwundert es nicht, dass auch die Nuklearisierung Pakistans nicht etwa nach einem offiziellen Regierungsprogramm geschah, sondern gewissermaßen im Halbschatten der Illegalität.

Es begann damit, dass der Ingenieur Abdul Qadeer Kahn in den 1970er-Jahren Unterlagen aus einem niederländischen Unternehmen, der Uran-Aufbereitungsanlage in Almelo, stahl und in sein Heimatland Pakistan brachte. Es handelte sich um das Design für Gaszentrifugen, die es möglich machten, Uran in Kernsprengstoff zu verwandeln. Khan, ein glühender Patriot und radikaler Moslem, wie *Die Welt* in einem Bericht schreibt (»Vater der islamischen Atombombe«, 2. Februar 2002), hatte einen Traum: Er wollte eine Bombe bauen, nicht nur für sein Land, sondern eine Bombe für den Islam. Ein Traum, den er in die Realität umsetzte. Khan entwickelte »die erste islamische Bombe« und gilt bis heute als »Vater« des pakistanischen Nuklearwaffenprogramms. Und so zündete Pakistan mehr als 20 Jahre nach der Rückkehr des diebischen Physikers aus den Niederlanden, am 28. Mai 1998, seine erste Atombombe. Doktor Qadeer Khan wurde zum Nationalhelden. Denn die Angst vor dem Todfeind, der Atommacht Indien, saß tief.

Nun wurde international bekannt, dass nach Indien auch Pakistan nuklear bewaffnet war. Die Weltgemeinschaft verurteilte die Tests, die USA verhängten Sanktionen. Sämtliche Rüstungsgeschäfte mit Pakistan und sogar die Entwicklungshilfe der USA wurden eingefroren. Doch noch viel mehr beunruhigte die westliche Welt: Pakistans Nationalheld Qadeer Khan, der als Netzwerker ersten Ranges gilt, hatte auch ein Netz von Lieferanten und Abnehmern für Nukleartechnik und -technologie geschaffen. Die Lieferanten saßen in Taiwan, Malaysia und den Vereinigten Arabischen Emiraten ebenso wie in Spanien, Japan, Südafrika und – wenig erstaunlich, wenn es um Technik und Maschinen geht – in Deutschland. Dem BND war die Beteiligung deutscher Unternehmen schon in den 1980er- und 1990er-Jahren bekannt. Man habe jedoch nicht eingegriffen, weil die USA Pakistan damals als Verbündeten brauchten. Natürlich hatten auch die Amerikaner Kenntnis von Khans Machenschaften, das berichtete 2004 erstmals die *New York Times*. Und – dass die CIA in den 1970er- und 1980er-Jahren eingegriffen, die niederländische Regierung sogar mehrfach davon abgehalten hatte, den Atomspion festnehmen zu lassen. Doch der renommierten *New York Times* fehlten die Beweise für ihre nur scheinbar gewagten Behauptungen. Die niederländische Regierung dementierte und stritt eine Einflussnahme der Amerikaner vehement ab. Den Verdacht bestätigte aber der ehemalige niederländische Ministerpräsident Ruud Lubbers in einem Interview, das er 2005 dem Radiosender Argos gab. Demzufolge hatte Lubbers schon 1975, damals in seiner Funktion als Wirtschaftsminister, gegen den Atomspion Khan vorgehen wollen, was jedoch von der CIA verhindert wurde. Laut Lubbers argumentierten die Amerikaner, sie könnten die Machenschaften Khans besser kontrollieren, wenn dieser frei sei. In den 1980er-Jahren als Ministerpräsident der Niederlande habe er es wieder versucht, so Lubbers, und wieder habe die CIA interveniert, obwohl sie den Physiker damals bereits zehn Jahre im Visier bzw. beschattet hatte. Auch *Die Zeit* berichtete im August 2005 in einem Artikel mit dem Titel »Niederlande ließen Atomspion laufen« von den Enthüllungen.

Dieses Mal kamen keine keine Dementis, weder aus den Niederlanden noch aus Washington.

»*Dr. No*« *und das Netzwerk des Terrors*, so nennt der Journalist Egmont R. Koch den Untertitel seines Buchs *Atomwaffen für al-Qaida* (2005), in dem er schildert, wie der in den Niederlanden und Deutschland ausgebildete Khan jahrelang ungehindert seinen atomaren Schmugglerring betrieb und sein Wissen so zu Gold machen konnte. Wie man nun weiß, offensichtlich unter den Augen der Nachrichtendienste. In der Mitte des Netzwerks saß »Doktor Qadeer Khan« und verhandelte unter dem Deckmantel wissenschaftlicher Konferenzen oder in privater Runde mit dem Iran, Nordkorea, Libyen und vermutlich auch anderen sogenannten Schurkenstaaten. Auf diese Weise trug Khan maßgeblich dazu bei, die ultimativen Schreckensszenarien auf der ganzen Welt zu verschärfen. *Der Tagesspiegel* zitiert in einem Bericht mit dem Titel »Der atomare Supermarkt des Abdul Qadeer Khan« vom 26. Mai 2009 den damaligen Chef der Internationalen Atomenergieorganisation und Friedensnobelpreisträger Mohammed el-Baradei, der das Netzwerk Qadeer Khans als »atomaren Supermarkt« bezeichnete, in dem jeder einkaufen könne, wenn er genügend Geld habe.

Lange Zeit war es ein Geheimnis, dass Khan Technologie für Atomwaffen unter anderem an den Iran, Syrien, Nordkorea und andere Schurkenstaaten geliefert hatte. Doch im Jahr 2004 brachte der Fall des Qadeer Khan die pakistanische Regierung gewaltig unter Druck. Denn natürlich stand die Frage im Raum, wie es sein konnte, dass in diesem Militärstaat mit seinen allgegenwärtigen Geheimdiensten niemand von den Aktivitäten wusste.

Pervez Musharraf, 2004 bereits vier Jahre Präsident von Pakistan, erzählte uns im Interview, wie ihn die Amerikaner mit den Tatsachen konfrontierten: »Einmal war ich bei den Vereinten Nationen, wo Präsident Bush ein kleines Dinner für mich gab. Dort zog er mich nach dem Abendessen beiseite und sagte: ›Herr Präsident, wenn Sie nichts dagegen haben: Können Sie Mr. Tenet‹, den Direktor der CIA, ›morgen früh treffen?‹ Ich sagte: ›Ich reise morgen früh ab.‹ Er sagte: ›Es ist sehr wichtig. Ich fordere Sie auf, Ihre Abreise zu verschieben und ihn zu treffen.‹ Ich erklärte mich einverstanden. [...] Ich hatte bis dahin immer geleugnet, dass Pakistan je Material für nukleare Waffen an andere Staaten geliefert hatte. Nachdem ich das auch gegenüber Tenet verneint hatte – er war sehr schlau, Tenet, er zwang mich, Nein zu sagen und offen zu lügen –, öffnete er seine Aktentasche und legte mir Dokumente vor: ›Herr Präsident, wollen Sie sich dieses Dokument anschauen?‹ Ich sah die Dokumente, die alles bewiesen, Fotos, unterschriebene Akten usw. Ein Doppelagent aus Sri Lanka hatte alles an die Vereinigten Staaten gegeben, und dieser Idiot, der Wissenschaftler Khan, hat es ihnen über den Doppelagenten geliefert.«

Musharraf hatte Glück, die USA brauchten ihn und seine Regierung als Bündnispartner in ihrem Krieg gegen den Terror, den sie in Afghanistan führten, und so hatte die Episode keine Konsequenzen für den pakistanischen

Präsidenten. Wir fragten Musharraf, was er über Verbindungen von Qadeer Khan zum pakistanischen Geheimdienst ISI wusste, über die es Gerüchte gab. Musharraf antwortete: »Ja, ganz sicher haben sie mit dem ISI zusammengearbeitet. Der ISI wusste, welche nuklearen Kapazitäten wir hatten, wie wir an ihrer Entwicklung arbeiteten und wo daran gearbeitet wurde. Es gibt keine Geheimnisse vor dem ISI. Sie wissen alles, insbesondere etwas so Wichtiges wie diese Sache mit den Atomwaffen. [...] Jeder wusste davon.«

Nach dem Gespräch mit Tenet, durch den Bush Musharraf zu verstehen gegeben hatte, dass man sich in den USA nicht weiter über illegale Lieferungen von Atomwaffen täuschen lassen wollte, stellte der pakistanische Präsident Khan unter Hausarrest und kündigte eine schonungslose Aufklärung an. Aber Musharraf machte sein Versprechen nicht wahr, und Qadeer Khan wurde bald darauf begnadigt. Im Westen schrillten die Alarmglocken. Denn nach Ansicht von internationalen Beobachtern gilt die Theorie der gegenseitigen Abschreckungen in Südasien nicht. Experten sind der Ansicht, nirgendwo auf der Welt wachse das Atomwaffenarsenal schneller als im instabilen Pakistan. Und Pakistan ist – sogar nach eigenem Bekunden – bereit, einen nuklearen Erstschlag zu führen, wenn es sich von Indien bedroht fühlt. Die atomare Bewaffnung der Kontrahenten verleiht dem ewigen Zank um Kaschmir eine neue Qualität. Denn mit der ultimativen Waffe in der Hinterhand können Indien und Pakistan quasi testen, wie weit der Gegner einen Konflikt eskalieren lassen will. Dabei gilt Pakistan als besonders unsicherer Part, der – weil hinsichtlich konventioneller Rüstung unterlegen – als Erster die Nerven verlieren könnte.

Als die Vorwürfe gegen den pakistanischen Ingenieur, inzwischen Multimillionär und Inhaber der Khan Research Laboratories (KRL), laut wurden, kam ein weiteres Horrorszenario ins Spiel: Könnten über Khans Netz Nuklearwaffen auch in die Hände von Terrororganisationen gelangen? In einem Land wie Pakistan, wo die Verflechtungen von staatlichen Stellen mit terroristischen Netzwerken völlig undurchschaubar sind, ist das durchaus denkbar. Damals war bin Laden noch am Leben, seine al-Qaida straff organisiert und seine Kontakte reichten bis in höchste Ämter. Dass Agenten des ISI mit Mitgliedern der Terrororganisation zusammenarbeiteten, wurde damals schon befürchtet – heute bestreitet es niemand mehr.

Der Feind meines Feindes
Teil 2

Nine-Eleven

Im September 2001 sollten die USA auf grausame Weise den Preis dafür bezahlen, dass sie während des Kalten Krieges den feindseligsten und militantesten islamischen Fundamentalisten der Welt Geburtshilfe geleistet hatten: Die Terroranschläge am 11. September 2001 forderten rund 3000 Menschenleben; es war ein terroristischer Massenmord. Die 19 Flugzeugentführer bzw. Attentäter gehörten zu bin Ladens Terrororganisation al-Qaida. Im Februar 2002 veröffentlichte das FBI den Werdegang der Terroristen. 15 von ihnen waren saudi-arabische Staatsbürger, stammten aus wohlhabenden, eher weltlich eingestellten Familien und studierten im Ausland, wo sie Anschluss zu radikal-islamischen Predigern fanden, die den Dschihad gegen den Westen propagierten. Drei der Attentäter lebten und studierten in Hamburg. Sie sollen nach Zeugenaussagen die Pläne für den 11. September geschmiedet haben und im Dezember

1999 zu bin Laden nach Kandahar gereist sein, der sie dort in seinen Trainingslagern ausbilden und technisch und ideologisch für die Anschläge vorbereiten ließ. Bin Laden selbst stritt seine Verantwortung zunächst ab. Doch im November 2001 fand die US-Armee in Jalalabad ein Videoband, das Osama bin Laden im Gespräch mit Gefolgsleuten über die Anschlagsplanung zeigt; er nannte einige Entführer namentlich, lobte sie und erklärte, er habe ihnen die Anschlagsziele in den USA genannt.

Lange hatten die Amerikaner alle Warnungen vor Osama bin Laden ignoriert. Schon Anfang der 1980er-Jahre wandten sich belgische Agenten an die Nachrichtendienste der USA, Großbritanniens und Frankreichs. Das berichtete uns Claude Moniquet, 25 Jahre lang Mitarbeiter des französischen Geheimdienstes Direction Générale de la Sécurité Extérieure (DGSE). Zu diesem frühen Zeitpunkt hätten die Belgier vor Osama bin Laden gewarnt. Ihre Informationen stammten, so heißt es, aus dem Brüsseler Molenbeek, einem Problemviertel im Zentrum der europäischen Hauptstadt, das nach den Anschlägen in Paris am 13. November 2015 zu trauriger Berühmtheit gelangen sollte. Dort war damals bereits ein wachsender Einfluss der von Saudi-Arabien gesteuerten Wahhabitenszene besonders auf Nachkommen der Migrantengeneration aus dem Maghreb zu beobachten. Doch die Amerikaner, Briten und Franzosen taten die Warnungen ab und verhöhnten die Informationen als belgisches Ammenmärchen, so Ex-Agent Moniquet. Eine fatale Fehleinschätzung.

Auch der wiederholte Rat der Geheimdienste von Ägypten und Algerien, sich wieder am Hindukusch zu engagieren und die wachsende Präsenz der radikalen Araber zu beenden, verhallte ungehört. Beide Dienste kannten die Intentionen bin Ladens bestens, ebenso wie seine wichtigsten Mentoren: Ayman al-Zawahiri, das Oberhaupt des verbotenen Dschihad in Ägypten sowie die beiden Söhne von Scheich Omar Abdel-Rahman, dem blinden ägyptischen Prediger, der die verbotene Islamistenbewegung Gamaa al-Islamija in Ägypten anführte.

Nach Anschlägen auf die beiden US-Botschaften in Kenia und Tansania musste Amerika jedoch handeln – und suchte wieder Hilfe in Pakistan. Obwohl sie die Region nach dem Abzug der sowjetischen Truppen aus Afghanistan verlassen hatten, betrachteten die USA die pakistanische Regierung, ihr Militär und ihren Geheimdienst ISI nach wie vor als Verbündete. Doch die Pakistaner fühlten sich seit geraumer Zeit von den USA im Stich gelassen, der Weggang der westlichen Bündnispartner hatte das Land in eine tiefe wirtschaftliche Krise gestürzt. So brachte das erneute Hilfesuchen der Amerikaner den damaligen Premier Nawaz Sharif, der im Dezember 1998 zu einem Besuch in Washington antreten musste, in ein arges Dilemma. Sollten er und sein ISI den Terroristenführer an die Amerikaner verraten, den sie in den 1980er- und frühen 1990er-Jahren – gemeinsam mit den Amerikanern – gefördert hatten? Bin Laden formulierte es in einem Interview mit dem *Time magazine* am 11. Januar 1999, das Rashid in seinem Buch wiedergibt, so: »Es gibt in Pakistans Regierung einige Ressorts, die durch Gottes Gnade auf die islamischen Gefühle des pakistanischen Volkes reagieren. Das spiegelt sich wider in Sympathie und Kooperation. Doch andere Ressorts der Regierung sind in die Falle der Ungläubigen getappt. Wir beten zu Gott, er möge sie wieder auf den rechten Pfad geleiten.« Pakistans Regierung wich aus. An eine Auslieferung bin Ladens oder gar den Einsatz von CIA-Kommandos auf pakistanischem Territorium war nicht zu denken. Auch die Saudis zogen es vor, bin Laden in Ruhe zu lassen, zumal seine Auslieferung an die USA das enge Verhältnis des Terroristenführers zum saudiarabischen Geheimdienst und zu Teilen der Königsfamilie offenbart hätte.

Das neue Bündnis der USA mit Pakistan

1999 übernahm Pervez Musharraf nach einem Militärputsch in Pakistan die Macht. Er strebte eine Annäherung an den Westen an, wollte Wirtschaftsreformen in Angriff nehmen und Pakistan modernisieren. Und so entschied die amerikanische Regierung nach den Anschlägen von Nine-Eleven binnen weniger Stunden, sich erneut mit dem Nachbarn Afghanistans zu verbünden – diesmal, um die radikalen Islamisten zu bekämpfen.

Musharraf erzählt uns im Interview von zwei Telefonanrufen, die Amerikas Haltung gegenüber Pakistan beispielhaft charakterisieren. Pakistans Präsident hielt sich gerade in einer Konferenz mit dem Gouverneur von Karatschi auf, als ihn, wenige Minuten, nachdem die Flugzeuge in die New Yorker Twin Towers gerast waren, ein Anruf des damaligen Außenministers Collin Powell erreichte. Powell war aufgeregt, aber professionell: »Das ist Terrorismus, und wir werden ihn vollständig besiegen«, erklärte der Außenminister. Freundlich, aber bestimmt stellte er Musharraf vor die Wahl: »Either you are with us or against us.« Worauf Musharraf den Amerikanern sofort Pakistans Unterstützung zusicherte. Unmittelbar darauf erhielt Musharraf einen Anruf von seinem Geheimdienstchef. Richard Lee Armitage, der amtierende Vizeverteidigungsminister, hatte – parallel zu Powell – den Chef des ISI angerufen und ihm gedroht: »Wenn ihr nicht kooperiert, dann bomben wir euch zurück in die Steinzeit.«

2001–2011: Pakistan hilft dem Westen ...

»Die Menschen in Pakistan mögen die Amerikaner nicht«, sagt Pervez Musharraf, »es wäre sicherlich nicht falsch, wenn ich sagen würde, die Pakistaner hassen die Amerikaner. Ich aber überzeugte meine Leute, indem ich ihnen erklärte: Wenn wir jetzt nicht mit Amerika zusammenarbeiten, werden es die Inder tun.«

Nach den Anschlägen vom 11. September 2001 gewann Pakistan wieder an geostrategischer Bedeutung. Wollte Pakistan jedoch zum Bündnispartner der USA werden, so musste die Regierung ausgerechnet die afghanischen Taliban fallen lassen, die sie in den zehn Jahren nach dem Abzug der Sowjetunion weiterhin gefördert hatte. Denn auch wenn die afghanischen Taliban einst von den USA und Pakistan gemeinsam finanziert worden waren – inzwischen waren sie zu Gegnern der USA geworden. General Musharraf ging das Bündnis mit der Regierung von George W. Bush ein und schloss sich dessen Krieg gegen den Terrorismus, al-Qaida und die Taliban an. Die Frage, wie glaubwürdig diese Kehrtwende der pakistanischen Regierung sein konnte, wurde zumindest offiziell nicht gestellt. Berichte wie von der *New York Times*, Musharraf habe den ISI-Chef Mahmud Ahmed vom Dienst suspendiert, weil dieser der Unterstützung Amerikas feindlich gegenüberstand, sollten Zweifel zerstreuen.

Und die Amerikaner zahlten ja für die neue Allianz mit Pakistans Machthaber Musharraf. Der US-Präsident ließ, ungeachtet weltweiter Kritik, sogar die im Zuge der Atomtests 1998 verhängten Sanktionen aufheben. Wie nie zuvor flossen Geld und Waffen in das arme Land. Allein von den USA erhielt Pakistan nach dem 11. September an die zehn Milliarden Dollar direkte Hilfszahlungen. Dazu kamen F-16-Kampfflugzeuge im Wert von fünf Milliarden Dollar. Zudem sorgten die Amerikaner dafür, dass Pakistan Auslandsschulden in Milliardenhöhe vorerst nicht zurückzahlen musste. Auf die Unterstützung und den Finanzfluss aus Amerika hat der damalige Präsident Musharraf allerdings eine eigene Sicht: »Immer werde ich auf die Milliardenzahlungen der Amerikaner angesprochen. Aber das stimmt so nicht. Ich habe den Amerikanern immer gesagt, die Hälfte des Geldes gehört sowieso uns. Schließlich müssen wir das Militär finanzieren, um euch zu unterstützen.«

Die Musharraf-Regierung sicherte den USA volle Unterstützung zu. So marschierten die Amerikaner am 7. Oktober 2001 in Afghanistan ein, und Musharraf schickte die eigene Armee auf verlustreiche Strafexpeditionen gegen die Taliban. Sein Geheimdienst verhaftete Hunderte al-Qaida-Mitglieder und lieferte viele von ihnen an die USA aus – darunter den Chefplaner der Anschläge von Nine-Eleven. Zudem halfen Informationen aus Pakistan, einen Anschlag mit mehreren Selbstmordattentätern auf die Londoner U-Bahn zu verhindern. Das alles sprach in den Augen der Verbündeten für die Glaubwürdigkeit des pakistanischen Präsidenten. Dass General Pervez Musharraf 2003 zweimal beinahe selbst Attentaten von al-Qaida zum Opfer fiel, ließ ihn nur noch glaubwürdiger erscheinen.

In Pakistan aber standen nicht alle hinter der Politik von Musharraf. In den gut zehn Jahren, die seit dem Ende der sowjetischen Intervention in Afghanistan vergangen waren, hatte das Land nach dem Rückzug der Amerikaner eine Wirtschaftskrise erlebt, die Pakistaner fühlten sich im Stich gelassen, und so hatte sich in der Bevölkerung eine amerikafeindliche Stimmung breitgemacht. Selbst Hamid Gul, der frühere Chef des pakistanischen Geheimdienstes, der während der Besatzung Afghanistans durch die Sowjets eng mit der CIA kooperiert hatte, sprach sich nun gegen eine Unterstützung der Amerikaner aus. Antiwestlich gesinnte Extremisten überzogen die Städte Pakistans mit blutigen Anschlägen. Ihre Unterstützer nannten Musharraf einen »Mörder«, der das eigene Volk den Ungläubigen opferte. Später bekannte sich der weltweit gesuchte Terrorist Ilyas Kashmiri als Drahtzieher des ersten Anschlagsversuchs auf Musharraf. Kashmiri war damals Nummer drei bei al-Qaida. Auch in Kreisen der Terrororganisation Lashkar-e-Taiba soll die Ermordung Musharrafs diskutiert worden sein, doch Zaki-ur-Rehman Lakhvi, der Militärchef der Gruppe mit engen ISI-Verbindungen, soll interveniert und die Pläne verhindert haben.

Die USA und ihre Verbündeten interessierten sich wenig für solche innerpakistanischen Streitigkeiten. Zu sehr waren sie damit beschäftigt, mit ihrem »Krieg gegen den Terror« ihre eigenen Ziele zu verfolgen: Sie wollten Osama bin Laden als Hauptdrahtzieher der Anschläge vom 11. September 2001 zur Rechenschaft ziehen und dessen Terrornetzwerk al-Qaida zerschlagen, und sie wollten die Taliban zurückdrängen und Afghanistan aus dem Griff der fundamentalistischen Gotteskrieger befreien.

Und tatsächlich sah es so aus, als leisteten die Pakistaner den Amerikanern im Kampf gegen den Terror wichtige Hilfe. Pakistans Regierung lieferte zahlreiche Drahtzieher bei al-Qaida an die Amerikaner aus und stellte damit seine Verbündeten in den USA zufrieden. Dazu einige Beispiele.

Ramsi Binalshibh galt neben dem bei den Anschlägen verstorbenen Ägypter Mohammed Atta als einer der führenden Köpfe der Hamburger Terrorzelle und Planer von Nine-Eleven. Exakt ein Jahr nach den Anschlägen, am 11. September 2002, wurde Ramsi Binalshibh, der in Hamburg mit Mohammed Atta zusammengelebt hatte und von dort am 5. September 2001 in die USA abgereist war, von pakistanischen Sicherheitskräften im Auftrag von CIA und FBI in Pakistan festgenommen. Die pakistanische Regierung übergab ihn an die US-Behörden, nachdem der deutsche Bundesinnenminister auf eine Auslieferung zugunsten der USA verzichtet hatte.

Nächstes Beispiel: Khalid Scheich Mohammed, hochrangiges al-Qaida-Mitglied und der Chefplaner von Nine-Eleven. Am 1. März 2003 wurde er von pakistanischen Sicherheitskräften in Rawalpindi aufgespürt und an die CIA ausgeliefert. Im Verlauf seiner Vernehmungen gestand Khalid, bei einem Treffen um die Jahreswende 1999/2000 in Afghanistan mit Mohammed Atta, Ziad Jarrah und Marwan Al-Shehhi, drei der mutmaßlichen Piloten der Terroranschläge vom 11. September, und Osama bin Laden dabei gewesen zu sein. Auch hat Khalid zugegeben, »mit seiner gesegneten rechten Hand«, den amerikanischen Juden Daniel Pearl in Karatschi eigenhändig enthauptet zu haben. Khalids Werdegang passt geradezu beispielhaft in das Muster der radikalen Fundamentalisten, die den Islam in die Welt tragen wollten: In Pakistan geboren, in Kuwait aufgewachsen, mit 16 der islamistisch-fundamentalistischen Muslimbruderschaft beigetreten. Er hat in den USA studiert, dort einen Hochschulabschluss gemacht und gearbeitet. 1987 ging er mit seinen drei Brüdern nach Afghanistan, um gegen die sowjetische Besatzung zu kämpfen. Er zog 1992 mit Mudschaheddin aus Pakistan nach Bosnien und Herzegowina, um dort seine Glaubensbrüder im Kampf gegen die Serben und Kroaten zu unterstützen, organisierte Gelder für die Kämpfer. Um die Jahreswende 1994/95 ging er auf die Philippinen, gab sich als katarischer Holzexporteur aus, plante dort aber in Wirklichkeit einen Anschlag zusammen mit seinem Neffen Ramzi Yousef. Yousef war für den Anschlag auf das New Yorker World Trade Center von 1993 verantwortlich, bei dem sechs Menschen getötet und über tausend verletzt wurden. Ramzi Yousef flüchtete nach Pakistan. In der philippinischen Hauptstadt Manila wollten Khalid Scheich Mohammed und Ramzi Yousef ein Attentat auf den Papst verüben. Außerdem planten sie, mehrere Flugzeuge – je nach Quelle wird von 11 bis 12 Passagiermaschinen berichtet – auf dem Weg von Asien in die USA zu entführen und in die Luft zu sprengen. An die 4000 Menschen hätten bei der »Operation Bojinka« getötet werden sollen. Nur dank eines Zufalls konnten die Anschläge verhindert werden. Doch die Planer und Drahtzieher entkamen den Behörden und flüchteten nach Pakistan. Ein Jahr später wurde Ramzi Yousef mit Hilfe des ISI festgenommen. Khalid Scheich Mohammed lebte weiterhin in Pakistan, blieb jedoch zunächst unentdeckt. Die Anschlagspläne zu der »Operation Bojinka« brachten ihn auf die Idee, so wird vermutet, Flugzeuge als fliegende Bomben einzusetzen. Erst am 23. August 2001, drei Wochen vor Nine-Eleven, setzte das FBI den gesuchten al-Qaida-Terroristen, der mindestens 27 Aliasnamen benutzte, auf die Terroristenbeobachtungsliste TIPOFF.

Ein weiteres Beispiel: Abu Faradsch al-Libi, der Nachfolger von Khalid Scheich Mohammed und Logistiker von al-Qaida. Erst nach der Verhaftung Khalids soll al-Libi zum Chefplaner und Militärchef des Terrornetzwerks aufgestiegen sein. Er gehörte zu den fünf meistgesuchten Terroristen Pakistans und soll auch der Drahtzieher von zwei gescheiterten Anschlägen im Jahr 2003 auf Präsident Pervez Musharraf gewesen sein. Pakistan hatte ein Kopfgeld von 260 000 Euro für al-Libis Ergreifung ausgesetzt, zusätzlich zu einem fünf Millionen US-Dollar hohen Kopfgeld aus den USA. Laut pakistanischen Sicherheitskreisen wurde al-Libi im Mai 2005 in Mardan im Stammesgebiet Nordwasiristan zusammen mit fünf weiteren al-Qaida-Mitgliedern gefasst, rund 150 Kilometer südwestlich von Islamabad.

Pakistan schützt Osama bin Laden

Die Amerikaner feierten die Festnahmen von al-Qaida-Terroristen als Erfolge. Doch sie wollten Osama bin Laden. Mit der Zeit aber fiel auf, dass die Pakistaner immer nur Osama bin Ladens Gefolgsleute in zweiter und dritter Reihe verrieten. Osama bin Laden selbst war unauffindbar.

Es waren vor allem zahlreiche fehlgeschlagene Operationen, die das Misstrauen nährten. So hofften die USA bereits in der »Schlacht um Tora Bora« im Dezember 2001, Osama bin Laden mit pakistanischer Hilfe zu fassen. Doch es gelang ihm, unterzutauchen. Laut Geheimdienstexperten soll der ISI den Terrorführer sogar in einer Nacht-und-Nebel-Aktion aus dem Berggebiet nach Pakistan geflogen haben. Genauso in den Folgejahren, als die USA den Terroristenführer im afghanisch-pakistanischen Grenzgebiet vermutete, was sich, wie sich später herausstellte, als falsche Fährte erweisen sollte. Die Frage ist: Wer versorgte die USA in dieser Zeit mit Informationen über die angeblichen Verstecke Osama bin Ladens? Wer konnte wissen, wo er sich aufhielt? Vor allem: Was wussten Pakistan und seine Geheimdienste?

Die Vermutung liegt nahe, dass manche Mitglieder des Terrornetzwerks gezielt vor einer Festnahme verschont wurden. Deutlich wurde das unter anderem im Fall von Hassan Ghul. Ghul hatte als Gatekeeper eine Schlüsselposition bei al-Qaida und war aufgrund der Aussage eines anderen Nine-Eleven-Terrorverdächtigen ins Visier der amerikanischen Agenten geraten. Er soll einen der späteren Flugzeugentführer bereits ein Jahr vor dem 11. September zu einem Treffen mit Osama bin Laden in ein »Safe House« in Pakistan gebracht haben. Ghul fasste die CIA nicht etwa durch Hinweise aus Pakistan, sondern als er sich 2003 im Irak aufhielt – mit Hilfe kurdischer Einsatzkräfte. Im Irak war Ghul als Kurier mit Geld, Informationen und vermutlich Sprengstoff auf dem Weg zu Abu Musab al-Zarqawi, dem neben bin

Laden meistgesuchten al-Qaida-Terroristen, auf den die USA ebenfalls 25 Millionen Dollar Kopfgeld ausgelobt hatten. Das Interesse der Amerikaner an der Ergreifung Ghuls war groß und erwies sich als berechtigt, denn Ghul sollte eines Tages der entscheidende Hinweisgeber sein, der zu Osama bin Laden führte. Die Pakistaner aber hatten bis zur Ergreifung Ghuls im Irak – so scheint es zumindest – ihre schützende Hand über den al-Qaida-Terroristen gehalten. Später stellte sich heraus, warum: Hassan Ghul hatte offensichtlich auch enge Verbindungen zu Lashkar-e-Taiba, einer der Terrororganisationen, die bis heute dem Geheimdienst ISI unterstehen.

Es gibt zahlreiche weitere Fälle, die an der Integrität Pakistans zweifeln ließen. Allmählich mutmaßten die Amerikaner, dass die Pakistaner gar nicht daran dachten, den Topterroristen Osama bin Laden auszuliefern. Die Amerikaner schienen jedoch keine Wahl zu haben. Sei es, um die Rachegelüste ihrer Nation und eigentlich der gesamten westlichen Welt zu befriedigen, sei es, um das Gesicht und vor allem den Kampf gegen den Terror nicht zu verlieren. Innerhalb der CIA kursierten Witze darüber, dass die Amerikaner blieben und sich an ihre Zusagen hielten, obwohl sie so offensichtlich nicht bekamen, was sie sich von dem Bündnis mit Pakistan erhofften.

Im Nachhinein muss man sich sogar fragen, warum die Pakistanis überhaupt »dieses ewige Karussell an al-Qaida-Nummer-Zwei-und-Nummer-Drei«-Auslieferungen betrieben haben, wie es der ehemalige CIA-Agent Sam Faddis 2018 im Interview mit uns formuliert. Der pakistanische Präsident Musharraf liefert eine mögliche Erklärung: Für jedes gesuchte al-Qaida-Mitglied wurden feste Kopfgelder direkt zwischen der CIA und dem pakistanischen Geheimdienst ISI vereinbart, und, das betont Musharraf, die Amerikaner zahlten immer pünktlich. Auf diese Weise flossen hohe Millionenbeträge in ein System, das von Korruption und Vetternwirtschaft durchzogen war. Insofern sollte es nicht überraschen, dass hinter vorgehaltener Hand darüber spekuliert wird, ob Mitglieder des ISI Osama bin Laden letztendlich doch verkauft haben, als der Preis endlich stimmte.

Die Spuren von Anschlägen auf der ganzen Welt führen nach Pakistan ...

Dass Pakistans Militärs und Geheimdienste bin Laden deckten, war indessen nicht alles. Während die Regierung – als wichtigster Bündnispartner – angeblich mit den USA kooperierte, führten in Europa verübte Anschläge immer wieder ausgerechnet nach Pakistan zurück: An einer Vielzahl islamistischer Anschläge nach Nine-Eleven waren Terroristen aus Pakistan beteiligt. Sie hatten entweder pakistanische Wurzeln, waren in pakistanischen Camps ausgebildet und trainiert worden oder beides.

Drei der vier Attentäter auf die Londoner U-Bahn im Jahr 2005, mit 56 Toten und 700 Verletzten, stammten aus pakistanischen Familien, mindestens zwei der Attentäter hatten sich zuvor in pakistanischen Trainingscamps aufgehalten. Die Terrororganisation »Islamische Kampfgruppe Marokkos« (GICM), deren Mitglieder die Anschläge von 2004 in Madrid verübten, mit 191 Toten und 2051 Verletzten, wurde in Pakistan gegründet, die Terroristen von »Afghanistan-Veteranen« ausgebildet und von al-Qaida finanziert. Der britische Terrorist Richard Reid, der als Schuhbomber bekannt wurde, als er im Dezember 2001 mit Sprengstoff in seinen Schuhen ein Flugzeug von Paris nach Miami zum Absturz bringen wollte, behauptete im Prozess, im Auftrag von Osama bin Laden gehandelt zu haben. Sein Komplize, der ihn zum Flughafen gebracht hatte, war Mitglied von Lashkar-e-Taiba und hatte Verbindungen zum ISI. Das im Mai 2010 buchstäblich in letzter Minute verhinderte Bombenattentat auf dem New Yorker Times Square geht auf das Konto des pakistanischstämmigen Faisal Shazad. Der Bombenleger gab zu, in Pakistan eine Kampf- und Sprengstoffausbildung erhalten zu haben. »Es war klar ein Terrorangriff, um Amerikaner zu töten. An einem der belebtesten Plätze sollten so viele unschuldige Touristen und Theaterbesucher wie mögliche ermordet werden«, sagte der damalige US-Justizminister Eric Holder. Bei seiner Vernehmung habe der Attentäter, der ein Jahr zuvor die amerikanische Staatsbürgerschaft erhalten hatte, gestanden, »er wollte Tod und Zerstörung in das Herz Manhattans bringen«. Im Verhör beteuerte der 30-Jährige, er habe allein gehandelt. Später aber bekannte sich der al-Qaida-Terrorist Ilyas Kashmiri dazu, den Anschlag geplant und geleitet zu haben. Auch der Busfahrer Najibullah Zazi, der im September 2009 zeitgleich mit zwei weiteren Attentätern zur Rushhour Selbstmordanschläge auf die New Yorker U-Bahn verüben wollte, war al-Qaida-Mitglied und gestand gegenüber dem FBI, im Jahr 2008 eine Waffen- und Sprengstoffausbildung in einem al-Qaida-Trainingscamp in Pakistan absolviert zu haben. Vor Gericht berichtete Zazi, ein afghanischstämmiger US-Amerikaner, er sei während einer Reise nach Pakistan gezielt von dem Terrornetzwerk angeworben worden, um in Amerika Selbstmordanschläge zu verüben.

Auch der Konvertit und französische Islamist Willie Brigitte, der 2003 einen Anschlag auf den einzigen Atomreaktor Australiens nahe Sydney plante, wurde in Pakistan geschult und nachweislich von einem Mitglied der Terrororganisation Lashkar-e-Taiba geführt. »Wir hatten alle Informationen von einer zuverlässigen Quelle bekommen und ich gab sie an die australischen Behörden weiter«, berichtet der ehemalige Ermittlungsrichter Jean-Louis Bruguière uns im Interview. »Die Australier wussten nicht einmal, dass Lashkar-e-Taiba eine Terrorzelle in Sydney aufgebaut hatte. Sie waren geschockt. Wir lieferten ihnen auch die Beweise, dass die australische Zelle von einer anderen LeT-Zelle auf den Virgin Islands finanziert wurde. Daraufhin verhafteten die Australier Willie Brigitte und konnten so den Anschlag gerade noch verhindern. Im letzten Augenblick! Brigitte und sein australischer Kontaktmann hatten bereits den

Sprengstoff besorgt. Alles war für den Tag X vorbereitet. Ein Anschlag auf ein Atomkraftwerk! Stellen Sie sich vor, was das bedeutet hätte!« Bruguière war oberster französischer Ermittlungsrichter und galt als Frankreichs »führender Terroristenjäger«. Er berichtet, die vom pakistanischen Staat und dem Geheimdienst ISI aufgebaute und finanzierte Organisation Lashkar-e-Taiba sei damals das schlagkräftigste und weltweit bestvernetzte Terrornetzwerk gewesen. Daran habe sich in den Folgejahren nichts geändert.

Brigitte wurde nach der Auslieferung durch die australischen Behörden 2007 in Frankreich zu neun Jahren Haft verurteilt und aufgrund der vorausgegangenen Untersuchungshaft 2009 freigelassen. 2012 erfolgte seine erneute Verhaftung. Der französischen Polizei war es gelungen, dem einschlägig vorbestraften Brigitte die Gründung eines islamistischen Terrornetzwerks in Frankreich nachzuweisen. Französischen Medienberichten zufolge sollen Ermittler bei der Auswertung der Social-Media-Aktivitäten Kontakte zwischen Willie Brigitte und den Attentätern entdeckt haben, die den Anschlag auf die Redaktion des Satiremagazins *Charlie Hebdo* verübt haben – die Brüder Kouachi. Auch mit dem Angreifer des Supermarkts Hyper Cacher, Coulibaly, stand er in Verbindung. Wie ebenfalls behauptet wird, sollen sie den LeT-Terroristen im Pariser Gefängnis Fleury-Mérogis kennengelernt haben.

Pakistan unterstützt Terroristen gegen das eigene Bündnis in Afghanistan

Dass Pakistan seine Bündnispartner hintergeht, zeigt sich in besonders schmerzhafter Weise in Afghanistan. Immer wieder werden tödliche Anschläge auf die ISAF-Truppen verübt – jene Truppen also, die für das NATO-geführte Bündnis aus den USA, ihren westlichen Partnern und Pakistan gegen die Taliban in Afghanistan kämpfen, darunter Tausende Soldaten aus Deutschland. Auch die Anschläge auf International Security Assistance Force (ISAF) werden von Terroristen ausgeführt, die aus pakistanischen Ausbildungscamps stammen. Eine große Zahl verheerender Attentate geht auf Mitglieder des radikal-islamistischen Haqqani-Netzwerks zurück. Das Haqqani-Netzwerk aber hat nicht nur seinen Stützpunkt im pakistanischen Miranshah, sondern unterhält besonders enge Beziehungen zum Geheimdienst ISI – es ist eine von vielen, äußerst fragwürdigen Verbindungen zwischen Pakistans Terrororganisationen und offiziellen Institutionen der Regierung.

Der wegen seiner Brutalität berüchtigte Haqqani-Anführer hat die Koranschule Haqqania in Akora Khattak besucht, worauf die Schule besonders stolz ist. Sein Netzwerk gehört zu der Taliban-Führungsriege und ist Teil von al-Qaida. Auf das Konto von Haqqani gehen nicht nur Angriffe auf die ISAF-Truppen, sondern zudem auf

Militärbasen, Botschaften und Regierungsgebäude in Afghanistan. Zu den blutigsten gehörten der Anschlag auf die deutsche Botschaft vom 31. Mai 2017 mit mehr als 150 Toten sowie das Attentat auf das Hotel Intercontinental in Kabul in der Nacht auf den 20. Januar 2018, bei dem 42 Menschen ums Leben kamen. Laut internationalen Beobachtern hat das Haqqani-Netzwerk 40 Prozent der Anschläge in Afghanistan zu verantworten. Bereits im Jahr 2010 versuchten US-Kommandos das Netzwerk in ihrem Rückzugsraum im Norden Pakistans mit Drohnenangriffen zu zerstören, womit sie aber scheiterten. Angesichts der Bilanz des Haqqani-Netzwerks ist es mehr als fadenscheinig, wenn Pakistan auf seine ausgelasteten militärischen Kapazitäten verweist, um zu erklären, warum es nicht gegen die Terrororganisation vorgeht.

Tatsächlich ist das Haqqani-Netzwerk mit seinen Anschlägen ein weiterer Beleg für Pakistans Doppelspiel, wie die britische Journalistin Carlotta Gall in ihren Recherchen herausfand. Gall berichtet, von afghanischer Seite sei ihr immer wieder gesagt worden, die Drahtzieher der Anschläge auf ISAF-Truppen säßen in Pakistan. Afghanische Sicherheitskräfte erklärten der Journalistin, dass viele der Bombenanschläge von Terroristen aus der westpakistanischen Stadt Quetta begangen worden seien.

Gall erklärt, sie habe den Hinweisen nachgehen wollen und sei deshalb im Dezember 2006 nach Quetta gereist. Sie besuchte Familien, deren Söhne bei Selbstmordattentaten in Afghanistan ums Leben gekommen waren.

Keine der Familien aber sei bereit gewesen, das auszusprechen, was Gall bereits aus anderen Quellen erfahren hatte: Die Attentäter waren ausnahmslos vom ISI rekrutiert, ausgebildet und nach Afghanistan geschickt worden. Vom ISI! Dem pakistanischen Geheimdienst – während die offizielle Politik der Regierung das Bündnis der Amerikaner unterstützte!

Vom Tag ihrer Ankunft in Quetta an wurden die britische Journalistin und ihr pakistanischer Fotograf von einem Motorradfahrer verfolgt. Es sei ihnen klar gewesen, schreibt Gall, dass der ISI sie überwachte. Aber erst als sie die Recherche auf Pashtun Abad konzentrierten, griffen die Agenten des ISI ein. Es handelte sich um ein Arbeiterviertel, in dem die Taliban größere Häuser bewohnten, umgeben von hohen Mauern, meist in der Nähe von Moscheen und Koranschulen. Mindestens drei der Selbstmordattentäter, deren Spuren die Journalistin verfolgte, hatten nachweislich eine dieser Madrasen, die Koranschule Jamia Islamia, in dem besagten Arbeiterviertel, besucht. Gall schreibt, dass auch ranghohe Regierungsmitglieder und Taliban, die im Schutz der Dunkelheit mit SUV-Eskorten kamen, zu den Besuchern der Jamia Islamia gehörten. Die Madrasen seien nur Tarnung, habe ein Funktionär in Pashtun Abad der Journalistin gesagt. In Wirklichkeit würden in den Koranschulen gewaltbereite Kämpfer rekrutiert, im Hintergrund ziehe der ISI die Fäden.

Im Fall der Journalistin Carlotta Gall schlug der ISI zu, nachdem sie ihren pakistanischen Kollegen mit der Befragung in der Koranschule beauftragt hatte, denn ihr als Frau wurde der Zutritt untersagt. Die ISI-Agenten verhafteten zunächst den Fotografen, passten dann die Journalistin in ihrem Hotelzimmer ab und nahmen ihr, unter Anwendung von Gewalt, Laptop und Handy ab. Einer der Agenten habe Gall untersagt, sich weiterhin in Pashtun Abad aufzuhalten oder gar Interviews mit Taliban zu führen. Als sie bat, ihren Fotografen freizulassen, habe man ihr gesagt: »Er ist Pakistaner. Wir können mit ihm tun, was wir wollen.«

Gall bezeichnet die Strategie der Regierung Musharraf und seines damaligen ISI-Chefs Ashfaq Parvez Kayani als Show. In Wirklichkeit habe die Regierung die Taliban, die Kaschmir-Kämpfer und al-Qaida gedeckt, wenn nicht sogar für sich benutzt.

Für die Pakistaner lohnte sich die Strategie: Der Konflikt in Afghanistan war für sie ein einträgliches Geschäft. Man muss sich aber fragen, warum die Vereinigten Staaten und ihre Verbündeten, darunter auch die Bundesrepublik, sich das doppelte Spiel der Pakistaner gefallen ließen. Warum verschlossen sie die Augen davor?

Auf welcher Seite steht der pakistanische Geheimdienst ISI?

Allerdings sind die Verhältnisse in Pakistan selbst nicht immer leicht zu durchschauen. Das zeigte sich insbesondere in einem Konflikt, der im Juli 2007 zu blutigen Ausschreitungen geführt hat. Schauplatz waren die Rote Moschee im Zentrum von Pakistans Hauptstadt Islamabad und die an sie angeschlossene größte Koranschule des Landes mit über 10 000 Schülern. Von der Gründung in den 1960er-Jahren an förderte die Regierung die radikalen Islamisten massiv, einerseits als Gegenpol zur schiitisch geprägten islamischen Revolution im Iran, zum anderen zur Unterstützung der islamischen Milizen im Kaschmir-Konflikt. Auch in der Roten Moschee wurden Kämpfer gegen die Sowjets in Afghanistan rekrutiert. Die geistlichen Führer der Madrasa bekennen sich bis heute offen zu den Taliban.

Als die Moschee nach den Terroranschlägen vom 7. Juli 2005 in London von pakistanischen Sicherheitskräften durchsucht werden soll, werden diese von bewaffneten Religionsschülern mit Knüppeln zurückgedrängt. Im April 2007 kommt es zur Eskalation, als in der Moschee ein Scharia-Gericht eingerichtet wird. Die Regierung will das nicht. Daraufhin provozieren Koranschüler und Anhänger der Madrasa mit gewalttätigen Aktionen. Die Regierung schaut tatenlos zu. Dann aber entführen Koranschüler Polizeibeamte und sieben chinesische Studenten. Das kann die Regierung auf keinen Fall dulden, denn dazu ist China ein viel zu wichtiger Akteur, Pakistan scheut jede Konfrontation mit der Supermacht. Tagelang versucht die Regierung, mit den Militanten zu verhandeln. Die Situation ist aussichtslos. Daraufhin stürmen Spezialeinheiten die Rote Moschee. Bei den 36 Stunden andauernden Kämpfen sterben an die 100 Menschen, darunter zehn Angehörige einer Spezialeinheit.

Der ISI spielt während der Verhandlungen der Regierung mit den militanten Schülern und der Erstürmung der Roten Moschee eine auffallend passive Rolle. Nach der offiziellen Version weiß der Geheimdienst nichts über die Vorgänge in der Moschee. Wie kann das sein, fragt die Journalistin Gall in ihrem Bericht über die Vorgänge, ist doch die Rote Moschee nur einen Steinwurf vom Hauptsitz des Geheimdienstes ISI entfernt? Außerdem sind zwei Mitarbeiter der Moschee für den ISI tätig. Die Frage soll auch in einer Sitzung des Parlaments erörtert werden. »Der ISI hat hundertprozentig alles über die Vorgänge in der Roten Moschee gewusst«, zitiert Gall ein Kabinettsmitglied. »Der ISI hat die militanten Koranschüler tun lassen, was sie wollten, weil der Geheimdienst auf ihrer Seite steht«, schreibt Gall, »und so konnten militante Gruppen als Racheaktionen kurz darauf ungehindert zu Protesten im ganzen Land aufrufen und eine Reihe tödlicher Anschläge auf Militärkonvois begehen.«

Der Mord an Benazir Bhutto

Ein weiteres Beispiel, das zeigt, dass die pakistanischen Geheimdienste keineswegs immer auf Seiten der eigenen Regierung stehen, ist die Ermordung der ehemaligen pakistanischen Premierministerin und Präsidentschaftskandidatin Benazir Bhutto. Zweimal hatte sie bereits als erste Frau an der Spitze des islamischen Landes gestanden und rechnete sich gute Chancen aus, es wieder zu werden. Bhutto versprach öffentlich, den Kampf gegen die Extremisten aufzunehmen. Sie bezeichnete Selbstmordattentate als unislamisch, die radikalen Islamisten als Gefahr für die gesamte Welt und wollte dafür sorgen, dass die Terroristen, die von überallher nach Pakistan gekommen waren, das Land verließen. Auch kündigte sie in einem Interview an, westlichen Ermittlern Zugang zu den Laboren von Abdul Qadeer Khan zu gewähren, dem Mann, der unter der Regierung ihres Vaters Zulfikar Ali Bhutto die Nukleartechnik illegal nach Pakistan gebracht hatte und dem nun vorgeworfen wurde, die Technologie und das Wissen an andere zwielichtige Regime weitergegeben zu haben.

Das Terrornetzwerk al-Qaida drohte offen mit Anschlägen gegen eine mögliche Rückkehr Bhuttos. Auch der damalige afghanische Präsident Hamid Karzai warnte die Oppositionsführerin vor möglichen Anschlagsplänen. Der afghanische Geheimdienst hatte ihn, wie es heißt, über ein Treffen Musharrafs mit zehn ranghohen Generälen informiert, bei dem über ein Attentat auf

Bhutto gesprochen worden sein soll. Aber Benazir Bhutto, die acht Jahre im Exil gelebt hatte, sagte am Vorabend ihrer Rückkehr nach Pakistan: »Ich glaube nicht, dass ein wirklicher Moslem ein Attentat auf mich verüben würde. Jeder Moslem weiß, dass der Islam Anschläge auf Frauen verbietet und dass ein Moslem, der einen Anschlag auf eine Frau begeht, in der Hölle landet.« Viele bejubelten die Rückkehr Bhuttos aus dem Exil, doch noch in derselben Nacht, am 19. Oktober 2007, explodierten zwei Sprengsätze in unmittelbarer Nähe der Wagenkolonne, die sie vom Flughafen in ihre Heimatstadt Karatschi bringen sollte. Bei dem Selbstmordanschlag wurden mehr als 150 Menschen getötet, Benazir Bhutto selbst blieb unverletzt.

Doch ihre Gegner gaben nicht auf. Am 27. Dezember 2007 wollte Benazir Bhutto eine Wahlkampfrede halten. Doch dazu sollte es nicht mehr kommen. Sie fiel einem Anschlag zum Opfer, begangen von einem Rekruten der Haqqani-Schule. Benazir Bhutto, die Oppositionsführerin und Präsidentschaftskandidatin, stand in einem gepanzerten SUV mit geöffnetem Schiebedach, als einer der beiden Teenager den tödlichen Schuss auf sie abgab und sich zugleich selbst in die Luft sprengte. Bei dem Attentat fanden weitere 23 Menschen den Tod.

Für das Mordkomplott auf Benazir Bhutto gerieten die Taliban, al-Qaida, pakistanische Armeeangehörige, Präsident General Pervez Musharraf und sein Geheimdienstchef General Kayani unter Verdacht. Eine anschließende Untersuchung der Vereinten Nationen, die die Hintergründe von Bhuttos Ermordung klären sollten, brachte an den Tag, dass alle ein Motiv hatten. Der pakistanische Staatsanwalt Chaudhry Zulfiqar Ali warf Musharraf vor, absichtlich nicht ausreichend für den Schutz der Präsidentschaftskandidatin gesorgt zu haben, weil er den Wahlsieg Bhuttos verhindern wollte. So habe er sich an dem Mordkomplott beteiligt. Diese Beteiligung bestreitet Musharraf bis heute. Chaudhry Zulfiqar Ali war von der Beteiligung Musharrafs überzeugt und behauptete, dafür Beweise zu haben. Musharraf wurde verhaftet, wurde jedoch nie vor Gericht gestellt. Der Ankläger, Staatsanwalt Ali, wurde im Mai 2013 auf dem Weg in seine Behörde erschossen.

So sehr Ali an Musharrafs Tatbeteiligung glaubte, so sicher war er, dass das Terrornetzwerk al-Qaida hinter der Ermordung Bhuttos stand. »Die Entscheidung, Bhutto zu ermorden, hat die oberste al-Qaida-Führung getroffen.« Mit diesen Worten wird ein ranghoher ISI-Offizier zitiert, der die Verhöre mit verdächtigen al-Qaida-Mitgliedern selbst geführt hat.

Keep the fire burning

Das amerikanisch-pakistanische Verhältnis war mehr als brüchig. Obwohl die USA Pakistan inzwischen offen vorwarfen, kein verlässlicher Partner in der Terrorbekämpfung zu sein und gesuchten Taliban-Kämpfern im Land Unterschlupf zu gewähren, unterstützten sie Pakistan mittlerweile mit überwiegend militärischer, aber auch ziviler Hilfe im Wert von rund 2,5 Milliarden Dollar jährlich. Dabei wirkt das Vertrauen, das die USA in die Zusagen von Musharraf und das Bündnis mit Pakistan hatten, in der Rückschau äußerst naiv. US-Präsident George W. Bush hatte nach den Anschlägen von Nine-Eleven über Musharraf gesagt: »Wenn er mir in die Augen sieht und sagt, es wird bald keine Taliban und keine al-Qaida mehr geben, wissen Sie, dann glaube ich ihm das.«

Präsident Bush irrte sich – die Taliban sind heute stärker denn je. Dabei hatte er in einem Punkt vermutlich sogar recht: Hätte Pakistans Regierung, genauer, hätten die Militärführung und der Geheimdienst es gewollt, hätte es nicht lange gedauert, bis die Taliban und al-Qaida vernichtend geschlagen worden wären. Darauf hatte schon Ahmad Schah Massoud hingewiesen, jener afghanische Kommandeur, der den Taliban Widerstand geleistet hatte, ehe er kurz vor Nine-Eleven einem Selbstmordanschlag zum Opfer gefallen war. In einer Rede, die er bereits im Frühjahr 2001 vor dem Europäischen Parlament in Brüssel hielt, erklärte er, die Taliban würden ihre militanten Aktionen und Übergriffe ohne die Unterstützung Pakistans nicht einmal mehr ein Jahr lang durchführen können.

Die Einschätzung sowohl von Präsident Bush als auch Massoud ist durchaus realistisch. Der Dschihad ist logistisch, personell und finanziell extrem aufwendig. Die Taliban, al-Qaida und zahlreiche andere Terrororganisationen brauchen Land, um ihre Kämpfer ungestört ausbilden und ihre Waffen lagern zu können; sie brauchen

Geld, aber auch die nötigen Kommunikations- und Finanzkanäle, um Kämpfer zu rekrutieren, auszubilden und bei Anschlägen zu führen. In Pakistan herrscht ein Militärregime, das Land ist von Militär und Polizei vollkommen überwacht. Dass hier Terrororganisationen jahrelang von der Regierung unbemerkt agiert haben sollten, ist schlicht nicht vorstellbar. Allein der ISI beschäftigt 300 000 Mitarbeiter und schätzungsweise weitere 700 000 Informanten beziehungsweise V-Leute. Es ist unvorstellbar, dass Terrororganisationen ohne das Wissen des allmächtigen ISI ungehindert agieren können.

Pakistans Regierung hat also das Treiben der Terroristen mindestens geduldet. Und nicht nur das. Schon damals war bekannt, dass der Armeechef und spätere Präsident General Pervez Musharraf die Taliban finanziell und logistisch förderte; ebenso wie Innenminister Naseerullah Babar, der die Taliban als »unsere Jungs« bezeichnete. So entsandte Musharraf nach Schätzungen von internationalen Beobachtern etwa 28 000 Pakistaner, um an der Seite der Taliban und al-Qaida gegen die Vereinte Front von Ahmad Massoud zu kämpfen. 8000 pakistanische Soldaten stammten aus pakistanischen Madrasen. Auch das amerikanische Außenministerium bestätigte, dass 20 bis 40 Prozent der Taliban-Kämpfer Pakistaner waren.

Massoud, der in seiner bereits erwähnten Rede vor dem EU-Parlament behauptet hatte, die Taliban könnten ohne die Unterstützung aus Pakistan kaum überleben, hatte außerdem darauf hingewiesen, seinem Geheimdienst lägen Informationen vor, dass ein Anschlag auf amerikanischem Boden unmittelbar bevorstehe. Auch hier lag er richtig, wie sich ein halbes Jahr später im September 2001 herausstellen sollte.

Die pakistanische Regierung und der Geheimdienst leugnen diese Zusammenhänge schlicht und erklären, sie könnten nichts gegen die Terrornetzwerke tun. Es handle sich um Non-State-Actors, also nicht staatliche Akteure, die völlig unabhängig und darum unkontrollierbar seien. Auf die Beteiligung pakistanischer Terroristen oder Drahtzieher an Anschlägen außerhalb Pakistans angesprochen, streitet Musharraf vehement ab: »Es gibt keine Beteiligung von Pakistanern. Es gibt keine Anschläge, an denen Pakistaner beteiligt waren. Nirgendwo waren Pakistaner beteiligt.«

Angesichts der Tatsache, dass die engen Verbindungen zwischen den afghanischen Taliban, der al-Qaida bin Ladens und Pakistans Regierung längst kein Geheimnis mehr waren, muss man sich fragen: Warum hätte Pakistan sich nach Nine-Eleven auf die Seite der USA stellen sollen, um bin Laden zu ergreifen und die afghanischen Taliban – »ihre Jungs« – zu vernichten? Und wenn Pakistan die Taliban unterstützte und letztere ohne diese Unterstützung gar nicht überleben konnten – musste man dann nicht dafür sorgen, dass Pakistan damit aufhörte?

Nach den Ereignissen von Nine-Eleven brauchten die Amerikaner Pakistan, um über Land Truppen in Richtung Afghanistan zu bringen, in Pakistan Air-Bases zu nutzen und eben, um Osama bin Laden zu suchen. Also wurde der Finanzfluss in Richtung Pakistan von der US-Regierung gesichert. Doch zugleich wussten die

Amerikaner inzwischen, dass Pakistan ein doppeltes Spiel spielte. Als ein US-Kommando fast zehn Jahre nach Nine-Eleven bin Laden töten sollte, geschah das, ohne die pakistanische Regierung einzuweihen. Zweifellos ein Zeichen tiefen Misstrauens, und es verwundert kaum, dass Pakistan in der Aktion auf pakistanischem Territorium eine Verletzung seiner Souveränität sah. Zumindest offiziell. Denn niemand weiß, ob nicht am Ende doch ein Tipp des ISI – und eine hohe Geldsumme – dazu geführt haben, dass die Amerikaner Osama bin Laden in seinem Versteck fanden.

Doch warum betreibt Pakistan dieses Spiel?

Rückblickend muss man sich noch einmal vor Augen führen: Pakistan hat vermutlich aus den Erfahrungen im Kalten Krieg seine eigenen Schlüsse gezogen. Als die Amerikaner bzw. der Westen das Land brauchten, erhielt Pakistan Anerkennung und Macht, es gewann an politischem Ansehen und Bedeutung, und vor allem floss viel Geld. Als die Sowjets jedoch besiegt waren und sich aus Afghanistan zurückzogen, versiegten die Geldflüsse, die Besuche westlicher Diplomaten hörten auf, die USA wendeten sich anderen weltpolitischen Brennpunkten zu. Der Rückzug der USA aus Pakistan nach 1989 stürzte das Land in eine schwere Wirtschaftskrise. Und so begann sich das ganze nach 2001 zu wiederholen. Die Verantwortlichen beim Militär und dem Geheimdienst ISI wissen: Die Amerikaner helfen uns, solange es Terror gibt. Nach 2001 blühte Peschawar erneut als Drehscheibe des Drogen- und Waffenhandels, der Geheimdienstagenten und des Dschihads auf; von hier aus wurde das Geschäft mit dem Terror nach Nine-Eleven mindestens genauso wichtig wie der Glaubenskrieg – und um vieles einträglicher.

Insofern verwundert es nicht, dass man in Pakistan nach dem Motto handelte (und heute noch handelt): Keep the fire burning. Das Interesse schien gering, den Kampf gegen al-Qaida und die Taliban möglichst schnell zum Erfolg zu bringen. Im Gegenteil, vermutlich war gerade Osama bin Laden ein besonders wertvolles Pfand in den Händen der pakistanischen Dienste. Solange die Jagd nach dem Topterroristen weitergehen würde, würden die Amerikaner bleiben. Sie würden Geld investieren, Pakistans Ansehen und Machtstellung garantieren.

Die Geister, die ich rief ...

Verhängnisvoll daran ist, dass ausgerechnet die Geheimdienste des Westens die Dienste Pakistans ausgebildet haben, die nun ihr doppeltes Spiel gegen die einstigen Meister richten. Zwischen 1950 und 1965 waren nahezu alle Eliteoffiziere des pakistanischen Militärs in oder von den USA ausgebildet worden. Die Waffentechnik, Taktik, Strategie – alles war nach dem amerikanischen Vorbild. Das endete mit dem Waffenembargo, das die USA 1965 wegen des Kriegs mit Indien gegen Pakistan verhängten. Genau zu diesem Zeitpunkt wurde Deutschland zu einem beliebten Partner in Pakistan. Auf Anfrage der Autoren gab die Bundesregierung an, dass an die 380 pakistanische Militärangehörige an der Führungsakademie der Bundeswehr in Hamburg-Blankenese ausgebildet wurden. Darunter Offiziere, die später eine steile Karriere im pakistanischen Militär und Geheimdienst machten. So beispielsweise der frühere ISI-Chef General Asad Durrani, der später auch als Militärattaché und pakistanischer Botschafter in Deutschland lebte. Im Interview schwärmt er noch heute von seiner Leidenschaft für Marzipan und deutsche Lebkuchen.

Jedoch blieb die Hoffnung der westlichen Dienste, die Verbundenheit der pakistanischen Militärs zum Land ihrer Mentoren würde sie später zu loyalen Weggefährten machen, unerfüllt. Durrani bestreitet den Vorwurf nicht, Pakistans Geheimdienste spielten ein dreistes Doppelspiel, während sie schützend ihre Hand über Terroristen in Afghanistan hielten und ihnen sogar einen Rückzugsraum auf pakistanischem Staatsgebiet zur Verfügung stellten. In einem Gespräch mit uns erklärte er: »Wenn ein Nachrichtendienst gut ist, spielt er nicht nur ein Doppelspiel, sondern ein dreifaches Spiel. Was ich meinen Leuten mit auf den Weg gegeben habe: Spielt das Spiel, aber spielt es gut.« Manchmal unterlaufen Fehler, räumte Durrani ein. »Jeder entscheidet sich, welche Organisationen er unterstützen möchte. Der eine sucht sich die eine Gruppe aus. Der andere eine andere. Und manchmal geraten diese Gruppen außer Kontrolle und verwandeln sich wie das berühmte Frankenstein-Monster.«

Auch Ahmed Shuja Pasha, von 2008 bis 2012 Chef des ISI, lernte Deutschland während seiner Ausbildung kennen und schätzen. Ende der 1980er-Jahre, als in Afghanistan von ISI und CIA gemeinsam unterstützte Dschihadisten gegen die Sowjets kämpften, studierte er an der Führungsakademie der Bundeswehr in Hamburg-Blankenese. Er durchlief nicht nur eine militärische Ausbildung, sondern lernte auch die deutsche Kultur kennen und entwickelte eine Vorliebe für Lübecker Marzipan. Pasha knüpfte Freundschaften und erlaubte später dem BND die Arbeit im Grenzgebiet zu Afghanistan. Das *Time magazine* zählte Pasha während seiner Amtszeit im Jahr 2011 zu einer der 100 einflussreichsten Personen der Welt, eine Auszeichnung, zu der kein geringerer als der ehemalige NSA- und CIA-Direktor Hayden die Begründung verfasste: »In einer Zeit, in der Fundamentalismus, Nationalismus und Anti-Amerikanismus stark zugenommen haben, ist der Spielraum für die Kooperation zwischen ISI und den Vereinigten Staaten zunehmend enger geworden« (*Time magazine*, April 2011). Das, so Hayden, sei die große Herausforderung für Pasha. Das *Forbes Magazine* listete ihn noch 2012 als den mächtigsten Militär der Welt.

Pakistan heute

Inzwischen zeichnet sich jedoch ab, dass Pakistan sein doppeltes Spiel selbst mit einem hohen Preis bezahlt. Als die Rückzugsgebiete in Afghanistan nach 2001 unsicher wurden, überrannten bewaffnete Gruppen der Taliban Pakistan und verübten auch hier im ganzen Land Anschläge. Zeitweise standen sie nur noch 100 Kilometer vor der Hauptstadt Islamabad. Zwar konnte ein Großteil wieder zurückgedrängt werden, geblieben ist aber eine extrem fundamentalistische Auslegung des Islam: Viele Schulen wurden nicht wiedereröffnet, Frauen verschwanden aus der Öffentlichkeit, politische Gegner werden bis heute mit brutaler Gewalt verfolgt. So gut wie alle Flüchtlinge aus Pakistan, die in Europa um Asyl ansuchen, kommen aus den Teilen des Landes, in denen die Taliban, man nennt sie mittlerweile pakistanische Taliban, das Sagen haben. Laut internationalen Beobachtern sind die bewaffneten Konflikte in der südwestlichen Provinz Belutschistan mittlerweile noch brutaler als in den sogenannten Stammesgebieten, der FATA (Federally Administrated Tribal Areas), entlang der Grenze zu Afghanistan. Nur die östliche Provinz Punjab mit der Hauptstadt Lahore, das kulturelle und wirtschaftliche Zentrum Pakistans, gilt als vergleichsweise friedlich. Doch die Netzwerke der radikalen Gruppierungen, beispielsweise der Taliban, reichen bis in die großen Städte Lahore und Karatschi. In den Stammesgebieten an der Grenze zu Afghanistan hat die pakistanische Regierung ihren

Einfluss ohnehin weitgehend verloren. Dort herrschen längst islamistische Extremisten.

Es rächt sich, dass Pakistan die Taliban in Afghanistan unterstützt und sie als »die guten« Taliban bezeichnet, im Gegensatz zu den »bösen« Taliban. Markus Potzel, der Sonderbeauftragte der Bundesregierung für Afghanistan und Pakistan, erklärt uns, immer wieder versuche man auf diplomatischem Weg, die pakistanische Regierung dazu zu bewegen, die Unterscheidung zwischen »guten und bösen Terroristen« nicht zu machen, denn es gebe keine guten Terroristen. Doch bisher sind diese Bemühungen vergeblich.

Was die Grenzregion zu Afghanistan betrifft, die von militanten Gruppen und Stämmen beherrscht wird, besteht auch dort der Verdacht, dass der pakistanische Staat die Finger im Spiel hat. Das Militär hält sich fern, vereinzelte Stützpunkte sind zu Festungen ausgebaut, die Straßen sind gefährlich. Die unterschiedlichen Gruppen definieren sich über ihre ethnische, religiöse oder politische Zugehörigkeit. Die meisten sind miteinander verfeindet und seit Jahrzehnten in blutige Konflikte verwickelt. Die nördliche Provinz, Chaiber Pakhtunkhwa, ist zu einer Machtbasis der Taliban geworden. Offiziell heißt es zwar, in den vergangenen Jahren gehe die Armee härter gegen militante Netzwerke vor, die in und um Pakistan agieren und seitdem sei die Zahl der Anschläge im Land deutlich zurückgegangen. Doch das ist nur die halbe Wahrheit.

Nach Einschätzung von Experten ist Pakistan heute neben Irak und Afghanistan das Land mit den meisten

Opfern durch terroristische Attentate. Gleichzeitig gilt Pakistans Armee offiziell nach wie vor als ein wichtiger Partner im internationalen Kampf gegen den Terrorismus, spielt als Vermittler eine entscheidende Rolle in den Friedensverhandlungen mit den Taliban in Afghanistan. Auch Deutschland, das zwar Pakistans Erzfeind Indien als strategischen Partner anerkannt hat, bezeichnet Pakistan als wichtigen Akteur in der chronisch instabilen Region.

Kehrtwende

In Wirklichkeit tut die Regierung immer noch zu wenig gegen Terrorfinanzierung. Deshalb verkündeten die USA im Januar 2018, dass sie ihre Militärhilfe für Pakistan zurückhalten wollen. Ganz konkret wirft Amerika der Regierung Pakistans vor, sie habe zu wenig gegen die afghanischen Taliban und das Haqqani-Netzwerk getan. Jene Netzwerke, die laut internationalen Beobachtern aus Pakistan heraus unzählige Anschläge in Afghanistan geplant und ausgeführt haben.

Es ist eine Kehrtwende, und eine nachvollziehbare Reaktion auf eine Entwicklung, die noch ganz anders eingeschätzt wurde, als Präsident Bush im Mai 2006 einen neuen CIA-Direktor berief: »Ich ernenne General Michael Hayden zum Direktor der CIA und NSA. Er ist ein Geheimdienstmann, der das Rüstzeug hat, um den Kampf gegen den Terror aufzunehmen. «Der Vier-Sterne-General Hayden, bis April 2005 Chef der NSA und bis Februar 2009 CIA-Chef, war entschlossen zu handeln. Was er aber bei den Verbündeten in Pakistan erlebte, beschreibt er uns im Interview mit folgenden Worten: »Ja, Pakistan war unser Verbündeter. Aber es war ein Verbündeter aus der Hölle.« Er sei immer wieder in das Land gereist und habe mit »seinem Counterpart beim ISI«, dem jeweiligen Geheimdienstchef verhandelt. Viele Gespräche habe er geführt, dabei sei ihm immer versichert worden, man stehe auf der Seite der amerikanischen Partner.

Immerhin scheinen sich die ungleichen Partner wenigstens in der Einschätzung ihrer Zusammenarbeit einig. Denn ähnlich wie bei Hayden klingen die Worte von Pervez Musharraf: »Die Amerikaner werfen uns ein doppeltes Spiel vor. Was wir aber mit den Amerikanern erlebt haben, war die Hölle.«

Spätestens im Jahr 2008 begannen die Amerikaner, ihre Zurückhaltung aufzugeben und beschlossen, selbst in Pakistan militärisch zu operieren. Michael Hayden, zu diesem Zeitpunkt Direktor der CIA, startete die heute berühmt-berüchtigten Drohneneinsätze der USA, die unter Präsident Barack Obama massiv ausgeweitet wurden, und das rund um die Welt. Die Amerikaner hatten begriffen, dass Pervez Musharraf auch wegen der gespannten innenpolitischen Lage weiterhin zögern würde, entschieden gegen die Extremisten in Kaschmir, die Taliban und al-Qaida im Grenzgebiet zu Afghanistan und gegen islamische Religionsschulen vorzugehen. Ebenso hatte das Doppelspiel ihrer angeblichen Verbündeten in Islamabad die lang gehegte Hoffnung der US-Regierung zerschlagen, mit deren Hilfe Osama bin Laden zu fassen.

Was aufseiten der pakistanischen Strategen hinter den Kulissen geschah, wird wohl ein Geheimnis bleiben. Als Präsident Pervez Musharraf, wegen seiner Annäherung an die USA zunehmend unter innenpolitischen Druck geraten, im Jahr 2008 zurücktreten musste, stand General Ahmed Shuja Pasha an der Spitze des Geheimdienstes. Dank seines Images als Hardliner wuchs Pashas Ansehen im eigenen Land kontinuierlich. Im Gegensatz zu der Regierung galt er ganz und gar nicht als »Schoßhund der Amerikaner«.

2011 – Osama bin Laden wird in Pakistan getötet

In der Nacht vom 1. auf den 2. Mai 2011 gibt Präsident Barack Obama den Befehl für die »Operation Neptune's Spear«. Daraufhin überqueren Stealth Helikopter mit Elitesoldaten der Spezialeinheit Navy Seals Team Six den pakistanischen Luftraum. Ihr Ziel: eine Villa im pakistanischen Abbottabad. Hier haben amerikanische Agenten Osama bin Laden aufgespürt. Der meistgesuchte Terrorist der Welt wird bei einem Schusswechsel getötet. Aus Regierungskreisen in Washington verlautet später, bei dem Einsatz seien drei weitere Männer und eine Frau getötet worden, darunter auch ein Sohn bin Ladens. In weniger als 40 Minuten ist die zehn Jahre dauernde Jagd nach Osama bin Laden Geschichte.

Legendär wurde das Bild, das am Morgen des 2. Mai 2011 um die Welt ging. Die Fotografie zeigt US-Präsident Barack Obama, sein Blick starr auf einen Monitor vor ihm gerichtet, der nicht zu sehen ist. Neben Obama die damalige Außenministerin Hillary Clinton und Verteidigungsminister Robert Gates mit ähnlich starren, ja ungläubigen Mienen. Osama bin Laden ist tot, geben die Titelseiten der Weltpresse bekannt.

Wie der amerikanische Nachrichtensender CNN berichtet, starb der Terroristenführer durch einen Kopfschuss. Der Leichnam sei im Meer bestattet worden.

Nach den Anschlägen vom 11. September 2001 hatten die USA fast zehn Jahre lang den Gründer und Chef des Terrornetzwerks al-Qaida gesucht. Ein *Zeit*-Artikel vom 2. Mai 2011 mit dem Titel »Osama bin Laden ist tot« beschreibt die Stimmung in den USA, nachdem der amerikanische Präsident seine erste Erklärung abgegeben und darin den Tod des Terroristenführers als »die bislang bedeutendste Errungenschaft in den Bemühungen unserer Nation, al-Qaida zu besiegen« bezeichnet hatte.

Nun versammelten sich jubelnde Menschenmengen vor dem Weißen Haus in Washington und am Ground Zero in New York. Tausende schwenkten US-Fahnen, sangen die Nationalhymne. Sie riefen »USA, USA« und feierten den Tod Osama bin Ladens, der den Amerikanern als »personifiziertes Symbol des Terrorismus« galt, so *Die Zeit*. Der Verantwortliche der verheerenden Anschläge, die ein bis heute nicht verheiltes, kollektives Trauma verursacht hatten, war endlich besiegt.

Aus amerikanischer Sicht beendete die Aktion samt ihrer Geheimhaltung die Summe aller Enttäuschungen, die sie mit Pakistan erlebt hatten. Obwohl die Informationen, die nun ans Licht kamen, verstörend waren. Allein der Umstand, dass der Initiator und Drahtzieher der Massenmorde mit Frauen, Nebenfrauen und Kindern ungestört in Abbottabad leben konnte, wurde von den Amerikanern als Hohn und Verrat empfunden. Ausgerechnet in der Garnisonsstadt Abbottabad. Hier, etwa 110 Kilometer nördlich von der Hauptstadt Islamabad gelegen, befindet sich Pakistans Militärakademie. Abbottabad ist damit das Pendant zum amerikanischen West Point am Hudson River oder der Führungsakademie der Bundeswehr in Hamburg-Blankenese. Das bedeutet, bin Laden hat nur einen Kilometer entfernt von Pakistans Militärakademie unerkannt gelebt – und das vermutlich über Jahre! Laut einem Bericht der *Washington Post* hörten die Agenten der CIA über einen langen Zeitraum nicht nur die Telefonate des al-Qaida-Chefs mit, sondern auch die Gespräche im Haus und observierten, wer das Areal betrat und verließ. Hinweise dafür, dass bin Laden vom Militär oder dem ISI besucht oder beschützt worden ist, seien dabei nicht gefunden worden, hieß es offiziell.

Auch der frühere Präsident Pervez Musharraf versicherte im Herbst 2018 im Interview, er habe nichts über bin Ladens Aufenthaltsort gewusst. »Osama soll sich fünf Jahre lang in Abbottabad versteckt haben? Zwei von diesen fünf Jahren würden also in die Zeit meiner Regentschaft fallen und ich sage Ihnen, ich habe nicht gewusst, wo Osama ist. Ganz sicher nicht«, so der frühere Präsident. Scherzhaft fügte Musharraf hinzu: »Das Haus ist so klein! Und Osama soll dort mit drei Frauen und 18 Kindern in einem Zimmer gelebt haben? Wahrscheinlich hat bin Laden am Ende selbst die CIA gerufen.«

Ein anderes Bild ergibt sich allerdings aus einem gigantischen Konvolut an Dokumenten, die bei Osama bin Laden gefunden und später von der CIA ausgewertet wurden. So enthüllten die Dokumente, dass bin Laden regelmäßig mit anderen Terroristenführern korrespondierte. Ein Hinweis darauf, dass sich der al-Qaida-Chef in Pakistan versteckt hielt. Zwei dieser Korrespondenzpartner bin Ladens pflegten beziehungsweise pflegen auch heute enge Kontakte zum ISI. Der eine ist Mullah Omar, Chef der Taliban, der andere Hafiz Muhammad Saeed, der Gründer von Lashkar-e-Taiba. Beide wurden vom ISI geschützt und gedeckt, außerdem sorgten beide dafür, dass ihre Anhänger keine Anschläge auf pakistanischem Territorium verübten. Die Korrespondenz bin Ladens mit Mullah Omar und Hafiz Muhammad Saeed lässt den Schluss zu, dass auch deren ISI-Verbindungsleute wissen konnten, mit wem sie korrespondierten und folglich auch, wo sich der al-Qaida-Chef aufhielt. Wieder ein Hinweis darauf, dass der ISI das Versteck des damals weltweit meistgesuchten Terroristen vermutlich kannte.

Angesichts dieser Belege lautete die zentrale Frage nach der Ergreifung bin Ladens: Kann es sein, dass Pakistan den Terroristenführer *nicht* gedeckt hat? Und, da das vollkommen unwahrscheinlich ist: Können die USA weiterhin mit einem Partner zusammenarbeiten, der möglicherweise ihren schlimmsten Feind beherbergt hat? Aus geheimdienstlicher Sicht lautet die Antwort: Ja. Aber dazu später mehr.

Präsident Obama nahm für den Sieg – laut eigener Aussage – bewusst eine Verletzung der pakistanischen Souveränitätsrechte in Kauf. Die pakistanische Regierung, so das Weiße Haus, sei vorab nicht von dem Einsatz der Navy Seals informiert worden. Auch eine gerichtliche Anordnung habe es nicht gegeben. Washington habe befürchtet, pakistanische Militärs oder Geheimdienstler könnten bin Laden informieren und der damals 53 Jahre alte Terrorist, wie in den Jahren davor, dem Zugriff entkommen. Die US-Regierung rechtfertigte den Einsatz »als einen Akt nationaler Selbstverteidigung«. US-Präsident Obama sagte den wartenden Reportern: »Der Gerechtigkeit wurde Genüge getan.«

Der US-Senat hatte das Kopfgeld auf bin Laden zuvor von 25 auf 50 Millionen Dollar erhöht. Darüber, dass dies für den Erfolg der Operation eine Rolle gespielt haben könnte, gibt es jedoch nur Mutmaßungen.

Die weitgehende Zerstörung des ursprünglichen Terrornetzwerks und die Tötung des für die Anschläge vom 11. September verantwortlichen Mannes mögen das Rachebedürfnis zunächst befriedigt haben, aber damit war der Terror nicht aus der Welt. Denn tatsächlich sei »die Post-bin-Laden-Ära« längst angebrochen gewesen, so *Die Zeit* in dem Artikel »Bin Ladens Vermächtnis« vom 5. Mai 2011, und zwar bereits vor dessen Tod. Das Netzwerk, »das einer vermeintlich weltumspannenden Ideologie folgte«, war zersplittert und regionalisiert. Das ließ das Gefahrenpotenzial nicht geringer werden. Im Gegenteil, die Angst vor neuen Anschlägen sollte bald größer werden denn je. Zweifellos hat der Tod Osama bin Ladens al-Qaida erheblich geschwächt, doch brachten sich andere Dschihadisten-Netzwerke in Stellung, um das Erbe bin Ladens anzutreten. Oder war das etwa längst geschehen? Opferten die Pakistaner ihr kostbares Pfand, den Terroristenführer Osama bin Laden, weil sie längst andere Mittel hatten, den Terror im Sinne von »Keep the fire burning« fortzusetzen?

Von Osama bin Laden zu David Headley

Als die Spezialeinheit der Navy Seals das Wohnhaus in Abbottabad stürmten, in dem sich Osama bin Laden mit seiner Familie und den engsten Gefolgsleuten versteckt hielt, erschossen sie den al-Qaida-Chef, seinen Sohn Khalid, seinen Kurier und zwei weitere Menschen. Außerdem beschlagnahmten sie 470 000 Dateien, handgeschriebene Tagebücher des getöteten Terroristenführers, mehr als 18 000 Dokumente, fast 80 000 Bild- und Audiodateien, mehr als 10 000 Videos. Anfang November 2017 ließ die US-Regierung die Daten für die Öffentlichkeit freigeben, bis auf sogenanntes sensibles Material, das die Geheimdienste weiter zurückhalten. Die veröffentlichten Dokumente zeichnen das Bild eines Mannes, der bis kurz vor seinem Tod mit Anhängern auf der ganzen Welt kommunizierte und das Terrornetzwerk zu steuern versuchte. In seinen Tagebüchern schreibt er über den Beginn des *Arabischen Frühlings* Anfang 2011 und wie al-Qaida die Entwicklung für sich nutzen könnte. Er berichtet über einen Aufenthalt in Großbritannien als 13-Jähriger. Dass er die Menschen dort als unmoralisch erlebt und den Dschihad bereits während des Studiums für sich entdeckt habe. Einige der Aufzeichnungen stammen von bin Ladens Sohn Khalid. Auch ein Hochzeitsvideo seines Sohnes Hamza im Iran befindet sich unter den veröffentlichten Dokumenten, ebenso wie brisante Inhalte über Verbindungen von al-Qaida und dem Iran. Das schiitische Regime habe den »saudischen Brüdern« der sunnitischen Extremistenorganisation »alles, was sie brauchten« zur Verfügung gestellt – Geld, Waffen und Ausbildung in Camps der schiitischen Hisbollah-Miliz im Libanon –, wenn al-Qaida im Gegenzug US-Ziele in Saudi-Arabien und im Golf angreife.

Völlig neu und ebenso überraschend offenbarte das Laptop des al-Qaida-Chefs, dass bin Laden einen Terrorstrafprozess am anderen Ende der Welt intensiv verfolgte. In Chicago wurden zwei amerikanische Staatsbürger mit pakistanischen Wurzeln vor Gericht gestellt. Einer davon: David Coleman Headley. Es handelt sich um einen der spektakulärsten Terrorprozesse, mit allen Zutaten eines Agententhrillers: Spionage, Drogen, Sex, Waffen, Geld, Verrat, Betrug, Mord. Die Spur des Falles führt von der CIA über Pakistan bis zu al-Qaida.

David Coleman Headley

Eine spektakuläre Verhaftung

Am 3. Oktober 2009 wird der amerikanische Staatsbürger David Coleman Headley auf dem O'Hare International Airport von Chicago verhaftet. Seine Festnahme erfolgt aufgrund eines Hinweises des britischen Auslandsgeheimdienstes MI6, der den Amerikaner mit Anschlagsplänen in der dänischen Hauptstadt Kopenhagen in Verbindung bringt. Den Ermittlern des FBI wird schnell klar, dass ihnen mit Headley ein großer Fisch ins Netz gegangen ist. Der 49-jährige Amerikaner pakistanischer Abstammung erweist sich als Schlüsselfigur des Terroranschlags von Mumbai, von 26/11 – dem Albtraum Indiens, der die Wirtschaftsmetropole Mumbai im November 2008 heimsuchte und sie für drei Tage in einen Kriegsschauplatz verwandelte. »Präsident Obama hat die Verhaftung am Flughafen Chicago persönlich angeordnet«, berichtet uns Staatsanwalt Daniel Collins im August 2018 bei einem Interview in Chicago. »Ich begann mit der Vernehmung, mein Ziel war es, möglichst viele Informationen aus ihm herauszubekommen. Er fing an zu reden und es zeigte sich schnell, dass er Verbindungen zu sehr gefährlichen Leuten hatte. Und dass er beim schlimmsten Attentat in der Geschichte Indiens eine zentrale Rolle gespielt hat.«

David Coleman Headley rückt plötzlich in den Mittelpunkt der Ermittlungen zu den Attentaten von 26/11. Bis zu diesem Zeitpunkt wussten die indischen Behörden, Geheimdienste, Terrorstaatsanwaltschaft sowie die politische Ebene nichts von ihm. Umso erfreuter reagierten sie auf seine Festnahme, von der sie hofften, sie würde endlich Licht ins Dunkle der Ermittlungen bringen. Die Nationale Ermittlungsbehörde Indiens (NIA) eröffnet ein Verfahren gegen ihn und beantragt seine Auslieferung – doch wie aus heiterem Himmel legt das FBI ein kategorisches Veto ein, auch Anträge auf eine direkte Vernehmung durch indische Ermittler werden zur Überraschung der indischen Kollegen abgewiesen. Selbst die sonst so gut funktionierenden Informationskanäle zwischen US- und indischen Geheimdiensten in Sachen Terrorabwehr scheinen plötzlich blockiert. Indien fühlt sich brüskiert, ist enttäuscht und verärgert. »Da muss es etwas so Brisantes gegeben haben, dass nichts nach außen dringen darf«, sagt der ehemalige Chef des indischen Geheimdienstes RAW, Vikram Sood, uns im Interview. Der ehemalige Außenminister Indiens Salman Khurshid vermutet einen »schmutzigen Deal der amerikanischen Behörden mit Headley«. Bis heute ist er über das Verhalten der Amerikaner verärgert. »Freunden sagt man die Wahrheit«, so Khurshid. Gopal Krishna Pillai, damals als Staatssekretär des Inneren für die Aufklärung des Terroranschlags zuständig, hatte die Aufgabe, mit den amerikanischen Behörden zu verhandeln: »Nach Headleys Verhaftung haben sie uns gesagt, wir sollen uns keine Sorgen machen, er werde 200 Jahre Gefängnis bekommen.« Pillai spricht im September 2018 im Interview mit uns eine Behauptung offen aus, die bis heute im Raum steht. »Headley war der Mastermind hinter den Terroranschlägen von 26/11, und er war ein Agent der CIA.« Dies wolle man vertuschen. Die Verbindung sei zu blamabel für den mächtigsten Geheimdienst der Welt, deshalb wolle man keine Details an die Öffentlichkeit lassen. Ist Headley ein außer Kontrolle geratener Geheimdienstspitzel, wie Pillai behauptet? Handelt es sich also um das klassische V-Mann-Problem?

Die *London Times* berichtet am 17. Dezember 2009 erstmals, Headley sei »ein aus dem Ruder gelaufener amerikanischer Agent«. Die Zeitung berichtet auch, Headley habe sich bis zwei Wochen vor den Terrorangriffen in Mumbai aufgehalten. Aufgrund dieser Behauptungen beginnt der amerikanische Journalist Sebastian Rotella, Nachforschungen über den Fall anzustellen. Rotella bringt immer neue Erkenntnisse ans Licht. »Mich hat vor allem interessiert, was die amerikanischen Behörden zurückhielten«, begründet er seine Recherchen im Interview.

Wer aber ist der Mann, über dessen Aktivitäten bis zum Zeitpunkt seiner Verhaftung – fast ein Jahr nach dem Anschlag auf Mumbai – offenbar keiner der weltweit operierenden Geheimdienste im Bild war?

Headley, der als Beruf meistens »Diplomat« angibt, hieß ursprünglich Daood Gilani. Erst zwei Jahre vor dem Attentat in Mumbai, am 15. Februar 2006, hatte er in Philadelphia, USA, seinen Namen ändern lassen. Damit habe Headley Schwierigkeiten bei Ein- und Ausreisen in die USA vermeiden und außerdem in Indien nicht als Pakistaner oder Moslem erkannt werden wollen, so der Chicagoer Staatsanwalt und spätere Ankläger Daniel Collins. Headley habe sich zunächst für nicht schuldig erklärt, legte aber ein volles Geständnis ab und begann, mit den US-Behörden zu kooperieren. Das heißt im Klartext: Headley machte einen Deal mit den Behörden und packte aus. Um seinen Kopf aus der Schlinge zu ziehen, gab er die Namen der Personen und Organisationen preis, in deren Auftrag er gehandelt hatte. Sogar seinen Jugendfreund Tahawwur Hussain Rana – wie der Journalist Sebastian Rotella berichtet, Headleys einziger Freund – verriet er und bezichtigte ihn der Komplizenschaft. Für seine Informationen sicherte man dem damals 49-Jährigen zu, ihn vor der Todesstrafe zu bewahren und ihn nicht nach Indien, Pakistan oder Dänemark auszuliefern. Die Akten kamen als streng geheim für immer unter Verschluss. Das allerdings streitet Staatsanwalt Daniel Collins bis heute ab.

David Coleman Headleys New Yorker Anwalt Howard Leader erinnert sich in unserem Interview in New York 2018 an die erste Begegnung: »Da war dieser Mann. An die zwei Meter groß. Die Haare zu einem Pferdeschwanz zusammengebunden und, was faszinierte: Ein Mann mit Augen unterschiedlicher Farbe, ein Auge braun, das andere blau. Das gab ihm diesen eindringlichen Blick.« Leader beschreibt seinen Mandanten als »perfekten Blender und Chamäleon« und als einen »überaus sympathischen Mandanten«.

Daood Gilanis Kindheit

Daood Sayed Gilani, der seinen Namen später amtlich in David Coleman Headley änderte, kam am 30. Juni 1960 in Washington, D.C., zur Welt. Sein Vater, Sayed Salim Gilani, war Diplomat in der pakistanischen Botschaft in Washington. Hier lernte er Headleys Mutter kennen. Alice Serrill Headley arbeitete als Sekretärin in der Botschaft, stammte aus einer wohlhabenden und angesehenen Familie in Maryland, ihr Vater L. Coleman Headley war ein ehemaliger Football-Star der University of Maryland. Serrill wird von ihrem Sohn als selbstbewusste, resolute und lebensbejahende Frau beschrieben. »Ein Nein war für sie kein Nein«, wie Headley im Verhör berichtet. Sie liebte das Neue und Aufregende. So habe es keinen gewundert, dass sich Serrill in den zehn Jahre älteren, charmanten Diplomaten aus dem fernen Pakistan verliebte.

Wenige Monate nach der Geburt von Sohn Daood ging der Einsatz Sayed Salim Gilanis in den USA zu Ende. Das Ehepaar zog mit dem kleinen Sohn vorübergehend nach London und schließlich nach Pakistan. Sayed Salim

Gilanis Familie war in Lahore zu Hause, nach Karatschi die zweitgrößte Stadt Pakistans und historisch das kulturelle Zentrum des Landes. Daoods Vater arbeitete fortan als Moderator für den staatlichen Sender Radio Pakistan. Drei Jahre nach Daoods Geburt brachte Serrill ein zweites Kind zur Welt, die Tochter Sherzad. Die Familie führte ein traditionelles Leben gemäß den Regeln und Gesetzen des Islam. Anfänglich gefiel Serrill ihr neues Leben in dem großen Familienanwesen mit vielen Hausangestellten. Aber sie kam mit der Rolle der Frau in der pakistanischen Gesellschaft nicht zurecht. Sie fühlte sich beengt, wollte mehr vom Leben. Serrill Headley verließ Mann und Kinder. Mitte der 1960er-Jahre wurde die Ehe der Gilanis geschieden, was sehr ungewöhnlich war im Pakistan dieser Zeit. Doch ihre Kinder durfte sie von nun an nur noch einmal im Monat sehen, und selbst während der seltenen Besuche war immer der Ex-Mann oder ein männlicher Verwandter zugegen. »In Pakistan haben Frauen keine Rechte, die Kinder gehören ihrem Vater«, soll Serrill Headley gegenüber Freunden geklagt haben. Serrill Headley heiratete später drei weitere Male. Sie kehrte in die USA zurück und erwarb in Philadelphia eine 100 Jahre alte Kneipe, die sie »Khyber Pass Bar« nannte, nach dem sagenumwobenen Bergpass zwischen Afghanistan und Pakistan. »Die Bar mit den 180 Biersorten hat das Nachtleben der Stadt revolutioniert«, schrieb die Zeitung *The Philadelphia Inquirer* über die Khyber Pass Bar.

Headleys Vater heiratete wieder, diesmal eine pakistanische Frau, mit der er weitere Kinder hatte. Das neue

Leben der Gilanis war streng religiös geprägt, Daoods Vater machte unmissverständlich klar, was er von seinen Kindern erwartete: Religion und Gehorsam. Zweifel oder gar Widerspruch duldete er nicht. Daood verstand sich mit der neuen Ehefrau des Vaters nicht und wurde in ein Internat in der Hafenstadt Karatschi geschickt. Es war nicht irgendein Internat, sondern das beste Pakistans: die Habib Public School. Das wichtigste Fach an der Schule war das Koran-Studium.

Im Internat erlebte Daood den indisch-pakistanischen Krieg von 1971 auf eine für den damals 11-Jährigen einschneidende Weise. Wie er Staatsanwalt Collins berichtete, wurden zwei Raketen aus Indien auf Karatschi abgefeuert. Eine davon habe Headleys Schule getroffen, wobei ein Mensch getötet und etliche andere verletzt wurden. Ein Schulgebäude sei so stark beschädigt worden, dass es abgerissen werden musste. Headley erwähnte nicht, dass der Krieg von Pakistan ausgegangen war, das Indien angegriffen hatte. Für Pakistan bedeutete dieser Krieg eine weitere folgenschwere Niederlage. Mindestens 8000 pakistanische Soldaten hatten ihr Leben gelassen, Tausende waren verwundet worden, 90 000 in indischer Gefangenschaft. Ostpakistan wurde unabhängig, hieß fortan Bangladesch. Das ehemalige Westpakistan, das nunmehr nur noch Pakistan hieß, war am Boden zerstört. Laut Aussage Headleys gegenüber Staatsanwalt Collins begann sein Hass auf Indien mit diesem Raketenangriff auf die Schule, den die indische Regierung als Versehen entschuldigte. Von diesem Tag an habe er auf die Straße gespuckt, wenn er einem Inder begegnete.

Ob der von Headley geschilderte Raketenangriff stattgefunden hat, ist nicht bekannt, es ist uns nicht gelungen, Belege dafür zu finden. Es ist durchaus möglich, dass Headley sich die Geschichte als Legende zur Rechtfertigung seines Weges ausgedacht hat.

1973 wird Daoods Halbbruder Hamza geboren, 1976 der Halbruder Daanyal. Beide arbeiteten später im öffentlichen Dienst, Daanyal als Pressesprecher im Büro des Premierministers. Daoods Vater genoss als Moderator bei Radio Pakistan eine Art Prominentenstatus. Die Familie war privilegiert. Und doch gelang es Headleys Mutter 1977, das Sorgerecht für ihren Sohn zu bekommen. Damals wurde die pakistanische Regierung gestürzt, Unruhen beherrschten das ganze Land. Darum willigte Gilani ein, dass seine Ex-Frau Daood zu sich nimmt. Serrill Headley reiste nach Pakistan und holte den Sohn nach Amerika.

Zu diesem Zeitpunkt hatte für Daood jedoch längst ein anderes Leben begonnen. Er hatte das Cadet College Hasan Abdal besucht. Eine elitäre Militärschule, die beste Pakistans, wie es heißt, die auch heute mit ihren prominenten Absolventen wirbt, darunter Ärzte, erfolgreiche Geschäftsleute, aber auch Minister, Armeechefs und der spätere ISI-Direktor Javed Ashraf Qazi. Wie Sebastian Rotella berichtet, hatte der junge Daood wohl Schwierigkeiten, sich in den streng hierarchischen Alltag einzugliedern. Auch äußerlich fiel er allein schon aufgrund seiner Körpergröße, der hellen Haut und besonders durch die unterschiedlichen Augenfarben auf. Auf einem Bild aus dieser Zeit sieht man, dass er seine Mitschüler überragt. Daood träumte von einer Karriere in der pakistanischen Armee. So hatte es sein Vater für ihn vorgesehen.

In der Militärschule lernte Headley seinen besten Freund Tahawwur Hussain Rana kennen. Anders als Daood war Rana ein guter Schüler, studierte später Medizin, promovierte, trat in die Armee ein und arbeitete als Militärarzt. Als Headley schon längst bei seiner Mutter in den USA lebte, verließ auch Rana sein Heimatland und begann ein neues Leben – mit Ehefrau und seinen Kindern zog er nach Kanada und eröffnete, da er hier nicht als Arzt praktizieren durfte, in Ottawa eine Halal-Metzgerei. Er nahm die kanadische Staatsbürgerschaft an, ehe die Familie erneut umsiedelte und nach Chicago zog, in ein gutbürgerliches Wohnviertel, in dem überwiegend pakistanische Moslems, Inder und orthodoxe Juden leben. Hier eröffnete er erneut eine Metzgerei und außerdem ein Büro, das Ausländer in Visaangelegenheiten bei den US-amerikanischen Behörden unterstützt. Für Daood wurde Ranas Haus in Chicago zu einem zweiten Zuhause. Ranas Kinder nannten den Freund ihres Vaters »Onkel«. Sein Jugendfreund Rana sollte später als Komplize Headleys vor Gericht stehen, von den US-Behörden wegen der Planung von Terroranschlägen und Unterstützung terroristischer Vereinigungen angeklagt.

Daood wird Drogendealer

Daood ist 17 Jahre alt, als er Sommer 1977 in die USA, sein Geburtsland, zurückkehrt. Serrill Headley will auch seinem Freund Rana ein Flugticket zahlen und sogar die Highschool finanzieren, damit ihr Sohn in der neuen Heimat nicht einsam ist. Aber Ranas Familie lehnt das Angebot ab. So lernt Daood das Leben in Amerika ohne gleichaltrige Freunde kennen. Das sei für den Jugendlichen zunächst ein Kulturschock gewesen, berichten Bekannte der Mutter später.

Bald schon wird die Bar seiner Mutter das neue Zuhause des 17-Jährigen, die Gäste sein Freundeskreis. Die Khyber Pass Bar ist nicht irgendeine Bar, sondern weit über die Stadtgrenze hinaus unter anderem bekannt dafür, dass dort handfeste Trinker verkehren. Darunter viele Frauen, natürlich weitaus älter als Daood. Der Jugendliche genießt die neue Freiheit und das anrüchige Ambiente. In Pakistan hatte er keinerlei Kontakte zu gleichaltrigen Mädchen, war noch nie mit einer Frau allein. Hier lernt Daood Frauen kennen, die Gefallen an ihm finden, ihn »Prinz« nennen. Er trinkt Alkohol und nimmt erstmals Drogen. Es dauert nicht lange, bis er auch Heroin konsumiert, und er dealt. Sein Freund Rana kommt ein Jahr später zu Besuch, er ist, so wird er bei den Behörden aussagen, schockiert darüber, wie Daood sich verändert hat.

Als die Bar der Mutter in wirtschaftliche Schwierigkeiten gerät – offiziell heißt es, es habe Probleme mit der

Steuerbehörde gegeben, Bekannte der Mutter behaupten hingegen, der Sohn habe das Geschäft ruiniert –, sucht Daood nach einer neuen Geldquelle. Er ist drogensüchtig, verkehrt in zwielichtigen Kreisen. Mit seinem früheren Leben in Pakistan und dem Islam hat Daood schon lange nichts mehr im Sinn. Er weiß, dass sein Vater, dem Rana von der Entwicklung seines Sohnes berichtet, schwer enttäuscht ist. Aber der Vater ist weit weg. Daood hat andere Sorgen. Nach nur zwei Jahren ist seine Ehe mit einer Frau, die er in der Bar seiner Mutter kennengelernt hat, gescheitert. Er lässt sich scheiden. Daood dealt mit Heroin, weil er selbst drogenabhängig ist, kommt er damit finanziell aber nicht über die Runden. Er braucht dringend Geld.

Es ist Sommer 1988. Daood hat einen Plan und weiß, wie er an Geld kommen kann. Er denkt an Pakistan, seine alte Heimat, ein Drehkreuz für den internationalen Drogenschmuggel. 90 Prozent der globalen Heroinproduktion stammen von den Mohnfeldern des Nachbarlandes Afghanistan; von dieser räumlichen Nähe haben pakistanische Drogenbarone profitiert. Auch um während der sowjetischen Invasion den Kampf der Mudschaheddin gegen die Sowjettruppen zu finanzieren, wurden in Afghanistan und Pakistan große Mengen von Heroin hergestellt, das bis heute vor allem in Europa und Amerika landet. Daood kündigt seinem Jugendfreund Rana an, ihn in Pakistan zu besuchen. Der hat gerade die Militärakademie abgeschlossen und will studieren, er freut sich über die willkommene Abwechslung. Zusammen mit Rana will Daood in die FATA, die Stammesgebiete an der pakistanisch-afghanischen Grenze fahren, und – angeblich, ohne den Freund in seinen Plan einzuweihen – Heroin besorgen. Das Heroin will er nach Amerika einschmuggeln und dort zu Geld machen, so verabredet Daood es mit zwei anderen Drogendealern in Philadelphia.

Daood reist also nach Lahore und von dort aus mit Rana und zwei anderen Freunden in die Stammesgebiete von Wasiristan weiter. Die Region gilt als gesetzloses Land der Paschtunen und zugleich gefährlichster Teil Pakistans. Neben Taliban-Kämpfern hat der Konflikt auch neue Rebellen aus dem Ausland angezogen, die unter dem Mantel von al-Qaida und anderen islamistischen Gruppen ihre Angriffe ausführen. Daneben gibt es zahlreiche Warlords, die vor allem Drogen anbauen, um mithilfe dieser Geldquelle ihre lokale Macht aufrechtzuerhalten. Daood und Rana wirken wie junge Abenteurer und passieren problemlos alle Militärkontrollen. Das Heroin, das Daood im Wagen versteckt, habe er ohne sein Wissen beschafft, sagt Rana später aus. Die gesamte Aktion verläuft reibungslos. Doch kaum sind sie in Lahore angekommen, wird Daood wegen Drogenbesitzes verhaftet. Völlig überraschend. Mindestens ebenso überraschend ist er kurz darauf wieder auf freiem Fuß. Vermutlich, weil der Hinweis auf den Drogendealer an die amerikanischen Behörden weitergeleitet wird.

Denn auf dem Zwischenstopp am Flughafen Frankfurt am Main wird Daood vom deutschen Zoll aufgehalten und kontrolliert. Die Beamten finden etwa drei Kilo

Heroin und übergeben Daood an Agenten der amerikanischen Drogenfahndung DEA (Drug Enforcement Administration). Der Journalist Sebastian Rotella, der die Geschichte auch anhand der Snowden-Akten recherchiert hat, behauptet, dass Daood nicht zufällig aufgriffen worden ist. »Für ihn war das ein Wendepunkt in seinem Leben, aber die DEA war bestimmt schon hinter ihm her«, sagt Rotella. Ob der Tipp tatsächlich aus Pakistan kam, kann man heute nicht mehr sagen.

Die Agenten der Drogenbehörde schlagen Daood einen Deal vor: Kooperation gegen Strafminderung. Der greift sofort nach dem rettenden Strohhalm. Zurück in Philadelphia, liefert er die beiden anderen mit ihm befreundeten Drogendealer ans Messer. Die DEA zeigt sich erkenntlich: Daood bekommt eine deutlich niedrigere Gefängnisstrafe als seine Komplizen. Er wird 1988 zu vier Jahren verurteilt, seine Freunde zu acht beziehungsweise zehn Jahren. »Sie sind noch jung«, gibt der Richter bei der Urteilsverkündung Daood mit auf den Weg, »machen Sie was aus Ihrem Leben.«

Während Daood seine Haftstrafe verbüßt, marschieren am 2. August 1990 Militärtruppen des damaligen irakischen Diktators Saddam Hussein in das benachbarte Golf-Emirat Kuwait ein. Am 28. August erklärt Hussein den reichen Öl-Staat zur Provinz seines Landes. Das löst den Zweiten Golfkrieg aus. Unter der Führung der Vereinigten Staaten ziehen Streitkräfte des Westens an den Grenzen auf und zwingen das irakische Militär zum Rückzug. Die Stationierung amerikanischer Truppen in Saudi-Arabien, in dem Land von Mekka und Medina, ruft den bis dahin fast völlig unbekannten Osama bin Laden auf den Plan. Die islamische Welt fühlt sich durch die Präsenz westlicher Truppen gedemütigt, Osama bin Laden macht sich zu ihrem Fürsprecher und erklärt dem Westen den Krieg.

In den beteiligten westlichen Staaten berichten die Medien zum ersten Mal quasi live aus einem Kriegsgebiet. Allen voran der amerikanische Nachrichtensender CNN, der sich durch seine anhaltende Berichterstattung aus dem Krisengebiet einen Namen macht. Daood verfolgt die Berichte von CNN im Gefängnis – und entdeckt, wie Ermittler vermuten, seine muslimische Herkunft wieder. Der New Yorker Anwalt Howard Leader bezweifelt das. »Man sagt, er habe sich im Gefängnis radikalisiert. Davon habe ich nichts bemerkt«, meint Leader. »Ich habe ihn über einen anderen Mandanten, einen muslimischen Türken, kennengelernt. Unser erstes Treffen fand in der Nähe einer Moschee in Brooklyn statt. Ich lernte ihn als Daood Gilani kennen, und er hatte nichts von einem radikalen Moslem an sich. Ich empfand ihn als offen und tolerant und ich muss sagen, er war einer der nettesten Mandanten, die ich hatte.«

Nach Verbüßung der Haft zieht Daood etwa Anfang der 1990er-Jahre nach New York City. Der Vater kommt zu Besuch und gibt ihm 100 000 Dollar Startkapital für das Versprechen, zukünftig ein anständiges Leben zu führen. Doch der Sohn dealt bereits wieder. Mit weiteren 75 000 Dollar aus Drogengeschäften eröffnet Daood an der Upper West Side in Manhattan eine Videothek, später eine zweite. Jugendfreund Rana, der mittlerweile mit

Frau und Kindern im kanadischen Ottawa lebt, besucht ihn. Rana droht dem Freund, er dürfe seine Kinder nicht mehr sehen, wenn er sein Leben nicht ändert. Er hofft, dass Daood zur Vernunft kommt. Doch der Laden auf der Upper West Side ist nicht mehr als eine Tarnung für das Geschäft, das Daood unter der Theke betreibt: Auch hier verkauft er Drogen, und so wird er Anfang 1997 erneut wegen Drogenhandels verhaftet. In einem New Yorker Hotelzimmer hatte Daood 3000 Dollar gezahlt und dafür einen Koffer entgegengenommen. Der Inhalt des Koffers, ein Kilogramm Heroin, war echt, der Verkäufer jedoch ein verdeckter DEA-Agent. Damit hatte Daood nicht gerechnet. Seit seiner Entlassung hatte er mit großen Mengen Heroin gedealt, doch es war nichts passiert. Und nun das. Rechtsanwalt Howard Leader übernimmt die Verteidigung: »Brooklyn war für den Fall zuständig. Daood Gilani saß in Untersuchungshaft und wollte raus aus dem Gefängnis. Er war verzweifelt! Dabei hatte er eine ganz klare Agenda: Er hatte schon mal mit der DEA kooperiert, und das wollte er jetzt wieder tun. Ich sollte das für ihn einfädeln. Ich konnte mir nicht vorstellen, dass das so einfach sein würde. Er hatte einmal eine Chance bekommen. Aber ein zweites Mal?« Aber genau so sollte es kommen. »Daood Gilani stand also zum zweiten Mal wegen Drogen vor Gericht, bekam eine minimale Strafe, und selbst diese sechs Monate Haft saß er in einem Gefängnis in Upstate New York ab, das ich eher als Sanatorium bezeichnen würde«, lacht Howard Leader. Die DEA wirbt Daood wieder als Informant an – zunächst nur, um mit seiner Hilfe pakistanische Dealerkreise in New York »zu infiltrieren«. »Er kam auf Bewährung raus. Ich habe ihn vor dem Gefängnis auf der Straße getroffen und er war unverändert. Er war ein typischer New Yorker und tauchte perfekt in das New Yorker Leben ein.« Trotz der Bewährungsstrafe muss Daood seinen Pass nicht abgeben, hat nur eine einzige Auflage zu befolgen: Er muss gelegentlich eine Urinprobe abgeben, und ab und zu darf die DEA unangekündigt bei ihm auftauchen und seine Sachen durchsuchen.

Bereits ab Anfang 1998 reist Daood immer wieder nach Pakistan, nun im Auftrag der amerikanischen Drogenfahndungsbehörde DEA. Er soll Informationen über den internationalen Drogenhandel liefern und mit seinen dortigen Kontakten dabei helfen, Dealer zu identifizieren, die Heroin aus Pakistan in die USA einschmuggeln. Tatsächlich unterstützt Daood die Fahnder der DEA bei der Entlarvung einer Reihe von kleineren bis mittleren Drogenschmugglerringen. Dafür belohnt ihn sein DEA-Führungsoffizier mit hervorragenden Beurteilungen. Er bescheinigt Daood absolute Zuverlässigkeit und bewertet seine Dienste als vielversprechend für eine zukünftige Zusammenarbeit. 1999 erhält Daood daraufhin sogar die Erlaubnis, für einen Monat nach Pakistan zu reisen, um in seiner früheren Heimatstadt Lahore eine pakistanische Frau zu heiraten. »Man muss sich die Situation mal genauer anschauen: Da ist ein Wiederholungstäter. Er hat noch eine Bewährungsstrafe offen, Bewährungsauflagen, und darf einfach so für einen Monat nach Pakistan reisen. Und keiner findet etwas dabei oder stellt Fragen?«, wundert sich Rotella. »Übrigens war das eine nach muslimischer Tradition arrangierte Ehe. Der Vater hatte sie arrangiert.« Auch während diesem Pakistan-Aufenthalt hilft Daood der amerikanischen Behörde, dort einen Drogendeal aufzudecken. Es geht um ein Kilo Heroin, kein großer Deal also. Aber es nährt offensichtlich das Vertrauen der DEA.

Während seiner Reisen nach Pakistan beginnt Daood, sich für radikale islamistische Gruppen zu interessieren. Er nimmt Kontakte mit entsprechenden Kreisen auf. Der Mann, der seit seiner Rückkehr nach Amerika das Leben in vollen Zügen genossen hat, unzählige Affären mit Frauen hatte, Freunde verriet und selbst wiederholt Straftaten beging, liest auf einmal den Koran, besucht in Lahore regelmäßig die al-Qadsia-Moschee und nimmt Verbindung zu Lashkar-e-Taiba auf. Nach eigenen Aussagen gehören seine ersten Kontaktpersonen zu Jamaat ud-Dawa, kurz JuD. Eine Hilfs- und zugleich Nachfolgeorganisation von Lashkar-e-Taiba, nachdem diese 2002 wegen ihrer terroristischen Aktivitäten auf Druck der USA und Indiens verboten wurde. Der Gründer beider Gruppen ist Hafiz Saeed, beide haben ihren Sitz in Lahore. In seiner Vernehmung berichtet Headley: »Eines Tages sah ich ein Poster beziehungsweise Plakat von LeT in Lahore, sie baten um Spenden für den Dschihad. Auf dem Poster war die Telefonnummer vom LeT-Büro in Model Town, Lahore. Das Plakat hat mich berührt und ich rief dort an.«

Daood lädt zwei LeT-Mitglieder zu sich ein. Sie berichten von ihrer Arbeit, den sozialen Einrichtungen der Organisation, bitten um eine Spende für den Dschihad.

Daood gibt ihnen noch am Abend ihrer ersten Begegnung umgerechnet 800 Dollar. Dafür erhält er eine Einladung in das Haus des wohlhabenden Geschäftsmannes Shaik Nadim in einem feinen Stadtteil von Lahore. Shaik Nadim und sein älterer Bruder, beide in der Bekleidungsindustrie tätig, sind in Pakistan bekannt dafür, das (offiziell verbotene) LeT-Netzwerk finanziell zu unterstützen. In Nadims Haus trifft Daood erstmals mit dem Gründer von Lashkar-e-Taiba zusammen: Hafiz Saeed. Daood ist »schwer beeindruckt«, nennt Hafiz Saeed fortan »der Professor«.

An diesem Abend hält der LeT-Führer eine Ansprache, in der er unter anderem sagt: »Ein Augenblick für den Dschihad zählt mehr als 1000 Gebete ... Ein Einsatz zählt mehr als schöne Worte.« Hafiz spricht an diesem Abend auch über seine Ziele: die Befreiung Kaschmirs, Vergeltung an Indien für die toten Muslime in dieser Region und den weltweiten Dschihad, um »die islamische Flagge in den Vorgärten von Washington, Tel Aviv und Delhi zu hissen«. Als er nach Hause kommt, so Daoods Aussage, sucht er in den Überlieferungen des Propheten Mohammed nach den Zitaten aus dem Koran, die Hafiz vorgetragen hat, und findet sie tatsächlich wieder. Von diesem Augenblick an sei in ihm der Gedanke gereift, sich dem Dschihad anzuschließen, in den Krieg zu ziehen. Er sei Anfang 40 gewesen, sagt er den Vernehmungsbeamten, wollte einen neuen Lebensabschnitt beginnen und in Kaschmir kämpfen.

Daood besucht nun regelmäßig die al-Qadsia-Moschee. Sie gehört zu LeT und wird von bewaffneten LeT-

Kämpfern bewacht. Hafiz Saeed selbst hält hier meist die »Chutba« genannte Freitagspredigt.

Zu dieser Zeit bleibt Daood nach eigenen Aussagen nie länger als einen Monat in Pakistan. Er geht zurück nach New York. Sein Geschäft, das in seiner Abwesenheit von einem Cousin geführt wird, läuft nicht gut. Daood spielt mit dem Gedanken, die Videothek zu vermieten und die Einkünfte an Lashkar zu spenden. Das aber, erklärt er den Vernehmungsbeamten, habe Hafiz Saeed mit dem Argument abgelehnt, das Geld stamme aus Einkünften, die den Idealen des Salafismus widersprechen.

Nine-Eleven: Gilani wird Agent in Pakistan

Dann kommt Nine-Eleven. Ein Tag, der die Welt verändert. Daood ist damals in New York, seine Wohnung liegt unweit des Anschlagsortes. Die erste Passagiermaschine, United-Airlines-Flug 11 schlägt im Nordturm des World Trade Center ein, Minuten später rast United-Airlines-Flug 175 in den Südturm. In Daoods Geburtsstadt Washington, D.C., steht das Pentagon in Flammen. Die Überreste eines Passagierflugzeugs von United-Airlines-Flug 93, brennen auf einem Feld in der Nähe von Philadelphia, der Stadt, in der Daood nach seiner Rückkehr in die USA als Jugendlicher gelebt hat.

»Ich werde nie vergessen, wie ich am nächsten Tag in mein Büro eilte«, erinnert sich Ex-CIA-Chef Michael Hayden. »Wir haben uns gegenseitig motiviert, indem wir sagten: ›So etwas darf nie wieder passieren. Egal um welchen Preis, wir müssen die Schuldigen finden.‹ Der 12. September steht seither für Neubeginn.« Die Behörden suchen nach Drahtziehern, Hintermännern und Mitwissern im eigenen Land. »In den Tagen nach Nine-Eleven, als in New York noch das totale Chaos herrschte, ging bei den Behörden eine Flut an Hinweisen ein«, berichtet Sebastian Rotella.

Ein Hinweis betrifft Daood Gilani. Eine seiner Freundinnen meldete sich beim FBI und sagte, Daood habe sich geradezu euphorisch über den Anschlag geäußert. Er habe unter anderem gesagt, Amerika habe das bekommen, was es verdient, und es sei nur ein Vorgeschmack. Außerdem habe er angekündigt, er werde nach Kaschmir gehen und dort kämpfen. Er habe pakistanische Wurzeln, das sei sein Motiv, berichtet Sebastian Rotella. Die Frau habe das einem Barkeeper erzählt, der wiederum habe es gegenüber dem FBI bezeugt, erklärt Rotella.

Das FBI konfrontiert Daood mit diesen Aussagen. Der zeigt sich entrüstet. Man verdächtige ihn wegen seiner Religion und seiner Herkunft zu Unrecht und, schlimmer noch, er werde vorverurteilt. Daood bestätigt sogar, dass er gesagt habe, er wolle in Kaschmir kämpfen, und erklärt gegenüber dem FBI, das sei Teil seiner Legende. So sei es ihm möglich, in muslimischen Drogendealerkreisen zu verkehren. Das leuchtet dem FBI-Mitarbeiter ein.

In den darauffolgenden Tagen und Wochen versorgt Daood die Behörden mit Informationen über angebliche islamistische Extremisten und sucht in ihrem Auftrag nach verdächtigen Personen und Hinweisen in einer Moschee im New Yorker Stadtviertel Bronx. Vorsichtshalber hält das FBI Rücksprache mit Daoods Agentenführer bei der Drogenfahndung DEA und berichtet ihm von den Anschuldigungen. Nun geschieht etwas, das Rotella als ersten fatalen Fehler bezeichnet: Der DEA-Mann nimmt seinen Informanten vehement in Schutz, verbürgt sich sogar für ihn. Damit ist die Angelegenheit vom Tisch. Claude Moniquet, der jahrzehntelang als Führungsoffizier für den französischen Geheimdienst tätig war, erklärt uns das im Interview im April 2018 so: »Du musst zu deinem Informanten ein Vertrauensverhältnis aufbauen, und das hat auch etwas mit Nähe zu tun. Das Problem ist eben diese Nähe. Dadurch leidet die Objektivität, das ist die Gefahr.«

Die nächste gravierende Fehleinschätzung folgt nur wenige Monate später. Es ist Mitte November 2001. Daood Gilanis Anwalt Howard Leader berichtet von den Ereignissen: »Man muss vorausschicken: Die Behörden suchten damals händeringend nach Informanten, die sie in islamistische Kreise einschleusen konnten. Ich bekam einen Anruf vom Gericht. Ich sollte dort mit meinem Mandanten erscheinen und fand mich mit ihm bei der Richterin ein. Sie fragte ihn, ob er bereit sei, wieder nach Pakistan zu gehen. Dafür würde seine Bewährungsstrafe aufgehoben werden.« Daoods Bewährung sollte erst im Jahr 2003 enden, erklärt der Anwalt. Außerdem ist Daoods Heroinabhängigkeit aktenkundig. Das alles zählt nun nicht mehr. Er habe es nicht glauben können, sagt Leader, immer wieder habe er Mandanten vertreten, die Deals mit den Behörden eingegangen sind. »Dass jemand einmal einen Deal bekommt. Ja, okay. Zweimal ist sehr außergewöhnlich. Aber so ein Angebot? Obwohl noch zweieinhalb Jahre Bewährung offen waren!«, betont Leader. Die Richterin hat noch juristische Hürden zu nehmen und muss sich etwas einfallen lassen, denn die Entscheidung kommt auf Weisung einer nicht näher benannten Regierungsbehörde. »Dass der Staat Einfluss darauf nimmt – so etwas habe ich in den 35 Jahren meiner Tätigkeit nie zuvor und nie danach erlebt«, berichtet der Anwalt. »Mein Mandant erklärte sich bereit, auch jetzt für die DEA nach Pakistan zu gehen, und die Richterin wünschte ihm Glück für eine gefährliche Mission«, erinnert sich Leader schmunzelnd, und der anwesende Staatsanwalt habe Daood sofort eine einwandfreie Führung während der Bewährungszeit bescheinigt. Es habe keine Beschwerden gegeben, so der Staatsanwalt. »Ich hatte den Eindruck, dass der Auftrag nicht nur von der DEA kam, sondern von ganz oben, und dass FBI und CIA darin verwickelt waren«, so Leader.

Leaders Vermutung kommt nicht von ungefähr. In den Akten gibt es einen Hinweis auf ein Schreiben, das vor dem Treffen bei dem Anwalt eingegangen war; er hatte den Auftrag, es an die Richterin zu übergeben. Über den Inhalt schweigen die Behörden bis heute. Jedenfalls hat der Brief vermutlich maßgeblich zu der Entscheidung über Daoods zukünftigen Einsatz in Pakistan beigetragen. Zudem gilt es als offenes Geheimnis, dass die amerikanische Antidrogenbehörde DEA nach dem 11. September 2001 in Pakistan nicht viel mehr ist als der Deckmantel für eine umtriebige CIA-Filiale. Die amerikanischen Behörden warben also offensichtlich aus einem anderen Grund um ihn.

Daood Gilani soll in Pakistan weiterhin den Drogenschmuggel beobachten, nun aber soll er auch Informationen über militante Islamisten sammeln, versuchen, in Terrororganisationen Fuß zu fassen und sonstige, die USA gefährdende Aktivitäten an die Behörden melden. In der Tat schien er eine gute Wahl für die Mission der US-Behörden zu sein. Er sieht äußerlich wie ein Amerikaner aus, ist aber in der pakistanischen Tradition zu Hause, spricht fließend Urdu, Punjabi, Arabisch, Hindi und natürlich Englisch. Ein Spion mit Fähigkeiten und Möglichkeiten, von denen ein Geheimdienst nur träumen kann. Es dauert noch einen Monat, bis die juristischen Hürden beseitigt sind. Am 18. Dezember 2001 ist es so weit. Daood erhält die schriftliche Bescheinigung über das Ende seiner Bewährungszeit. Ohne Bedingungen oder Auflagen. Daood Gilani ist ein freier Mann. Gegenüber Bekannten rühmt er sich damit, dass er in geheimer Mission der Regierung Ausbildungslager von Lashkar-e-Taiba in Pakistan besuchen werde. So soll er einem Zeugen gesagt haben: »Das FBI und die DEA haben sich zusammengetan und ich werde für sie arbeiten. Ich möchte etwas Wichtiges in meinem Leben tun. Ich möchte etwas für mein Land tun.«

Was ist Daood Gilanis wahres Motiv? Geld, religiöse Überzeugung, Abenteuer, Nervenkitzel? Claude Moniquet, der ehemalige Agentenführer, nennt die Faktoren, mit denen Menschen als Informanten für Geheimdienste angeworben werden: »Es gibt einen Begriff dafür. Dieser lautet: MISE – Money, Ideology, Sex, Ego.« Für Daood Gilani alias David Coleman Headley treffen vermutlich alle vier Motive zu.

Er pendelt fortan zwischen den Welten. Nichts hindert ihn daran, nach Pakistan zu reisen und zurück in die Vereinigten Staaten. Keine Bewährungsauflagen, kein Vermerk in seinen Akten, kein polizeilicher Hinweis an den Grenzen. Er taucht in zwei völlig unterschiedliche Welten ein, ohne auch nur ein einziges Mal Misstrauen zu wecken. Liegt es daran, dass Daood immer schon beides war: pakistanischer Moslem und Amerikaner? Oder daran, dass er für seine jeweiligen Auftraggeber eine perfekte Legende schuf? Für die spätere Aufarbeitung seines Falls ist die Rolle seiner Auftraggeber noch fraglicher. Was haben sie über das Doppelleben ihres Informanten bzw. Spitzels gewusst?

Ausbildung zum Terroristen

Anfang 2002 fliegt Daood nach Pakistan. Schon im Februar 2002 absolviert er in Muridke in den Bergen Pakistans sein erstes dreiwöchiges Training in einem Ausbildungscamp von Lashkar-e-Taiba. Er nimmt an Salafismus-Studien teil, wird im Umgang mit Waffen und Granaten, im Nahkampf und in diversen Terrortechniken unterwiesen. Innerhalb der nächsten zwei Jahre wird er an fünf weiteren Lehrgängen teilnehmen, einige dauern mehrere Monate. Es ist kaum möglich, dass diese Ausflüge des DEA-Informanten der CIA verborgen bleiben; sie muss diese Trips gebilligt, wenn nicht gar angeordnet haben.

Im August 2002 absolviert Daood Gilani ein dreiwöchiges Training in Muzaffarabad. Hier trifft er erneut Hafiz Saeed, der dieses Trainingscamp regelmäßig besucht und dort Vorträge hält. Daood Gilani erwähnt einen Rekruten aus Neuseeland, der erst kurz davor zum Islam konvertierte und darum Schwierigkeiten hatte, den salafistischen Ausführungen inhaltlich zu folgen.

Der französische Richter Jean-Louis Bruguière berichtet im Interview, die Regierung Musharraf habe damals – im Rahmen des Abkommens mit Washington – die Zusage gemacht, dass keine Ausländer in den Ausbildungscamps aufgenommen werden (was schon erstaunlich ist; offenbar mussten die Amerikaner hinnehmen, dass Pakistan die Existenz solcher Ausbildungscamps duldete und nichts gegen sie unternahm). Der Terrorist Willie Brigitte habe jedoch, so Bruguière, folgendes ausgesagt: »Er berichtete von einem riesigen LeT-Ausbildungscamp. 3000 bis 4000 Rekruten haben sich dort aufgehalten. Mit ihm (= Brigitte) seien etliche Ausländer unterschiedlicher Nationalitäten in dem Trainingscamp gewesen. Darunter auch einige Amerikaner. Von Zeit zu Zeit habe es ›unangekündigte‹ Kontrollen gegeben. Diese seien von CIA und ISI gemeinsam durchgeführt worden. ›Unangekündigt‹ habe bedeutet, dass die Rekruten zwei, drei Tage vorher über die Kontrolle informiert wurden, sie daraufhin alles weggeräumt haben und in ein höhergelegenes Areal, das zum Camp gehörte, verschwanden. Wenn die Kontrolle vorbei war, kamen sie zurück und setzten die Ausbildung fort.« Gilani und Brigitte waren zur selben Zeit in pakistanischen Terrorausbildungslagern, ob sie sich begegnet sind, ist jedoch nicht bekannt.

Ebenfalls im Jahr 2002 wird Daood Gilani Muzzammil Butt vorgestellt, ein, wie er bei seiner Vernehmung berichtet, äußerst wichtiger, militanter LeT-Führer, der für zahlreiche Anschläge auf indische Soldaten in Kaschmir verantwortlich ist. Muzzammil habe ihm erzählt, er sei vor einem Staatsbesuch von US-Präsident Bill Clinton im Jahr 2000 in den Süden Kaschmirs gegangen und habe dort in einem Dorf Zivilisten getötet.

Im Frühjahr 2002 lernt Daood Gilani in der al-Qadsia-Moschee in Lahore Abdur Rehman Hashim alias »Pasha« kennen, einen Ex-Militärmann und fanatischen Dschihadisten, der bis zuletzt in Verbindung mit ihm bleiben wird, ehe Gilani ihn (wie auch viele andere) nach seiner Verhaftung in Chicago an die Amerikaner verrät. Aber er bewundert Abdur Rehman Hashim und bezeichnet ihn als einen, so Daood Gilani wörtlich, »hardcore jihadi«. »Ich war sehr eng mit Abdur Rehman Hashim«, sagt Daood Gilani den indischen Ermittlern. »Er und Major Haroon waren Ausbilder bei Lashkar. Sie gaben Kampfunterricht und bildeten Selbstmordkommandos aus.« Abdur Rehman Hashim, Major Haroon und sein jüngerer Bruder Hauptmann Khurram hatten im pakistanischen Eliteregiment Baloch an der Seite der Taliban in Afghanistan gekämpft und kannten sich aus dieser Zeit. Schon in seinem ersten Jahr als verdeckter Terrorermittler im Auftrag der amerikanischen Geheimdienste fällt es Daood erstaunlich leicht, Verbindungen zu allen möglichen Topterroristen aufzubauen.

Zwischenzeitlich reist Daood Gilani wieder in die USA. Im Sommer 2002 besucht er seine Mutter Serrill. Sie ist Christin und hat kein Verständnis für den religiösen Eifer ihres Sohnes, der versucht, sie zum Islam zu bekehren. Im Gegenteil. Die Mutter macht sich Sorgen um ihren Sohn, ihre Kontroverse führt schließlich zum Zerwürfnis. Jahrelang sprechen die beiden nicht miteinander. Serrill Headley erzählt Freunden sogar, ihr Sohn sei ein fanatischer Islamist geworden und habe an Trainings der extremistischen LeT für den Kampf in Kaschmir teilgenommen. Eine Freundin der Mutter, die Daood während seines Besuchs bei Serrill begegnet, wendet sich an das FBI, weil sie sein Verhalten als merkwürdig empfindet. Aber das FBI verfolgt den Hinweis nicht, das Vertrauen der Geheimdienste in Gilani ist offensichtlich unerschütterlich.

Daoods Leben ist noch nicht verrückt genug. In Lahore lebt er mit seiner pakistanischen Ehefrau Shazia und Kindern, reist im Dezember 2002 aber wieder nach New York, um während eines Kurzurlaubs auf Jamaika seine Langzeitfreundin und Verlobte Portia zu heiraten. Sie weiß nichts von der Familie Daoods in Pakistan und von seinem streng muslimischen Leben, in das er anschließend zurückkehrt.

2003 geht Daood Gilani wieder in ein Trainingscamp von Lashkar, das von Abdur Rehman Hashim alias Pasha geleitet wird. Zeitgleich bildet Abdur Rehman Hashim in einem benachbarten Camp Kader für Selbstmordattentate in Indien aus. Bei seiner Vernehmung erinnert Gilani sich, unter den dortigen Rekruten sei einer der Terroristen gewesen, die 2004 einen Anschlag auf das Parlament von Kaschmirs Hauptstadt Srinagar verübt haben. Augenzeugen zufolge hat der Selbstmordattentäter mit einem Kleinwagen, der mit Sprengstoff beladen war, das Tor zum Parlamentsgebäude in Srinagar gerammt. Nach der Detonation sind drei Angreifer aus dem Fahrzeug gesprungen, in das Parlament eingedrungen, haben dort Handgranaten geworfen und auf die Sicherheitskräfte geschossen. 40 Menschen starben bei dem Anschlag.

Laut Aussagen ehemaliger LeT-Mitglieder müssen Rekruten während ihrer Ausbildung bei Lashkar drei Stufen durchlaufen, die mit enormem Drill und Druck verbunden sind. Die Anführer legen gleichermaßen Wert auf Disziplin, Waffenausbildung und Religion. Während der ersten Stufe, »Daura-e-Talba«, müssen die Rekruten um drei Uhr morgens zum Appell antreten. Von drei bis vier Uhr morgens wird gebetet, es folgt eine Stunde Lesen im Koran. Zwischen halb sechs bis halb sieben wird körperlich trainiert. Um sieben ist Frühstück. Von neun Uhr an drei Stunden Religionsunterricht. Um halb eins mittags folgt wieder Lesen im Koran, dann Mittagessen und Ruhepause. Ab drei Uhr Nachmittag noch mal Lesen im Koran, anschließend Waffenunterricht bis fünf. Ab halb sechs bis halb acht Lesen im Koran. Um neun Uhr abends wieder eine Gebetsstunde.

Die nächste Stufe der LeT-Ausbildung, »Daura-e-Aam«, unterliegt noch strengeren Regeln. Außerdem wird nach dem Abendessen diskutiert, anschließend müssen die Rekruten zum Schießen mit ihren Pistolen und AK-47 antreten.

Die dritte und höchste Ausbildungsstufe, »Daura-e-Khasa«, entscheidet über den Verbleib der Rekruten bei Lashkar. Sie werden im Landkartenlesen und dem Benutzen von GPS unterrichtet. Bekommen eine eingehende technische Ausbildung. Die Rekruten lernen, bei Tag- und Nachteinsätzen auf Patrouille zu gehen, und sie bekommen Waffenunterricht mit Nachtsichtgeräten. Besonders wichtig in dieser Phase ist das Training mit Kalaschnikows. Die Unterrichtung der Rekruten erfolgt nach einfachen Regeln: Sie müssen bereit sein, zu töten und zu sterben. Dazu werden sie mit eiserner Hand gedrillt und bis zur völligen Fanatisierung motiviert. Das macht Lashkar zu einer der gefährlichsten Terrororganisationen der Welt. Das Training in Lashkar-e-Taiba-Camps ist nicht nur streng, sondern rigoros. Nach Aussagen ehemaliger LeT-Anhänger werden Rekruten, die nicht spuren, sofort aus den Camps entfernt oder sogar getötet.

Auch Daood Gilani berichtet gegenüber den indischen Vernehmungsbeamten von strikten Aufnahmekriterien bei Lashkar. Um zur dritten Stufe der Ausbildung zugelassen zu werden, muss sich ein einflussreiches LeT-Mitglied für ihn verbürgen. Dann erst darf er im April 2003 an der dreimonatigen LeT-Ausbildung Daura-e-Khasa in einem Camp in Muzaffarabad teilnehmen. »Diese Ausbildung war hart«, berichtet Daood Gilani, ohne über die Details Auskunft zu geben. Nach der Zeit in Muzaffarabad sei er fest entschlossen gewesen, in Kaschmir zu kämpfen. Er ist körperlich in guter Form, aber doppelt so alt wie die meisten anderen, etwa 20-jährigen Rekruten. Er spricht mit Zaki-ur-Rehman Lakhvi, über den er bei seiner Vernehmung aussagt: »Er ist der Militärchef von LeT und war der Architekt von 26/11.« Lakhvi erklärt Daood Gilani, er sei nicht für den Einsatz in Kaschmir vorgesehen. »Sie setzen ihn damals nicht ein«, meint Sebastian Rotella, »denn sie haben andere Pläne mit ihm.«

Im Sommer 2003 wird Daood Gilani zu einer dreiwöchigen Ausbildung im Mansehra-Tal geschickt, es ist der Beginn seiner Ausbildung in geheimdienstlichen Operationen. Diese Ausbildung, »Daura-e-Ribat«, soll einerseits dazu dienen, Kontakte aufzubauen, andererseits sollen die 17 ausgewählten Rekruten lernen, wie man selbst Rekruten anwirbt.

Im September und Dezember 2003 wird Daood Gilani zu einem Bait-ul-Rizwan geschickt, das sind religiöse

Zusammenkünfte für auserwählte Mitglieder, bei denen es um salafistische Lehren und die Deobandi-Ideologie geht, eine orthodoxe und puritanische Form des Islam. Im Juli 2004 nimmt er an einem zweiwöchigen Seminar mit der Führungsriege von Lashkar-e-Taiba in Abbottabad teil, der Garnisonsstadt, in der sich damals schon der Topterrorist Osama bin Laden versteckt haben soll. Zum ersten Mal sei er damit in der Führungsriege der Terrororganisation angekommen, so Gilani. Eine interessante Frage wäre: Hatte die Organisation zu keinem Zeitpunkt Misstrauen gegen den hoch motivierten Rekruten aus Amerika? Darüber wird an keiner Stelle berichtet.

Laut Aussage Gilanis wird während des Seminars in Abbottabad über Racheaktionen gegen die pakistanische Regierung diskutiert, da die inzwischen verbotene Lashkar-e-Taiba – der Grund war ein Anschlag auf das indische Parlament Anfang 2002 – damals nur noch unter dem Deckmantel der Hilfsorganisation Jamaat ud-Dawa (JuD) operieren kann. Doch Zaki-ur-Rehman Lakhvi habe sich vehement dafür eingesetzt, nichts gegen die Regierung zu unternehmen. Daraufhin seien die Pläne fallen gelassen worden. Die Teilnahme Daood Gilanis an Veranstaltungen im inneren Kreis der LeT-Führung lassen darauf schließen, dass er in der Wahrnehmung von Lashkar kein gewöhnlicher Rekrut ist und sie ihn für besondere Aufgaben einsetzen wollen.

Im Sommer 2004 lernt Gilani in einem Safe House in Muzaffarabad Sajid Mir kennen, einen LeT-Agenten und ehemaligen ISI-Offizier, von dem westliche Geheimdienstexperten vermuten, dass er den ISI auch nach seinem Wechsel zu LeT nie verlassen hat. Sajid Mir ist ein Kontaktmann von Zaki-ur-Rehman Lakhvi, den Gilani als Drahtzieher der Mumbai-Anschläge bezeichnet. Ab Januar 2005 ist Gilani seinem Führungsoffizier Sajid Mir unterstellt. Jetzt beginnt die Vorbereitung von Gilani für seinen Einsatz in Indien, wo er zunächst Informationen auskundschaften soll.

Was er in der Vernehmung mit keiner Silbe erwähnt: Auch in privater Hinsicht führt er nach wie vor ein Doppelleben. In New York unterhält er die Beziehung mit seiner kanadischstämmigen Ehefrau Portia. Sie betreiben gemeinsam die Videothek in der 72. Straße auf der Upper West Side von Manhattan. In Lahore hat er seine erste Familie mit der pakistanischen Ehefrau Shazia und den vier Kindern: Haider, Sumya, Hafsa und Osama – seinen Sohn hat er in Bewunderung für den al-Qaida-Chef benannt. Privatfotos aus dieser Zeit zeigen Daood mit langem Bart, traditioneller Kleidung und zwei Kleinkindern.

Im August/September 2005 hält sich Daood wieder in New York auf. Am 25. August kommt es in seinem Laden an der 72. Straße auf der Upper West Side zu einem Streit mit Ehefrau Portia. Portia ist außer sich, weil sie von Daoods Familie in Pakistan erfahren hat. Sein Vater hat ihr davon erzählt. Außerdem geht es um Geld. Die Situation eskaliert, als Daood mit einem Telefon nach Portia wirft und sie damit verletzt. Wobei es nicht das erste Mal ist, dass er gewalttätig gegenüber seiner Frau geworden ist. Sebastian Rotella: »Die

Frau rief beim FBI an und zeigte ihn an. Sie wusste über seine Kontakte zu Lashkar, seine Ausbildung in LeT-Trainingscamps. Sie kannte seine Mails. Kurz: Sie wusste sehr viel über seine Aktivitäten in Pakistan und berichtete dem FBI darüber.« Daood sei aktives Mitglied von Lashkar-e-Taiba. Er habe sich mehrmals lange in deren pakistanischen Ausbildungslagern aufgehalten und habe für die Organisation Nachtsichtferngläser und anderes Ausrüstungsmaterial besorgt. Außerdem habe Daood ihr gegenüber damit geprahlt, berichtet Portia dem FBI, dass er von den USA während seines Terrortrainings in Pakistan als Informant bezahlt worden sei. Die Meldung wird an die Spezialeinheit des FBI zur Terrorismusbekämpfung, die Joint Terrorism Task Force, weitergeleitet. Daood wird verhaftet, doch nicht etwa wegen der Terrorismusvorwürfe, sondern wegen häuslicher Gewalt gegenüber seiner Frau. Die Beamten, so heißt es später, hätten die Anschuldigungen geprüft – und als Familiendrama verworfen. Dreimal habe das FBI die Frau vernommen, sagt Rotella, und dann bei der DEA nachgefragt. Daoods DEA-Führungsoffizier habe dem FBI versichert, das sei kein Islamist und sicherlich nicht einer, der irgendetwas gegen die USA unternehmen werde. Er habe sich sogar wieder für Daood verbürgt, erklärt Rotella. Daraufhin sei die Anzeige als Rache einer eifersüchtigen Frau abgetan worden. Daood wird nicht ein einziges Mal zu den Vorwürfen befragt. Seitens des FBI gibt es dazu lediglich Vermerke, dass man sich damals mit den Vorwürfen der Ehefrau befasst habe. Keine offizielle Stellungnahme gibt es jedoch dazu, welche Schlussfolgerungen man daraus zog und welche Maßnahmen möglicherweise ergriffen wurden.

Indessen werden Daoods Verbindungen zu Lashkar-e-Taiba zunehmend intensiver. Von Hafiz Saeed, dem Gründer und Anführer von Lashkar-e-Taiba, berichtet Gilani: »Er steht dem ISI sehr nahe. Er ist über alle Vorhaben und Aktionen von LeT unterrichtet. Er ist diplomatisch und spricht nie direkt [...]. Er wird sehr gut bewacht. Er wusste immer über meine Aktivitäten Bescheid und ermutigte mich dazu. Ohne seine Zustimmung hätte es 26/11 nicht gegeben.«

Sajid Mir, der ehemalige ISI-Mann und Gilanis Führungsoffizier bei LeT, wird für dessen weiteren Weg immer wichtiger. »Sajid Mir ist damals der Jung-Star bei Lashkar«, berichtet Sebastian Rotella, »und seine Aufgabe ist es, Männer aus dem Ausland zu rekrutieren. Franzosen, Briten, Australier, Amerikaner usw. Diese Leute werden für Anschläge im Westen ausgebildet. Er entdeckt Gilanis Talente und hat große Pläne mit ihm.« Sajid Mir ist nun der wichtigste Verbindungsmann bei Lashkar an Gilanis Seite.

Von Gilani erhalten die indischen Ermittler erstmals ausführliche Informationen über die Biografie von Sajid Mir: 1976 geboren und in Karatschi aufgewachsen, lebe Sajid Mir verheiratet und mit zwei Kindern in der Nähe des Flughafens von Lahore. Er habe einen Bruder in Chicago und zwei verheiratete Schwestern in Pakistan. Sein Schwiegervater sei Marineoffizier bei der pakistanischen Armee und in Karatschi stationiert gewesen. Sajids

Vater habe in Saudi-Arabien gearbeitet, darum habe die Familie dort gelebt. In dieser Zeit habe Sajid Mir eine Nähe zum Wahhabismus entwickelt. Sajid sei sehr früh Mitglied bei LeT geworden und habe seine Daura-e-Khasa bereits als 18-Jähriger absolviert. Er sei zunächst Sekretär bei Lashkar gewesen, habe dann bald die Aufgabe zugeteilt bekommen, ausländische Kader zu rekrutieren. Sajid habe unter anderem die Decknamen »Wasi« und »Ibrahim« benutzt und mehrere Pässe besessen, die auf jeweils andere Namen ausgestellt waren. Er habe auch christlich klingende Namen benutzt. Er sei viel im Auftrag von Lashkar gereist, war in Dubai, Katar, Syrien, Thailand und Kanada. Unter anderem in Thailand habe er eine LeT-Zelle aufbauen sollen. Gilani charakterisiert Sajid Mir als geheimnisvoll und verschlossen. Er sei sehr präzise und habe ein gutes Auge für Details. Nie sei Sajid »in die Nähe von Aktionen« gekommen. Er sei einmal in Dubai festgenommen worden und nur durch seine engen Lashkar-Verbindungen entlassen worden. Daraufhin habe Sajid Reisen nach Dubai tunlichst vermieden. Er habe gute Computerkenntnisse, sei extrem vorsichtig, was E-Mail-Korrespondenz betrifft. Bei Treffen in Muzaffarabad habe er oft ein Satellitentelefon benutzt.

Alle maßgeblichen LeT-Angehörigen, erklärt Gilani, haben enge Kontakte zu ISI-Mitarbeitern. Auch Sajid Mir, Muzzammil, Abdur Rehman »Pasha« und Zaki-ur-Rehman Lakhvi. Und dabei handelt es sich offenbar nicht nur um harmlose Kontakte. Aus Daood Gilanis Aussagen geht hervor, dass wichtige Funktionäre von

LeT – einer seit dem Verbot im Jahr 2002 illegalen Organisation –, sogenannte »Handler«, also Führungsoffiziere beim pakistanischen Geheimdienst ISI haben, denen sie unterstellt sind. Mit anderen Worten: Der ISI kontrolliert die verbotene Terrororganisation und nutzt sie auch für seine Zwecke.

Der pakistanische Geheimdienst ISI kommt ins Spiel

2005 wird Daood Gilani zunehmend ungeduldig, er möchte in den Einsatz. Er beschwert sich bei Zaki-ur-Rehman Lakhvi, Muzzammil und Sajid, dass sie ihn noch immer nicht in den Einsatz schicken. Daraufhin wird beschlossen, er soll einen Anschlag in Indien planen. Es wird über verschiedene Städte in Indien diskutiert, in die Gilani reisen soll: Kalkutta, Delhi, Mumbai, Nagpur, Bangalore, Pune, Hyderabad, Gujarat usw. Sein erster Auftrag ist, sich eine Legende zuzulegen. Gilani schlägt folgende Tarnung vor: Er will seinen amerikanischen Pass nutzen, um seine wahre Identität zu verschleiern und seinen Freund Rana um die Erlaubnis bitten, in Indien ein Büro als Ableger von dessen amerikanischer Agentur für Visaangelegenheiten zu gründen. Die Lashkar-Leute habe beides beeindruckt. Der Anschlag in Indien wird bald zu »seinem«, Gilanis, Plan, werden. Doch noch immer muss er warten, denn er braucht den Segen und die Unterstützung der Leute von LeT und, wie sich bald zeigt, des ISI.

Im April 2005 begehen Lashkar-Terroristen einen Anschlag auf die Buslinie, die Muzaffarabad mit Srinagar im indischen Teil Kaschmirs verbindet. Die Buslinie war gerade wieder in Betrieb genommen worden und sollte ein Zeichen der Annäherung der beiden verfeindeten Staaten sein. Abdur Rehman alias Pasha und Sajid Mir seien unmittelbar nach dem Anschlag nach Indien gereist, angeblich um ein Kricketmatch zwischen Indien und Pakistan zu sehen. Pasha aber habe Gilani berichtet, sie seien über die Wagha-Grenze und nach Delhi gereist, um Anschlagsziele auszukundschaften, wie beispielsweise das National Defense College und die Militärakademie Dehradun. Pasha habe ihm auch gesagt, Sajid sei beim Grenzübergang extrem nervös gewesen.

Für die pakistanischen Mitglieder von LeT ist es sehr gefährlich, über die Grenze zu kommen, ohne in Indien gefasst zu werden. Deshalb nimmt Gilani ungefähr ab September 2005 die Änderung seines Namens in Angriff. Dafür reist er in die USA, nimmt Verbindung mit einem Anwalt auf und beauftragt ihn mit den juristischen Formalitäten.

Nach seiner Rückkehr aus den USA im Herbst 2005 fährt Gilani insgesamt dreimal nach Muzaffarabad, um dort unter anderem Sajid Mir, Muzzammil und Abu Qahafa zu treffen. Ende Dezember wird er in ein Ausbildungscamp in Athmuqam, circa 70 Kilometer von Muzaffarabad entfernt mitgenommen, eine Reise, bei der sie auch mehrere Anlagen der pakistanischen Armee aufsuchen. Man muss sich das kurz vor Augen halten: Pakistans Regierung beteuert seinen westlichen Bündnispartnern gegenüber gebetsmühlenartig, gegen die Terroristen im eigenen Land, unkontrollierbare Non-State-Actors, machtlos zu sein. Offenbar aber, das wird aus Gilanis Schilderungen ersichtlich, ist es für Mitglieder von LeT – für Terroristen! – kein Problem, Anlagen der pakistanischen Armee aufzusuchen und ihre Terroraktivitäten mit Militärs zu planen.

Während des Treffens werden Gilani Stadtpläne von Hyderabad und der Ölraffinerie Rajkot gezeigt. Die Ölraffinerie soll Lashkar bereits vorher als mögliches Anschlagsziel ausgekundschaftet haben. Auch die Ermordung eines führenden indischen Wissenschaftlers an der Universität Bangalore, Professor Munish Chandra Puri, wird bei diesem Treffen besprochen. Kurz darauf, am 28. Dezember 2005, stürmen zwei bewaffnete Terroristen in das wissenschaftliche Institut und geben während eines Kongresses die tödlichen Schüsse auf Puri ab.

Im Jahr 2005 habe er Abdur Rehman alias Pasha wenig gesehen, berichtet Gilani. Zusammen mit den Haroon-Brüdern habe Pasha zu der Zeit an der Seite der Taliban in Afghanistan gekämpft. Erst Januar 2006 habe er ihn wiedergetroffen. Gilani habe Pasha vorgeschlagen, in die FATA, die Stammesgebiete an der pakistanisch-afghanischen Grenze, zu fahren. Er habe dorthin gute Kontakte aus seiner Zeit als Drogendealer. Mit diesen Leuten könne man diskutieren, wie man Waffen nach Indien schmuggeln kann. Pasha habe den Vorschlag für gut befunden. Also reist Daood Gilani zusammen mit Pasha kurze Zeit später in die FATA. Sie nehmen den Bus von Lahore nach Peschawar und von da ein Taxi zum Chaiber-Pass. In der Nähe von Peschawar werden sie von Stammeswächtern angehalten, zu einer Polizeistation und am nächsten Tag in ein Gefängnis gebracht. Dann nimmt man sie in ein Haus in Chaiber Rifle, wo sie Major Ali vom pakistanischen Geheimdienst ISI treffen. Major Ali vernimmt sie getrennt voneinander. Er habe dem Major seine Geschichte erzählt, von seiner Verbindung zu Lashkar und auch von seinen aktuellen Plänen in Indien, sagt Gilani. Daraufhin habe Major Ali erwähnt, er sei einige Jahre zuvor in Lahore stationiert gewesen und habe damals Leute nach Indien geschickt, um dort Informationen über das Militär und indische Städte zu sammeln. Der Major habe Abdur Rehman, also Pasha, mit »Sir« angesprochen, da dieser einen höheren Militärrang hatte. Am Ende habe ihm Major Ali angekündigt, es würden sich demnächst Personen bei ihm melden, die nützlich für seine Pläne sein werden.

Kurze Zeit nach dem Zusammentreffen mit dem ISI-Major können beide, Pasha und Gilani, ihre Reise fortsetzen. Sie fahren zu Gilanis Kontaktmann in den Stammesgebieten. Der sagt ihnen, er schmuggle regelmäßig Waffen und auch Drogen über Jammu, Rajasthan, Gujarat usw. nach Indien. Waffen nach Indien zu bringen, sei also kein Problem. Gilani sagt, nach ihrer Rückkehr habe er Sajid Mir davon berichtet. Der sei wenig erfreut über Gilanis Reise in die Stammesgebiete gewesen. Gilani habe dann aber von Pasha erfahren, dass Sajid 2007 selbst zusammen mit Muzzammil zu Gilanis Kontaktmann in die

FATA gefahren sei und bei ihm Waffen für Indien geordert habe.

Nur wenige Tage nach Daoods Rückkehr nach Lahore meldet sich Major Iqbal vom ISI telefonisch bei ihm. Major Iqbal beruft sich auf das Gespräch mit Major Ali und bestellt Daood Gilani zu einem Treffpunkt in der Nähe des Flughafens. Dort wird er von einem Mittelsmann abgeholt und in ein Safe House zu Iqbal gebracht. Gilani beschreibt ihn wie folgt: Mitte 30, dick, Schnurbartträger, großer Kopf, dichtes Haar, dunkle Stimme. Bei ihrer ersten Begegnung habe er ein langärmeliges T-Shirt getragen und Zigaretten geraucht. Major Iqbal habe Daood Gilani auch seinem Vorgesetzen Oberstleutnant Hamza vorgestellt. Ihn beschreibt Gilani als Babyface und ebenfalls übergewichtig. Am Akzent habe er erkannt, dass Hamza aus dem Punjab stamme. Bereits während des ersten Treffens habe er ihnen von seinem Plan, einen Anschlag in Indien zu verüben, erzählt. Sie hätten ihm mehr als zwei Stunden aufmerksam zugehört. Der Oberstleutnant habe ihm finanzielle Unterstützung versprochen und ihn an Major Iqbal übergeben. Das sei das erste und einzige Zusammentreffen mit Oberstleutnant Hamza gewesen, so Gilani. Major Iqbal wird sein ISI-Handler, also ISI-Führungsoffizier, sagt Gilani aus. Er habe Iqbal von diesem Moment an über jeden seiner Schritte im Zusammenhang mit der Planung des Anschlags auf Mumbai informiert. Wenn Gilanis Aussagen zutreffen, bedeutet das: Gilani hatte einen Führungsoffizier bei LeT und auch einen Handler beim ISI. Und nicht nur das: Der pakistanische Geheimdienst gab ihm die Zusage, seine Anschlagspläne in Indien finanziell zu unterstützen!

Major Iqbal gilt als der zweite, bis heute ominöse Drahtzieher von 26/11, von dem nicht einmal Interpol eine Aufnahme hat. Major Iqbal bildet Headley richtig zum Agenten aus. Er trainiert ihn in nachrichtendienstlichen Methoden; bringt ihm bei, wie man observiert, sich unauffällig in urbanen Umgebungen bewegt, mögliche Verfolger entdeckt und abschüttelt, seine Spionageidentität nutzt, Objekte ausspäht usw. Gilani lernt, sich wie ein perfekter Spion zu bewegen und durch alle Sicherheitsnetze zu schlüpfen. Gilani sagt aus, er habe von seinem »Betreuer«, dem ISI-Mann Major Iqbal, ein entsprechendes Training erhalten, das ihn dazu befähigt, sich später unentdeckt in Mumbai, Delhi, Pune und anderen Städten in ganz Indien zu bewegen. Seine Fertigkeiten habe er in den Straßen von Lahore erprobt. Und er wird dabei von zwei Seiten gesteuert und unterstützt. Das bestätigen auch die Recherchen von Sebastian Rotella: »Major Iqbal ist nun sein Führungsoffizier vom ISI und Sajid Mir sein Führungsoffizier von Lashkar.«

Headley plant den Anschlag in Mumbai

Anfang 2006 scheint die Zeit reif, Sajid Mir und Major Iqbal haben genügend Vertrauen zu Gilani und beauftragen ihn mit der Vorbereitung der »Operation Mumbai«. Auch einen weiteren ISI-Mann, jenen Major Semeer Ali, dem er in den Stammesgebieten FATA zum ersten Mal begegnet ist, habe er mehrmals getroffen und sei weiterhin telefonisch und per Mail mit ihm in Verbindung gestanden.

Dann beginnen sie mit der konkreten Planung für Mumbai. Gilani, lange genug Rekrut gewesen und nun zum Strategen aufgestiegen, macht sich an die Arbeit. Damit er ungehindert nach Indien einreisen kann, ist der neue amerikanische Pass mit dem neuen Namen bereits in Arbeit. Wie schon so oft in den vergangenen Jahren, reist Daood Gilani in der ersten Februarwoche 2006 über den Flughafen JFK in New York in die USA ein. »Es hat nicht lange gedauert. In nur ein paar Tagen war die Sache erledigt«, sagt er den indischen Vernehmungsbeamten. Ein Anwalt hat in seinem früheren Wohnort Philadelphia alles in die Wege geleitet. Gilani nimmt den Mädchennamen der Mutter an, Headley, und wählt als Mittelnamen Coleman, den Namen seines amerikanischen Großvaters. Daood wird zu David. Kaum einen Monat später, am 10. März 2006, ist es so weit: Daood Gilani hält seinen neuen US-amerikanischen Pass in den Händen, ausgestellt auf den Namen: David Coleman Headley.

Obwohl es das amerikanische Gesetz vorschreibt und Daood Gilani mehrfach vorbestraft ist, hat keine Überprüfung stattgefunden, wurden keine Fragen gestellt. Sam Faddis, der viele Jahre lang als Agent für den CIA im Einsatz war und unzählige Operationen geleitet hat, erklärt uns im Interview: »Er [Headley] ist jetzt der Schattenmann. Er ist amerikanischer Staatsbürger. Weiß sich zu benehmen. Weiß, wie man sich kleidet. Kommt gut bei Menschen an. Wohnt in Fünf-Sterne-Hotels. Unter diesen Voraussetzungen wird er in einem Land wie Indien keine Probleme bekommen.«

Zurück in Pakistan, unterrichtet Daood Gilani alias David Coleman Headley nur seine Auftraggeber über die Namensänderung. Für die Nichteingeweihten in Pakistan bleibt er bis zuletzt Daood Gilani. Er will sofort loslegen. Sein Verhältnis zum ISI-Verbindungsmann Major Iqbal wird enger. Iqbal stellt eigens einen Geheimdienstmitarbeiter an Headleys Seite, der ihn weiter zum Agenten ausbildet und ihm in Lahore praktisches Training gibt. »Dieses Training habe ich wirklich sehr genossen«, sagt Headley. »Das Training von Major Iqbal und dem Geheimdienstmitarbeiter war sehr viel effektiver als das, was ich bei LeT je gelernt hatte.« Major Iqbal überwacht das Training. Er gibt Headley Informationsmaterial über Indien, alles in englischer Sprache verfasst und mit dem Vermerk »geheim« versehen. Headley spricht mit Major Iqbal über den Plan, die Hilfe seines Jugendfreunds Rana in Anspruch zu nehmen, um sich eine Legende beziehungsweise eine Alias-Identität in Indien zu geben. Major Iqbal befürwortet die Idee und verspricht als Ge-

genleistung, Rana die Einreise nach Pakistan zu ermöglichen. Für Rana ist das verlockend, er ist Anfang der 1990er-Jahre aus der pakistanischen Armee desertiert, konnte seither nicht mehr in die Heimat zurückkehren und seine Familie nicht mehr sehen.

Der nächste Schritt zur Vorbereitung des Anschlags steht an. Major Iqbal und Sajid Mir erteilen ihm endlich den Auftrag, sich seine Legende als Geschäftsmann aufzubauen. Und wie von Headley vorgeschlagen, nutzen sie dazu seinen Jugendfreund Rana. Rana war mit seiner Familie deshalb nach Kanada ausgewandert, weil er, nach seinem Medizinstudium als Arzt beim pakistanischen Militär tätig, während seines Einsatzes in Kuwait verwundet und später von der Militärführung zum Dienst an der pakistanisch-indischen Grenze geschickt worden war, wo er schwer erkrankte. Er beschloss, zu desertieren und landete schließlich in Chicago. Hier liefen seine Geschäfte, die Halal-Metzgerei und das Unternehmen mit dem Namen First World Immigration Services, so erfolgreich, dass er für das Visabüro schließlich drei Filialen eröffnen konnte: eine auf der 53. Etage des New Yorker Empire State Building, eine weitere in der Young Street in Toronto und eine in der West Devon Avenue in Chicago.

Im Juni 2006 reist Headley in die USA, hier bleibt er mehrere Wochen in Chicago, wohnt im Haus seines Freundes und weiht Rana in seine Geschäftspläne für Indien ein. Er wolle in Mumbai eine Filiale von Ranas Immigrant Law Centre (ILC), einem der Büros für Visaangelegenheiten, aufbauen. Headley berichtet, sie hätten vereinbart, dass Rana Geld von Headleys Neffen erhalten werde. Dieses Geld werde Rana dann aus den USA nach Indien an Headley überweisen. Es sei ferner abgesprochen worden, nur in Englisch zu kommunizieren, wenn sich Headley aus Indien melden oder Rana bei ihm anrufen würde. Headleys Aussage zufolge haben Rana und der von Rana beauftragte Jurist Raymond Sanders alle Dokumente für Headleys Indien-Visum vorbereitet. So kann David Coleman Headley am 29. Juni 2006 zum indischen Konsulat in Chicago gehen, um das Visum zu bestellen. Er lügt, als es um den Namen seines Vaters und, wie er sagt, ein paar andere Details geht und erhält am darauffolgenden Tag das Visum, gültig für ein Jahr. Headley wundert sich, wie leicht es geht, obwohl sein Pass doch Stempel von seinen Einreisen in Pakistan enthält. Headley lässt sich Visitenkarten drucken: David C. Headley. Als Beruf gibt er »Immigration Consultant« an.

Nun kann Headley ungehindert zwischen den USA, Pakistan und Indien hin- und herreisen. Zunächst aber kehrt er nach Pakistan zurück. In Lahore trifft er Major Iqbal, der ihm drei Bündel Geldscheine für die erste Indienreise übergibt, insgesamt umgerechnet 25 000 Dollar. Anschließend fährt Headley zu Sajid Mir. Der ist bereits über die Geldübergabe informiert. Von seiner Schwiegermutter leiht sich Headley eine Videokamera. Außerdem stellt Rana den Kontakt zu einem Pakistani namens Bashir her, der in Indien lebt und Headley am Flughafen Mumbai empfangen wird.

Ob Headley, wie er behaupten wird, wirklich seinen Freund Rana in die Pläne für das Mumbai-Attentat eingeweiht hat, ist nicht bekannt. Rana wird das in seinen Vernehmungen abstreiten.

Im Juni 2006 kommt es erneut zu einem Zwischenfall, als Headleys kanadischstämmige Ehefrau Portia die Green Card beantragt. Nach amerikanischem Recht hat sie, weil Opfer von häuslicher Gewalt, Anspruch darauf. Im Rahmen der aufwendigen Prozedur wird Portia auch zu den Vorfällen im Sommer 2005 befragt. Sie wiederholt ihre Vorwürfe, berichtet zugleich von den Aufenthalten ihres Mannes in islamistischen Trainingscamps, seiner Radikalisierung, seinen antisemitischen Äußerungen, seinem Hass auf Inder und seiner Bewunderung für den Mut von Selbstmordattentätern. Die Einwanderungsbehörde glaubt Portias Schilderungen, die Headleys Gewalttätigkeit betreffen. Sie bekommt die Green Card. Die Anschuldigungen der Ehefrau hinsichtlich Headleys Radikalisierung fallen wieder unter den Tisch, die Information wird nicht einmal an die zuständige Task Force weitergereicht.

David Coleman Headley kann seine Planungen für Mumbai ungehindert fortsetzen. Er wird in die indische Millionenmetropole reisen, in einem Bürohaus im Zentrum von Mumbai eine Filiale von Ranas »Immigration Service« eröffnen und in feinen Hotels logieren. Und die späteren Anschlagsziele ausspähen. Er filmt, fotografiert, macht detaillierte Aufzeichnungen, die er später an seine Auftraggeber weitergeben wird. Er observiert die Ein- und Ausgänge des Bahnhofs Victoria Terminus, ist häufig Gast im Leopold Cafe, hat eine Affäre mit einer Hotelangestellten und schließt Freundschaft mit anderen

Angestellten in den beiden Luxushotels, dem Oberoi-Trident und dem Taj Mahal Palace, um sie auszuhorchen. Er schleicht sich ins Vertrauen des jungen Rabbiners im Nariman House, lässt sich von ihm unterrichten. Auch als Gast studiert er die Hotels Taj Mahal Palace und Oberoi-Trident minutiös, die bald in Flammen aufgehen sollen. Das Taj, wie es genannt wird, ein imposantes viktorianisches Gebäude von 1903, ist viel mehr als nur ein Hotel, ein Ort, an dem Bollywood-Stars und Sternchen, Politiker, Finanzmakler und Journalisten und viele Mumbaier Geschäftsleute zum Bier, Brunch oder zum abendlichen Büfett zusammenkommen. Hier knüpft Headley Kontakte zur High Society von Mumbai und freundet sich mit Filmproduzenten, Schauspielern und Politikern an. Menschen, die ihm begegnet sind, sich von ihm blenden und umgarnen ließen, beispielsweise in der Bollywood-Szene, beschreiben ihn noch heute als charmanten Lebemann, und sind schockiert über das Unglück, das dieser Mann in ihre Stadt brachte. Im April 2008 bricht Headley zu fünf Tage langen Bootstouren rund um Mumbai auf, von denen er seiner Gastwirtin Fisch mitbringt – Headley wohnt damals in einem Hotel namens Outram im Zentrum der Stadt – und den Attentätern Informationen über eine geeignete Stelle, um an Land zu gehen und in die Stadt auszuschwärmen.

Vorbereitungen

Die erste Reise nach Mumbai: Nach der Ankunft am 14. September 2006 und einer reibungslos verlaufenden Passkontrolle wird David Coleman Headley wie geplant von Ranas Kontaktmann Bashir abgeholt und zum Hotel Outram gebracht. Das Hotel ist zentral gelegen, unweit der späteren Anschlagsorte. Ein Hotelangestellter, Abdullah, mit dem sich Headley rasch anfreundet, hilft beim Geldwechseln. Dann besorgt sich Headley ein Mobiltelefon und eine indische SIM-Karte. In Indien habe er nie seine pakistanische Nummer benutzt, berichtet er, so sei es mit den Auftraggebern von Lashkar und dem ISI abgesprochen worden. Außerdem habe er wechselnde Internetcafés aufgesucht und Memory-Sticks für seine Aufzeichnungen gekauft.

Bereits während des ersten Aufenthalts in Mumbai macht Headley Bekanntschaften, wobei er sehr vorsichtig und natürlich immer darauf bedacht ist, seine wahre Identität nicht preiszugeben. Ranas Partner, der Jurist Raymond Sanders, hat ihn mit einem Dokument ausgestattet, das ihn autorisiert, ein Visa-Servicebüro in Mumbai einzurichten. Headley mietet passende Räumlichkeiten an und engagiert eine Sekretärin. Bald schon verfolgt er seine eigentliche Agenda: Informationen sammeln, filmen, fotografieren. Er macht zahlreiche Aufnahmen vom Municipal Corporation Building im Süden von Mumbai, einem denkmalgeschützten Gebäude und Wahrzeichen, das sich gegenüber dem Chhatrapati Shivaji Terminus (auch Mumbai CST und bis 1996 noch Victoria Terminus genannt) befindet. Der Bahnhof zählt mit bis zu vier Millionen Fahrgästen täglich zu den größten und geschäftigsten Bahnhöfen der Welt; seit 2004 gehört er zum UNESCO-Weltkulturerbe. Headley filmt und fotografiert die Haji-Ali-Dargah-Moschee und das Gateway of India, die wohl bekanntesten Wahrzeichen der Stadt. Seine nächsten Ziele sind das Hotel Taj Mahal Palace, das Apollo Bunder, das Polizeipräsidium von Maharashtra, die DN Road, eine der wichtigsten Geschäftsstraßen Mumbais, der mehr als hundert Jahre alte Sportclub Azad Maidan, ebenfalls eine Touristenattraktion, der sechs Kilometer lange Boulevard Marine Drive und die Gegend um das Hotel Outram, in dem er wochenlang wohnt. Zweimal im Laufe der drei Monate überweist Rana Geld aus den USA, das Headley in einer nahe gelegenen Bank abhebt. Alles verläuft reibungslos, und so verlässt David Coleman Headley die indische Finanzmetropole am 14. Dezember 2006, um in Pakistan Memory-Sticks mit umfangreichen Informationen an seine beiden Handler zu übergeben.

Er trifft zunächst ISI-Major Iqbal in einem Safe House, der die Aufnahmen kopiert und den Memory-Stick wieder an Headley aushändigt. In den darauffolgenden Tagen fährt Headley nach Muzaffarabad. Dort wird er im Bait-ul-Mudschaheddin (Haus der Mudschaheddin) von Lashkar einquartiert, trifft führende Mitglieder der Organisation, unter anderem Abu Qahafa, Muzzammil und Zaki-ur-Rehman Lakhvi, Sajid Mir und dessen Vertreter Abu Anas al-Liby. Sajid Mir nimmt den Stick mit den

Fotos und dem Videomaterial an sich. Sie besprechen einen möglichen Angriff auf das Taj-Hotel. Die anderen Örtlichkeiten scheinen Mir nicht zu interessieren, und wieder hat Headley den Eindruck, die Operation sei noch in weiter Ferne, insbesondere weil sich die anwesenden Lashkar-Funktionäre am nächsten Morgen Videoaufnahmen von anderen potenziellen Zielen in Indien anschauen.

Zurück in Lahore, setzt Headley die Agentenausbildung mit dem ISI-Geheimdienstmitarbeiter fort, den Major Iqbal ihm an die Seite gestellt hat. Aber Headley ist frustriert, denkt darüber nach, sich einer anderen Terrororganisation anzuschließen. Auch privat gibt es eine Veränderung: Headley heiratet 2007 eine dritte Frau. Die 27-jährige Marokkanerin Faiza Outalha kommt aus Casablanca, studiert in Lahore Medizin und hat sich Hals über Kopf in den weitaus älteren Mann verliebt. Seiner Ehefrau Shazia habe er nichts davon erzählt, räumt Headley in der Vernehmung ein. Nur einen Onkel von Shazia habe er ins Vertrauen gezogen.

Obwohl noch keine konkreten Anschlagspläne im Raum stehen, bricht Headley bereits am 21. Februar 2007 erneut nach Indien auf. Diesmal bleibt er mit einer kurzen Unterbrechung drei Wochen lang in Mumbai, weitet seine Erkundungen aus und plant seine dritte Indienreise, die er am 20. März antritt. Zu diesem dritten Mumbai-Aufenthalt nimmt Headley seine junge Ehefrau Faiza mit. »Für mich waren es Flitterwochen. Für ihn war es das nicht«, wird Faiza später in einem Interview mit dem indischen Fernsehsender ABP News sagen. Das Paar wohnt zeitweise im luxuriösen Taj Mahal Palace, einem der späteren Anschlagsziele. Während des Aufenthalts filmt Headley ständig. »Ich hatte das Gefühl, er benutzt mich für irgendetwas«, so Faiza in dem Interview, das sie dem Sender im Juni 2012 gab. Er habe immerzu Aufnahmen gemacht und sie habe nicht verstanden, warum ihr Mann ständig filmt und fotografiert. Zwei Monate später kehrt David Coleman Headley zurück nach Pakistan und legt einen dreitägigen Privaturlaub in Dubai ein. Diesmal mit Ehefrau Shazia und den Kindern. Faiza und den Handlern erzählt er nichts davon. Nach seiner Rückkehr reist er sofort wieder nach Indien. Seine vierte Mumbai-Reise dauert von 20. Mai bis 7. Juni 2007. Als er wieder in Pakistan ist, trifft er, wie nach jeder Rückkehr, zuerst Major Iqbal in Lahore und anschließend Sajid Mir in Muzaffarabad.

Bevor Headley zu seiner nächsten Erkundungsfahrt nach Indien aufbricht, fliegt er in die USA und von dort aus nach Marokko, um mit Faiza einige Tage in Casablanca zu verbringen. Der eigentliche Grund für die Reise ist, dass er sich in Chicago ein neues Visum für Indien besorgen muss. Ende Juli 2007 ist Headley zurück in Pakistan, wo er Abdur Rehman alias Pasha und Major Haroon wiedersieht. Die beiden wollen Lashkar verlassen. Haroons Bruder Khurram ist im Kampf gegen »die Kreuzfahrer« in Afghanistan von einer Drohne der kanadischen Armee tödlich getroffen worden. Pasha und Haroon klagen, LeT sei ihnen nicht radikal genug, sie wollen an der Seite der Taliban gegen »die Kreuzfahrer« kämpfen. Zudem führt das blutige Eingreifen des Militärs

Anfang Juli 2007 in der Roten Moschee in Islamabad zu hitzigen Diskussionen bei Lashkar. »Die Geschehnisse in der Roten Moschee zeigten die Hilflosigkeit der Regierung und zum anderen die Entschlossenheit der Bevölkerung, für die Sache der Moslems zu kämpfen«, erklärt Headley. Außerdem sei Zaki-ur-Rehman Lakhvi zugetragen worden, Pasha und Major Haroon planten die Ermordung Musharrafs. Lakhvi lehnte dies kategorisch ab. Die Querelen über diese Frage spitzten sich laut Headley so weit zu, dass Pasha Headley aufgefordert habe, sich von LeT zu trennen und für ihn zu arbeiten. Pasha habe vorgeschlagen, dass Headley in seinem Auftrag nach Delhi fährt und die indische Militärakademie NDC weiter ausspioniert, um dort einen Anschlag vorzubereiten, womit Abdur Rehman und Sajid Mir im April 2005 begonnen hatten. Major Iqbal dagegen verlangt auf einmal, dass Headley in seinem Auftrag nach Pune reist, um dort Informationen zu sammeln. Er gibt ihm sogar gefälschte indische Geldnoten für diese Mission. Nur Sajid Mir hält am ursprünglichen Plan fest und will, dass Headley weiterhin das Hotel Taj Mahal Palace in Mumbai ins Visier nimmt.

Schließlich tritt David Coleman Headley am 4. September 2007 seine sechste Indienreise an. Er fliegt von Lahore nach Delhi, steigt im Claridges Hotel nahe des National Defense College ab, inspiziert die Militärakademie. Er bleibt aber nicht in Delhi, sondern reist noch am Abend nach Mumbai weiter. Dort führt er seine Erkundungen fort, recherchiert zudem, wie von Major Iqbal gewünscht, in Pune. Noch zwei weitere Male wird

Headley nach Pune fahren, um im Auftrag von Major Iqbal Anschlagsziele auszuspähen. In Mumbai baut Headley jetzt Kontakt zu Rajaram Rege von der rechtsnationalistischen indischen Shiv-Sena-Partei auf, lädt ihn zum Essen ein und macht Videoaufnahmen von dem Politiker. Außerdem gibt Headley vor, eine Mitgliedschaft im vornehmen Willingdon Golf Club anzustreben, nutzt auch hier seinen Besuch, um ausgiebig Aufnahmen vom Golfplatz zu machen. Er hat dafür sogar eigens seine Golfausrüstung aus Pakistan mitgebracht.

Während er sich in Indien aufhält, findet die Jahrestagung von Lashkar statt. In Headleys Abwesenheit beschließt die Organisation, den Anschlag in Mumbai auf das Taj-Hotel zu begrenzen. Es soll so vorgegangen werden, wie Sajid Mir es mehrmals vorgeschlagen hat: Man will für den Anschlag auf das Taj-Hotel einen, höchsten zwei Rekruten über Nepal oder Bangladesch nach Mumbai schicken.

Als Headley im September 2007 nach Pakistan zurückkehrt, wird er wieder zu Iqbal in das Safe House in Lahore gebracht. Er übergibt dem ISI-Mann die Videoaufnahmen von Pune, trifft später die LeT-Majoren Haroon und Pasha, berichtet von seiner Reise zu der Militärakademie in Delhi und von seinen Anschlagsplänen auf das Taj-Hotel und andere Ziele. Dann fährt Headley nach Muzaffarabad zu Sajid Mir und dessen Gefolgsmann Abu Anas al-Liby. Etwa eine Woche lang bleibt Headley in Muzaffarabad, eigentlich um auch hier die Pläne für das Taj-Hotel und die Militärakademie, das NDC, in Delhi zu besprechen. Laut Headley schauen sie stundenlang zusammen Videos von Osama bin Laden an. Irgendwann trifft auch Abu Qahafa ein und sie diskutieren zum ersten Mal ernsthaft, mehrere Ziele um das Taj-Hotel anzugreifen. Dazu studieren sie auf Google Earth, welche Orte Headley konkret ausspionieren soll.

Während dieses Aufenthalts in Muzaffarabad trifft er Zaki-ur-Rehman Lakhvi zum Abendessen. »Zu dieser Zeit befand sich mein Land Pakistan in einer ernsthaften Krise«, erklärt Headley den Vernehmungsbeamten. Lashkar-e-Taiba hatte bisher vor allem in Kaschmir und Indien gekämpft. Dabei habe Lakhvi eindeutig die Linie und die Anweisungen des ISI verfolgt. Doch die Ausschreitungen um die Rote Moschee und die Entscheidung Abdur Rehmans alias Pasha und Haroons, sich von LeT abzuspalten, zeigten das Ausmaß der Spannungen, berichtet Headley. Lakhvi habe große Probleme gehabt, Lashkar überhaupt noch am Leben zu halten und die Leute zu motivieren, in Kaschmir und Indien zu kämpfen. Zahlreiche Anhänger spalteten sich von Lashkar ab und schlossen sich den Taliban und al-Qaida an. Zudem verlagerte sich der globale Dschihad weg von Afghanistan in Richtung Irak. Mit anderen Worten: LeT verlor an Attraktivität und an Mitgliedern. Das sei laut Headley der Grund für Lashkar gewesen, nun spektakulärere Anschläge außerhalb von Kaschmir, wenn möglich gegen westliche Ziele, verüben zu wollen. Dabei sei diese Entscheidung nach Einschätzung Headleys in mehrfacher Hinsicht im Sinne des ISI gefällt worden: Der ISI habe so die Terrorzellen in Kaschmir unter Kontrolle halten können. Sie seien wieder motiviert worden, und man habe Anschläge und andere gewalttätige Aktionen auf pakistanischem Territorium verhindern können. Die Pläne, den Anschlag in Mumbai zu verüben, seien durch die insgesamt aufheizte Stimmung beschleunigt worden.

Plötzlich wird nicht mehr über einen Anschlag mit wenigen Leuten auf das Taj-Hotel diskutiert. Vielmehr will Lashkar mit einem ganzen Terrorkommando simultan mehrere Ziele angreifen. Um das zu besprechen, bestellt Sajid Mir David Coleman Headley nach Rawalpindi. Er wird in das Safe House von Lashkar gebracht, wo sich neben Sajid Mir weitere LeT-Führungsmitglieder einfinden. Headley habe nun definitiv gewusst, dass der Anschlag in Mumbai stattfinden werde. Er erinnert sich, dass dieses Treffen auf einen denkwürdigen Tag fiel: »Ich kam an dem Tag nach Rawalpindi, an dem der Anschlag auf Benazir Bhutto verübt wurde«, so Headley. Er und die Lashkar-Leute hätten dafür gebetet, dass Bhutto den Anschlag nicht überlebt.

Im Februar 2008 wird Headley erneut von Sajid Mir nach Rawalpindi einbestellt. Bevor er abfährt, trifft Headley Major Iqbal, der ihm ein Mobiltelefon übergibt, mit dem er stundenlang filmen kann. Das Treffen in Rawalpindi findet in einem anderen LeT-Safe-House statt und diesmal sind neben Sajid Mir auch Abu Anas al-Liby, Abu Qahafa und ein weiteres LeT-Mitglied, Abu Alaqama, anwesend. Die Pläne für Mumbai werden immer konkreter.

Es folgen weitere Treffen und Meetings. Jedes Mal in Safe Houses von Lashkar und an verschiedenen Orten. Bei einem der Treffen lernt Headley »den Froschmann«

kennen, dessen wirklichen Namen er nicht erfährt. Aus dem Gespräch mit dem Mann, dem auch Headley unter einem Alias-Namen vorgestellt wird, entnimmt er, dass der Froschmann Angehöriger der pakistanischen Marine ist. »Ich habe den Froschmann nur dieses eine Mal gesehen«, berichtet Headley. Bei dem Treffen geht es um Landemöglichkeiten an der Küste von Mumbai. Zaki-ur-Rehman Lakhvi will, dass »der Froschmann« dabei hilft, das Terrorkommando auf dem Seeweg nach Indien zu bringen. Im Gespräch ist zunächst, die Rekruten 60 bis 70 Kilometer von Mumbai entfernt an Land gehen zu lassen, damit sie nicht entdeckt werden. Davon rät Lakhvi ab. Zwei Tage lang wird ein neuer Plan erörtert. Am Ende warnt »der Froschmann« noch vor den Gefahren des Wetters. Er rät dazu, den Anschlag noch vor Juni zu verüben. Danach würden es die Wetterverhältnisse, der Monsunregen und die raue See unmöglich machen. Lakhvi erteilt Headley nun auch den Auftrag, einen geeigneten Landeplatz an der Küste von Mumbai auszuspähen, wo die Angreifer nicht von der Küstenwache entdeckt werden und möglicherweise unter Beschuss geraten. Für diese Aufgabe wird Headley mit einem GPS-Gerät ausgestattet.

Vor der nächsten Indienreise Headleys findet ein weiteres Treffen mit Major Iqbal statt, der über die neuen Pläne bereits informiert ist. Es sei ziemlich einzigartig, die Angreifer auf dem Seeweg nach Indien zu bringen, soll der ISI-Mann Headley gegenüber geäußert haben. Außerdem wollte er weitere Waffen nach Indien einschleusen. Major Iqbal beauftragt Headley, während seines Mumbai-Aufenthalts auch das Atomkraftwerk BARC auszuspähen. Er gibt Headley wieder Falschgeld mit. Von Sajid Mir hat Headley bereits 40 000 pakistanische Rupien für die Reise erhalten.

Im April 2008 reist David Coleman Headley wieder nach Mumbai. Es ist seine siebte Indienreise, die vornehmlich dem Auskundschaften der Küste dienen soll. Wieder quartiert sich Headley im Hotel Outram ein, wo er inzwischen ein gern gesehener Gast ist und sich auch mit der Hotelchefin, Mrs. Kriplani, angefreundet hat. Gleich nach der Ankunft fährt er mit dem Taxi zu dem Atomkraftwerk, das sich in der Nähe einer riesigen Wohnanlage befindet. Er macht Videoaufnahmen von der Anlage und der gesamten Umgebung. In den darauffolgenden Tagen bucht er verschiedene Boote und hält Ausschau nach einem geeigneten Landeplatz für die Terroristen.

Das erste Boot nimmt er abends – es legt nahe dem Taj-Hotel ab. Es sei ein Touristenboot gewesen, der Ticketschalter an der Vorderseite des Hotels, berichtet Headley. Aufgrund der Dunkelheit habe er nicht viel von den Gegebenheiten sehen können. Den zweiten Bootsausflug macht Headley am 10. April. Diesmal geht er gegen halb zehn abends am Boulevard Marina Drive an Bord. Auch da ist die Sicht zu schlecht, aber Headley macht Bekanntschaft mit dem Bootsführer, lässt sich Adresse und Telefonnummer geben und vereinbart eine private Bootstour. Der dritte Bootsausflug, am 11. April, bringt Headley schließlich zu der Gegend um Cuffe Parade. Dort werden die zehn Terroristen am 26. November an Land gehen.

Als Headley den Platz ausspäht, sieht er die vielen Fischer. Er verwickelt einen von ihnen in ein Gespräch und verabredet sich mit ihm für den frühen Morgen zu einer Bootstour. So stechen sie am 12. April um drei Uhr früh in See. Sie fahren etwa sechs Kilometer hinaus. Headley schaut sich um, sieht, dass auf dieser Route niemand die Angreifer entdecken kann, und beschließt, dies ist der geeignete Weg für das Terrorkommando nach Mumbai. Am 14. April kommt er zurück zu Cuffe Parade, trifft den Fischer wieder an. Der stellt ihm einen Jugendlichen vor. Diesem sagt Headley, ein paar junge Studenten würden demnächst zu Besuch in Mumbai sein und gern eine Bootstour mit ihm oder dem Fischer machen. Bereitwillig gibt ihm der Fischer seine Handynummer, die Headley wiederum an Sajid Mir weiterreicht. Während seiner Bootsausflüge habe er alle Koordinaten in das GPS eingespeichert, berichtet Headley. Er unternimmt noch eine weitere Bootstour, die von Worli aus, einer von sechs Inseln an der Küste Mumbais, startet. Diese Tour sei wenig vielversprechend gewesen, erklärt Headley, aber wenigstens habe er ein paar Fische fangen können, die er Mrs. Kriplani, der Hotelchefin, als Gastgeschenk mitbrachte.

Während seines Mumbai-Aufenthalts im April 2008 observiert David Coleman Headley weitere potenzielle Anschlagsziele, so etwa den Chhatrapati Shivaji Maharaj Terminus. Auch dort macht Headley Videoaufnahmen und erkundet außerdem die nahe gelegene Busstation.

Dann reist er nach Pakistan zurück, trifft Major Iqbal im Safe House in Lahore, übergibt ihm die Aufnahmen auf dem Memory-Stick. Die Aufnahmen vom Atomkraftwerk BARC habe er nur Major Iqbal ausgehändigt, sagt Headley. Nach dem Gespräch mit Major Iqbal fährt Headley nach Rawalpindi, um Sajid Mir zu berichten. Sajid Mir habe sich inzwischen einer gesichtschirurgischen Operation unterzogen, sein Gesicht sei aber nicht wesentlich verändert gewesen.

Im Juni 2008 soll sich Sajid Mir plötzlich für Bücher über den Geheimdienst Mossad interessiert haben. Aber von einem Überfall auf das Chabad House (Chabad-Häuser sind eine Art jüdische Gemeindezentren), das Nariman House in Mumbai, sei damals noch nicht die Rede gewesen. Einige Tage nach dem Treffen in Rawalpindi rief Sajid Mir an und bestellte ihn wieder zu sich. In Anwesenheit von Abu Qahafa und Abu Anas al-Liby wurden die möglichen Angriffsziele erneut besprochen. Es sei verabredet worden, dass die Angreifer tatsächlich über die von Headley ausgespähte Seeroute in die Stadt gelangen sollten. Aber Sajid Mir drängt darauf, einen Weg zu finden, auf dem die Angreifer Mumbai auch wieder verlassen könnten. Er schlägt vor, dass Headley am Bahnhof Chhatrapati Shivaji Terminus geeignete Zugverbindungen prüft.

Der Anschlag in Mumbai ist nunmehr beschlossene Sache, am Ende der Unterredung steht fest: Er soll im September stattfinden. Darüber, sagt Headley aus, habe er gleich nach dem Treffen auch Major Iqbal berichtet. In der dritten Juniwoche meldet sich Sajid Mir wieder. Er will, dass Headley schnellstmöglich nach Indien fährt. Er soll dort weitere Anschlagziele ausspionieren, unter anderem die Luftwaffendivision, den Shree-Siddhivinayak Tempel, das Chabad House, das Polizeipräsidium von Maharashtra, das Parlamentsgebäude, das Büro der israelischen Fluggesellschaft El Al, die Diamantenbörse von Mumbai. Dies sei das erste Mal gewesen, dass Sajid Mir einen Anschlag auf das Chabad House erwähnte. Er habe sich daraufhin mit Zaki-ur-Rehman Lakhvi getroffen und auch der habe Sajid Mirs Plan zugestimmt. »Ich war beeindruckt, dass Sajid Mir nun auch das Chabad House als Anschlagsziel in Betracht zog«, sagt Headley. Sajid Mir sei ein Anhänger des saudi-arabischen Salafismus. Für die seien Juden der Feind Nummer eins. Auch Abdur Rehman, dem Headley von dem Plan berichtet, ist begeistert und sagt sogar ausdrücklich, Headley solle sich dafür stark machen. Bei dem nächsten Treffen mit dem ISI-Major Iqbal spricht sich auch dieser für den Anschlag auf das Chabad House aus. Er sei glücklich gewesen, dass das Chabad House als Anschlagsziel ausgewählt wurde.

So bricht David Coleman Headley am 1. Juli 2008 zu seiner achten Reise nach Indien auf, wo er einen Monat lang bleiben wird. Wie er sagt, erkundet er noch ein letztes Mal das Taj-Hotel, verschiedene Polizeistationen, das Parlamentsgebäude, die Luftwaffendivision, das El-Al-Büro, den Siddhivinayak Tempel, die Diamantenbörse und nun auch das jüdisch-amerikanische Chabad House von Mumbai, bekannt als das Nariman House, sowie viele weitere Örtlichkeiten, darunter die Blaue Synagoge, das Leopold Cafe, das israelische Konsulat und das Hotel Oberoi-Trident. Als er sich erneut am Bahnhof Chhatrapati Shivaji Terminus umsieht, nutzt er die Gelegenheit, um sich über Zugverbindungen für die Terroristen zu informieren, und er besichtigt noch einmal den späteren Landeplatz der Angreifer – Cuffe Parade. Alle Örtlichkeiten gibt er in das GPS ein, das Sajid Mir ihm besorgt hat. Dann fährt Headley, wie mit Major Iqbal abgesprochen, wieder nach Pune. Besucht den Osho Ashram, filmt, fotografiert, kauft ein traditionelles Gewand und reist noch am gleichen Abend zurück nach Mumbai.

Diskussionen über die Ziele des Anschlags

Erst während der letzten Planungsphase schlägt Headleys LeT-Führungsoffizier Sajid Mir vor, das Nariman House in die Liste der Ziele aufzunehmen. Das Nariman House wird von amerikanischen Juden betrieben, so wie viele andere Chabad-Häuser, die es fast überall auf der Welt gibt. Warum aber wählt die Terrororganisation Lashkar-e-Taiba, die bisher in Afghanistan und gegen Indien gekämpft hat, auf einmal ein jüdisch-amerikanisches Anschlagsziel? Warum nehmen die Funktionäre von LeT das Risiko in Kauf, sich die Israelis und damit den berüchtigten Geheimdienst Mossad zum Feind zu machen? Beobachter der islamistischen Terrorszene vermuten den Grund in der schwindenden Attraktivität von Laskhar. Einstmals das bedeutendste Netzwerk in der Region, ist Lashkar inzwischen von anderen Terrorgruppen in den

Schatten gestellt worden. Die Taliban, al-Qaida und neue Organisationen haben mit spektakulären Aktionen auf sich aufmerksam gemacht und erhalten dadurch immer mehr Zulauf. Lashkar braucht dringend Aufmerksamkeit, muss etwas tun, das Weltöffentlichkeit erzeugt. Das garantiert ihnen der Überfall auf die jüdisch-amerikanische Einrichtung, so die These. Ein Zwischenfall im Nariman House belegt dies: Während des Überfalls beschwert sich einer der Angreifer, der per Mobilfunk mit dem »Betreuer« Sajid Mir verbunden ist, es seien nur wenige Juden im Haus. Sajid Mir antwortet: »Ein toter Jude ist mehr wert als 50 Inder.«

Überhaupt ist es die Wahl der Ziele, die den Anschlag auf Mumbai so außergewöhnlich macht. Bis zu diesem Anschlag hatte sich LeT in der Vergangenheit auf das Grenzgebiet zu Indien, also Kaschmir, und auf militärische und politische Ziele in Indien fokussiert. Spektakuläre Anschläge gegen westliche Ziele waren die Handschrift von al-Qaida, auch wenn Mitglieder von LeT und ISI unterstützend mitgewirkt haben. Mumbai ist die Finanz- und Kulturmetropole Indiens. In den Hotels, die angegriffen werden, verkehren die indische Elite und vor allem ausländische Gäste, die hier zur Zielscheibe werden. Ganz offensichtlich geht es den Planern um einen Anschlag mit größtmöglicher internationaler Aufmerksamkeit. Die Diskussion über die Hinzunahme eines Angriffs auf ein jüdisches Zentrum gibt besondere Einblicke in diese Entscheidungen.

Bei seinem letzten Aufenthalt in Mumbai vor dem Anschlag sucht David Headley also das Nariman House auf.

Es ist im Stadtviertel Colaba mit seinen vielen verwinkelten Gassen schwer zu finden. In dem Durcheinander aus verfallenden Kolonialbauten, Slumhütten und modernen Apartmentblöcken leben Hindus, Muslime, Sikhs, Christen, Zoroastrier (Anhänger einer Glaubensrichtung, die ursprünglich aus Persien stammt) und Anhänger einer Reihe weiterer exotischer Religionen. Meist arme, einfache Leute.

Chabad-Häuser gehören zu einer orthodox-jüdischen Bewegung, die ihren Ursprung im New Yorker Stadtviertel Brooklyn, ihre Wurzeln aber in Osteuropa hat. Die meisten dieser religiösen Einrichtungen oder Gemeindezentren werden von jungen Leuten betrieben. Spiritualität, Lebensfreude und vor allem Gastfreundschaft sind die Maxime der Chabad-Häuser. Diese Offenheit und Willkommenskultur werden den Betreibern des Nariman Houses, dem Ehepaar Rivka und Gavriel Holtzberg, und deren Besuchern während des dreitägigen Massakers im November 2008 zum Verhängnis werden. Fünf Jahre zuvor ist das junge Rabbinerehepaar Holtzberg aus den USA nach Mumbai gezogen, zwei Jahre später haben sie das schmale, sechsstöckige Haus in Colaba gekauft, um hier eine jüdische Gemeinde aufzubauen. Im ersten Stock sind eine Küche und der Speisesaal, im zweiten Stock der Gebetsraum und das Büro von Gavriel Holtzberg. Im dritten Stock befinden sich Seminar- und Aufenthaltsräume mit ein paar provisorischen Schlafplätzen, im vierten Stock drei Zimmer für Übernachtungsgäste. Die Privaträume der Holtzbergs, mit dem liebevoll hellblau gestrichenen und mit handgemalten

Delfinen verzierten Kinderzimmer, liegen im fünften Stock, darüber ein weiteres Stockwerk, eine Art Abstellraum oder Speicher.

Der Mittelpunkt im Leben des Paares ist der zweijährige Sohn Moshe. Zum Zeitpunkt des Anschlags ist Rivka im fünften Monat schwanger. Zum Haushalt der Holtzbergs gehört auch die damals 44-jährige Inderin Sandra Samuel. Sie hilft der 28-jährigen Rabbinerin bei der Hausarbeit, kocht mit ihr, bereitet zusammen mit Rivka jeden Donnerstag riesige Mengen traditioneller jüdischer Gerichte für den Sabbat zu, damit auch unangemeldete Besucher verköstigt werden können. Sandra Samuel ist zugleich die Nanny des kleinen Moshe und mittlerweile Teil der Familie.

Das jüdische Zentrum hat viele Gäste, bis zu 40 Besucher kommen zu den Festessen am Sabbat. Auch während der Woche treffen sich dort Gläubige zum Gebet. Reisende aus aller Welt steigen in der Herberge ab. Diamantenhändler, die auf religiöse Atmosphäre und koschere Küche Wert legen, ebenso wie junge Backpacker, die nach ihrem Militärdienst in Israel auf große Tour gehen. Dem Rabbiner und seiner Frau sind alle willkommen, das Haus ist immer offen, Tag und Nacht. Jung, alt, arm, reich, Einheimische wie Fremde. Das Nariman House wird bis zum 26. November 2008 so gut wie gar nicht bewacht, nur tagsüber sitzt ein Pförtner auf einem Klappstuhl neben dem Hauseingang, begrüßt die ankommenden Gäste, gibt Auskunft, mahnt gelegentlich zu sehr lärmende Kinder zur Ruhe, wenn sie den Thora-Unterricht stören. Am frühen Abend geht der Pförtner immer zur gleichen Zeit nach Hause und so kann bis zum nächsten Morgen jeder ungehindert ein und aus gehen. Der Wachposten vor dem Nariman House ist unbesetzt.

Laut Aussagen mehrerer voneinander unabhängiger Zeugen gibt sich Headley bei dem jungen Rabbiner Gavriel Holtzberg als jüdischstämmiger Amerikaner aus. Die Mutter sei Jüdin, habe Headley behauptet, er wolle zum Glauben zurückkehren und dafür die Thora studieren. So habe Headley das Nariman House besser ausspähen können, ohne Aufsehen zu erregen. Wer das unauffällige, bescheiden anmutende Haus und die komplexen räumlichen Gegebenheiten einmal gesehen hat, weiß, dass es nur möglich war, die Angreifer gezielt dorthin zu lotsen, wenn man diese Gegebenheiten gut kannte.

Als das Rabbinerehepaar im Sommer 2008 verreist, kommt Gavriel Holtzbergs jüngerer Bruder Moshe aus Brooklyn nach Mumbai, um den Rabbiner für ein paar Tage zu vertreten. Moshe Holtzberg erinnert sich an den Amerikaner, der damals im Nariman House auftauchte. »Ich bin ziemlich sicher, dass es Headley war, den ich gesehen habe. Er hielt das Gebetbuch falsch rum und war mir irgendwie nicht geheuer. Darum habe ich Sandra gebeten, ihn wegzuschicken«, berichtet Moshe Holtzberg uns 2018 in einem Interview in New York.

Wegen der jüdischen Angriffsziele habe es viele Diskussionen gegeben, berichtet Headley später den indischen Ermittlern. So habe er Sajid Mir erklärt, es lohne sich nicht, die Blaue Synagoge anzugreifen, weil diese nur von indischen Juden besucht werde. Daraufhin sei die Synagoge als Anschlagsort nicht mehr interessant gewesen. Entgegen anderslautender Aussagen behauptet Headley gegenüber seinem Handler Sajid Mir, er habe das Chabad House in Mumbai nicht betreten, was den Führungsoffizier ziemlich enttäuscht haben soll. Doch in Wirklichkeit muss Headley genaue Kenntnisse über die Räumlichkeiten in der jüdischen Einrichtung gehabt haben. Wie sonst hätten die Angreifer später so zielgerichtet in dem sechsstöckigen Haus wüten und morden können? Jedenfalls, so Headley, habe er Sajid Mir überzeugen können, das Chabad House aufgrund der dortigen Gegebenheiten – ein schmales, hohes Gebäude mit einer schwer einsichtigen, vergitterten Fensterfront – als Rückzugsort für die Angreifer zu nutzen.

Hafiz Saeed, der bis heute Hass gegen Israel predigt, habe jedoch Vorbehalte gegen einen Angriff auf das Chabad House geäußert, da man sich damit einen weiteren Feind schaffe, den Geheimdienst Mossad, der in der Zukunft ein Problem für Lashkar werden könne. Headley behauptet, er habe darauf bestanden, das Chabad House anzugreifen. Sein Argument sei wieder gewesen, das Chabad House als eine Art Festung zu nutzen, wo sich die Angreifer verschanzen könnten. Die Flucht des Terrorkommandos mit der Bahn wird fallen gelassen. Damit ist auch der Anschlag auf das Chabad House beschlossene Sache.

Die Vorbereitungen des Anschlags von Mumbai werden konkret

In Pakistan hatte die intensivste Phase der Vorbereitungen begonnen. Lashkar hatte 17 junge Männer für die Umsetzung des Planes rekrutiert. Die potenziellen Attentäter, alle von hochrangigen LeT-Mitgliedern handverlesen ausgewählt, erhielten von Dezember 2007 bis kurz vor dem Anschlag im November 2008 eine paramilitärische Ausbildung, die sie in Trainingscamps von Lashkar-e-Taiba absolvierten. Neben einer Reihe anderer LeT-Mitglieder fungieren LeT-Gründer Hafiz Saeed, der LeT-Militärchef Zaki-ur-Rehman und Abdur Rehman alias Pasha persönlich als Betreuer und Ausbilder. Sie entscheiden und wählen am Ende zehn von den 17 Rekruten aus, die sie in den tödlichen Einsatz schicken. Erst in der letzten Phase, Mitte September, erfahren die zehn ausgewählten Attentäter das Ziel ihres Angriffs. Dann werden ihnen Fotos und Videoaufnahmen von den Anschlagszielen in Mumbai gezeigt – es ist das Material, das Headley im Verlauf seiner Reisen nach Mumbai gesammelt hat.

Inzwischen kauft Headley zehn schwarze Rucksäcke aus chinesischer Herstellung. Er schlägt vor, die Rekruten mit Sicherheitswesten auszustatten. »Diese Sicherheitswesten haben ihnen das Leben gerettet, als der erste Versuch im September, nach Mumbai zu gelangen, scheiterte«, so Headley. Sajid Mir selbst reist zur Wagah-Grenze, um die Mobiltelefone und die SIM-Karten zu testen, mit denen sie die Angreifer ausstatten.

Bald schon verlässt Sajid Mir mit den zehn Rekruten das LeT-Camp in Muridke und bringt sie mit dem Zug in die Hafenstadt Karatschi. Dieser erste Versuch der Angreifer, nach Mumbai zu gelangen, scheitert. Angeblich erfährt Headley erst, als er Sajid Mir Mitte Oktober wiedertrifft, dass dieser Versuch überhaupt unternommen wurde und die Rekruten während des Ramadan von Karatschi aus nach Mumbai gelangen wollten. Der LeT-Militärchef Zaki-ur-Rehman Lakhvi sei daraufhin nach Mekka gegangen, um für das Gelingen des Anschlags zu beten.

Zu dieser Zeit, kurz bevor die lange geplanten Anschläge in Mumbai ausgeführt werden, ist die Begeisterung über Headleys Ideen bei den Verantwortlichen so groß, dass Sajid Mir und Major Iqbal zum ersten Mal gemeinsam zu ihm nach Hause kommen, um mit ihm über neue Pläne zu sprechen: einen Anschlag in Europa. »Ich wollte es ›Mickey-Mouse-Project‹ nennen, aber Sajid war dagegen. Er nannte es ›Northern Project‹«, so Headley. Kurz darauf treffen sie sich in Karatschi wieder, wo Sajid Mir ihn erneut auf die Dänemark-Pläne anspricht. Er übergibt ihm sogar einen USB-Stick mit Informationen über das Land, den Cartoonisten Kurt Westergaard und über Flemming Rose, den Kulturressortchef von *Jyllands-Posten*, der Zeitung, die wegen der Veröffentlichung von Mohammed-Karikaturen Aufsehen erregt hatte. Außerdem habe er an diesem Tag 3000 Euro von Sajid Mir erhalten, um für ihn in Dänemark Informationen zu sammeln.

Um den 7. November sei er geschäftlich nach Karatschi gefahren, berichtet Headley. Dabei habe er von Sajid

Mir erfahren, dass ein zweiter Versuch, Mumbai anzugreifen, gescheitert war. Die Attentäter seien nachts mit einem gemieteten Boot aufgebrochen und hätten versucht, einen indischen Kutter zu kapern. Dabei seien sie von der indischen Crew bemerkt und in die Flucht geschlagen worden. Es sei sogar zu einem Schusswechsel gekommen.

Dann, endlich, am 26. November, so erzählt David Coleman Headley den indischen Vernehmungsbeamten, habe er eine SMS von Sajid Mir erhalten. Headley solle den Fernseher anschalten, heißt es in der Nachricht. »Ich machte den Fernseher an und sah die Bilder des Anschlags«, so Headley. Daraufhin habe er gleichlautende Mails an seine Frau Shazia und an Pasha geschickt, während er auf CNN und GEO TV den Anschlag Live verfolgte. Er erhält in verschlüsselten Botschaften Glückwünsche – unter anderem von seinem Handler und ISI-Mitarbeiter Major Iqbal. Ehefrau Shazia ist Headleys Vertraute. Sie ist in seine Pläne eingeweiht, weiß über sein Doppelleben Bescheid und unterstützt ihn. In einer der Mails seiner Ehefrau heißt es im Wortlaut: »Glückwünsche zu deinem erfolgreichen Hochschulabschluss ... Die Zeremonie war wirklich großartig. Ich habe den Film den ganzen Tag lang angeschaut.« Sie schreibt die Mail, während die Livebilder über die Anschläge im Fernsehen laufen.

Alle Warnungen verhallen ungehört

»Es gab zahlreiche Hinweise. Es gab überall Hinweise, bei denen die Alarmglocken hätten schrillen müssen. Dass man sie nicht erkannte, zeigt, was für ein leichtes Spiel Headley hatte«, meint der frühere CIA-Agent Sam Faddis.

Hier noch einmal zur Erinnerung: Es hatte bereits mindestens vier konkrete Hinweise auf Headleys Gesinnung und seine Aktivitäten in Pakistan gegeben.

2008 kommt es zu einem heftigen Streit zwischen Headley und seiner dritten Ehefrau Faiza. Faiza weiß von den Anschlagsplänen, seit sie nach der Eheschließung mit ihm in Mumbai war, wo er permanent gefilmt und fotografiert hatte. Als sie aber erfährt, dass David Headley bereits verheiratet ist, kommt es zum Ehestreit. Daraufhin beschließt die junge Frau, ihre Beobachtungen an die Behörden preiszugeben. Sie wendet sich zunächst an die französische Botschaft, wo ihr kein Gehör geschenkt wird. Dann geht sie im Dezember 2007 ein erstes Mal zur amerikanischen Botschaft in Islamabad. Ihre Information wird zur Kenntnis genommen, jedoch hat Faiza das Gefühl, man glaubt ihr nicht. Im Januar 2008 sucht sie erneut die amerikanische Botschaft auf, spricht dort mit einem Sicherheitsoffizier und einem Beamten der Einwanderungsbehörde. Sie teilt mit, ihr Ehemann habe viele Freunde, die Mitglieder von Lashkar-e-Taiba seien. Er sei leidenschaftlicher Gegner der Inder, reise aber ständig nach Indien, angeblich in geschäftlichen Angelegenheiten. Auch wisse sie, dass ihr Mann mit zwei völlig gegensätzlichen Identitäten lebt: In Pakistan gebe er sich als strenggläubiger Moslem aus, während er in Indien einen amerikanischen Playboy spiele. Faiza legt als Beweis ein Foto von ihrem Aufenthalt im Mumbaier Hotel Taj Mahal vor und berichtet, dass sie zweimal mit ihrem Mann dort gewesen sei – im April und Mai 2007. Das Taj Mahal gehörte am 26. November 2008 zu den Angriffszielen des pakistanischen Terrorkommandos. »In der Botschaft haben sie mich als Verrückte hingestellt«, sagt Faiza Outalha in einem Interview mit ABP News. Nichts geschieht nach ihren Besuchen in der Botschaft der USA. David Coleman Headley bleibt unbehelligt und kann seine verhängnisbringenden Erkundungen fortsetzen.

Der Anschlag: Protokoll der Ereignisse

Am Tag nach den Anschlägen entdeckte ein Hubschrauber der Küstenwache einen Fischkutter, die »MV Kuber«, heißt es in einem *Stern*-Artikel mit dem Titel »Protokolle der Angst« vom 2. Februar 2009. Der Fischkutter trieb im Meer. Unter Deck lag die Leiche des indischen Kapitäns Amar Singh Solanki. Auf dem Kutter, das dokumentiert der Abschlussbericht der indischen Ermittlungsbehörden, fanden die Ermittler pakistanische Produkte wie etwa Waschmittel der Marke »Pak«, »Medicam«-Zahnpasta, »Touch Me«-Rasiercreme, Mineralwasser, Milchpulver und eine Tüte Knabberzeug. Im Taj Mahal Palace sammelte die Polizei vier Kalaschnikows ein, acht Magazine, drei Pistolen und 27 Handgranaten, die nicht detoniert waren. Von den zehn Sprengsätzen der Terroristen hatten vier versagt. Die zwei am Taj Mahal Palace konnte die Polizei entschärfen. Die Bombe vor dem Hotel Oberoi wurde unter einer Schutzdecke kontrolliert gezündet. Der vierte Sprengsatz wurde erst Tage später gefunden – in einem Rucksack in der Gepäckaufbewahrung des Bahnhofs Chhatrapati Shivaji Maharaj Terminus.

Das waren die ersten Beweisstücke, mit denen sich die indischen Ermittler an die kriminalistische Aufklärung der schrecklichen Ereignisse machten. Mithilfe des umfassenden Geständnisses von Ajmal Kasab, dem einzigen Attentäter, den sie lebend fassten, konnten die Ermittler das Protokoll der Ereignisse wie folgt rekonstruieren:

Bevor die zehn Angreifer am 23. November von Karatschi aus starten, erhalten sie letzte Anweisungen. Der LeT-Chef Zaki-ur-Rehman Lakhvi zeigt ihnen die detaillierten Pläne und Aufnahmen von den Anschlagszielen. Mit gefälschten Ausweisen, die aus den Terroristen indische Studenten machen, werden sie von sieben Helfern mit der »Al Hussaini«, einem Schiff, das unter pakistanischer Flagge fährt, in indische Grenzgewässer gebracht. Sie entern den indischen Fischkutter »Kuber«, vier Seeleute der fünfköpfigen Besatzung werden gewaltsam auf das pakistanische Schiff verfrachtet. Nur der Kapitän bleibt an Bord der »Kuber« zurück. Er muss die zehn Terroristen an die indische Küste navigieren. Bevor sie die Fahrt antreten, laden das Terrorkommando und ihre Helfer das Waffenarsenal an Bord: Kalaschnikows, Munition des Kalibers 7,62 Millimeter, Handgranaten und Sprengsätze. Laut Bericht der indischen Ermittler wurde auch Treibstoff geladen, um »so problemlos auf direktem Weg nach Mumbai zu gelangen«. Während die vier indischen Besatzungsmitglieder an Bord der »Al Hussaini« verschleppt werden, steuert Kapitän Solanki den Fischkutter mit den zehn Terroristen in Richtung Mumbai.

Es ist Donnerstag, der 26. November 2008. Die Terroristen haben auf dem Fischkutter circa 582 Seemeilen zurückgelegt. Dank eines mitgeführten GPS wissen sie, dass sie sich dem Ziel nähern. Auf dem letzten Abschnitt ihrer Reise pumpen die Terroristen ein Schlauchboot auf, mit dem sie im Schutz der Dunkelheit zur Küste fahren und in Mumbai anlegen wollen. Während der gesamten Fahrt stehen die Terroristen via Satellitentelefon mit der Kommandozentrale in Karatschi in Verbindung. Wie ein an die indischen Behörden übermittelter Bericht des britischen Geheimdienstes dokumentiert, ruft nun der Anführer der Terrortruppe per Satellitentelefon in Pakistan an. Der Agentenführer am anderen Ende der Leitung sagt ihm: »Wir haben unsere vier Ziegen geopfert. Opfert ihr jetzt eure zu gegebener Zeit.« Die codierte Nachricht ist eine Order und soll den Terroristen auf dem gekaperten Fischkutter sagen: Die Männer auf der »Al Hussaini« haben die vier indischen Fischer getötet. Es ist zugleich der Befehl, dass auch der Kapitän der »Kuber« sterben soll. Zusammen mit einem anderen Attentäter führt Ajmal Kasab den Inder Amar Singh Solanki unter Deck und schneidet ihm die Kehle durch. »Ungerührt von dem kaltblütigen Mord«, so heißt es im Bericht, lassen währenddessen die anderen das Schlauchboot zu Wasser. Sie umarmen sich und sprechen gemeinsam ein Gebet für »den Erfolg ihrer Mission«. Doch plötzlich erkennen sie, dass ein Schiff geradewegs auf sie zusteuert und einer der Seeleute sein Fernglas auf den Fischkutter richtet. Sie bekommen Angst und rufen noch einmal in Pakistan an. »Ruhig bleiben«, sagt die Stimme am anderen Ende der Leitung, »jede Konfrontation vermeiden.« Wie die Ermittlungen im Nachhinein zeigen, handelt es sich tatsächlich um ein Schiff der indischen Küstenwache, das aber weiterfährt. So können die zehn Terroristen in das Schlauchboot klettern, mit dem sie in Richtung der anvisierten Landestelle »Cuffe Parade« weiterfahren. In der Aufregung, das werden die Terroristen einem ihrer Agentenführer gestehen, haben sie zwei Fehler gemacht. Ursprünglich war geplant, den indischen Fischkutter mitsamt dem toten Kapitän und anderen Beweisen zu versenken. Während des Überfalls auf das Taj-Hotel wird der Agentenführer später fragen: »Was habt ihr mit dem Toten gemacht?« Der Terrorist antwortet: »Zurückgelassen.« Daraufhin der Führungsoffizier: »Habt ihr die Verriegelungen für das Wasser unten nicht aufgemacht?« Der Terrorist: »Nein, wir haben die Verriegelungen nicht aufgemacht, sondern einfach so gelassen ... Wir haben einen großen Fehler gemacht.« Der Agentenführer fragt: »Welchen großen Fehler?« Der Terrorist: »Als wir in das Boot gestiegen sind, waren die Wellen ziemlich hoch. Ein anderes Boot ist gekommen. Wir waren in Panik, dass die Marine gekommen ist. Jeder ist schnell gesprungen. Wir haben das Satellitentelefon von Ismail vergessen ...«

Laut Ermittlungsbericht ist es ungefähr vier Uhr nachmittags und die Terroristen sind etwa vier bis fünf Seemeilen von der Küste entfernt. Ohne weitere Zwischenfälle erreichen sie gegen halb neun abends Mumbai. Sie teilen sich in Zweiergruppen auf. Acht Terroristen gehen bei Cuffe Parade an Land und ziehen schwer bewaffnet in Richtung Colaba los. Sie sind mit T-Shirts und lässigen Cargohosen bekleidet. Fischer, die sie ankommen sehen, werden später als Zeugen aussagen, sie hätten sie für Studenten gehalten.

Babar Imran alias Abu Akasha und Nasir alias Abu Umar laufen zu Fuß durch eine kleine Gasse, um zum Nariman House zu gelangen. Hafiz Arshad alias Abdul Rehman Bada und Javed alias Abu Ali fahren mit einem Taxi zum Hotel Taj Mahal Palace. Abu Shoaib und Abu Umer schnappen sich ebenfalls ein Taxi. Ihr Ziel ist zunächst das Leopold Cafe. Ismail Kahn alias Abu Ismail und Ajmal Kasab alias Abu Mujahid steigen in ein Taxi in Richtung Bahnhof. Die Terroristen Fahad Ullah und Abdul Rehman Chhota alias Sakib wenden und fahren mit dem Schlauchboot zum Marine Drive. Von da sind es nur wenige Schritte bis zum Hotel Oberoi-Trident.

Jeder der zehn Angreifer ist ausgestattet mit einem schwarzen Rucksack und einer Plastiktasche. In den Rucksäcken sind Kalaschnikow-Sturmgewehre, Pistolen, Handgranaten, 500 Schuss Munition und je ein unbenutztes Handy. In jeder der Plastiktaschen fünf Kilogramm Sprengstoff.

Fahad Ullah und Abdul Rehman Chhota alias Sakib gehen bei Marina Drive von Bord, stoßen das Boot ins Meer und klettern zur Strandpromenade. Dann setzen sie ihren Weg zu Fuß zum Hotel Oberoi-Trident fort. Es ist ein riesiger Hotelkomplex mit 877 Zimmern in zwei Gebäuden, die früher zwei Hotels waren und heute durch einen Korridor verbunden sind. In einem Gebüsch neben dem Haupteingang zum Trident-Tower verstecken die Attentäter einen Sprengsatz mit Zeitzünder, dann gehen sie durch das Portal und schießen mit ihren Kalaschnikows um sich. Sie ziehen weiter in den anderen Teil, das Oberoi, und eröffnen dort im Restaurant Kandahar das Feuer. Später wird ein Gast, der aus einem der Hotels entkommen konnte, berichten, dass sie nach Briten und Amerikanern suchten. »Wer hat US- oder UK-Pässe?«, sollen die Angreifer gerufen haben.

Zur selben Zeit fahren die anderen Terroristen mit Taxis zu ihren Zielen. Sie verstricken zwei der ahnungslosen Fahrer in Gespräche und verstecken unterdessen Bomben in ihren Fahrzeugen, die Zeitzünder stellen sie auf 90 Minuten ein. Am Leopold Cafe eröffnen die Terroristen von beiden Eingängen aus das Feuer und dringen dann in das Lokal ein.

Die Lufthansa-Stewardess Desirée Baumann erinnert sich: »Es war so unglaublich voll! Und obwohl der Rezeptionist angerufen und für uns reserviert hatte, bekamen wir einen Tisch im letzten Eck des Restaurants. Zu sechst!« Die junge Stewardess weiß zu dem Zeitpunkt nicht, dass es dieser weit abgelegene Platz sein würde, der sie und ihre Kollegen retten würde. »Gegen 21.30 Uhr hörte ich einen riesigen Knall. Noch einen Knall.« Es sind Explosionen von Handgranaten. »Ich verstand es nicht. Sekunden später lag ich schon am Boden. Tische, Stühle kippten um. Gläser und Geschirr zerbrachen. Dann ging es los. Bam, bam, bam ... minutenlang Schüsse ...«, berichtet Baumann. Innerhalb weniger Minuten geben die Terroristen 120 Schüsse aus ihren Kalaschnikows ab. Dann laden die Angreifer nach. »Ich betete mit einer Kollegin das Vaterunser, hörte leises Wimmern und in der Stille ein Handy klingeln. Da dachte ich, es ist vorbei.« Die Terroristen gehen durch das Restaurant und richten ihre Kalaschnikows wahllos auf Gäste. Erschießen sie. »Wir wussten, sie sind noch da und ich hörte Schritte auf zersplittertem Glas, und diese Schritte kamen immer näher und ich wusste, jetzt steht er neben mir ...« Doch aus irgendeinem Grund verlassen die Terroristen das Lokal so plötzlich, wie sie aufgetaucht waren. Desirée Baumann: »Ein Kollege schrie ganz laut: ›Raus! Jetzt!‹ Ich habe nicht gefragt, bin aufgestanden. Alles war voller Blut. Neben mir lag eine Frau mit weit aufgerissenen Augen in einer Blutlache. Eine wunderschöne Inderin mit wundervoll glänzendem, langen schwarzen Haar. Sie war mir schon aufgefallen, als wir uns an den Tisch setzten. Ich wollte ihr die Hand reichen und ihr helfen. Aber die Frau bewegte sich nicht. Da erst begriff ich, dass sie tot war ... Der ganze Weg war voller Leichen. Eine Kollegin von mir sagte, da vorne, nur wenige Meter von uns entfernt, ist das Hotel Taj Mahal. Das ist ein so großes Hotel. Dort kann uns nichts passieren. Man konnte das Hotel am Ende der Straße ja schon sehen ...«

Was die junge Stewardess und ihre Kollegin nicht wissen: In dem Hotel, in dem die beiden Frauen Zuflucht finden wollen, wütet bereits ein anderes Terror-Duo. Zwei Terroristen haben sich am Taj Mahal Palace absetzen lassen. Auch sie haben, wie ihre Komplizen am Oberoi-Trident, einen Sprengsatz mit Zeitzünder neben dem Haupteingang versteckt, gehen danach in die Lobby und erschießen schon in den ersten Minuten 20 Menschen. Wer nur irgendwie kann, läuft um sein Leben. Das zeigen die Aufnahmen der Überwachungskameras.

Im Taj Mahal Palace wird die deutsche Europa-Abgeordnete Erika Mann Augenzeugin des Massakers. Sie ist am Abend mit einer Wirtschaftsdelegation angereist. Während die meisten ihrer Kollegen ein Restaurant in der Nähe des Hotels aufsuchen, trifft sich Erika Mann mit indischen Freunden zum Essen im Taj. Sie erinnert sich: »Wir hatten uns gerade hingesetzt, da hörte ich die ersten Schüsse. Die anderen Gäste im Restaurant wollten es nicht glauben. Aber der Kellner machte ein Zeichen, das bedeutete: Sie hat recht. Wir verbarrikadierten den Eingang zum Restaurant. Das war das Erste, was wir taten.« Inzwischen erreichen auch die Terroristen, die das Leopold Cafe angegriffen haben, das Taj-Hotel. Sie stürmen über den Nordeingang in das Gebäude und beginnen zu viert nach Opfern zu suchen. Erika Mann: »Inzwischen haben wir erfahren, dass es sich um einen terroristischen Anschlag handelte und bereits mehrere Ziele angegriffen worden waren. Die Schüsse kamen immer näher. Das ließ darauf schließen, dass die Terroristen wussten, dass sich in dem Restaurant Menschen aufhalten. Welchen anderen Grund sollte es sonst haben? Und in dieser Situation glaubte ich nicht mehr, dass wir dort lebend oder zumindest unverletzt rauskommen würden.«

Den Gästen im nahe gelegenen Hotel Oberoi ergeht es nicht besser. Die Terroristen halten Geiseln mit ihren Kalaschnikows in Schach. Sie sortieren Frauen und Männer muslimischen Glaubens aus – unter anderem einen türkischen Geschäftsmann und seine Frau, die dies später aussagen und in verschiedenen Medien zitiert werden –, stellen Männer nebeneinander mit dem Gesicht zur Wand. Die Terroristen schießen, ziehen die Salven von links nach rechts und von rechts nach links. Überall fließt Blut.

Die Terroristen, deren Ziel das Nariman House im Stadtteil Colaba ist, kommen mit dem Taxi nicht ganz durch. Sie müssen den Rest des Weges durch die verwinkelten Gassen zu Fuß zurücklegen. Die Attentäter steigen an einer Kreuzung aus. Sie gehen an der Tankstelle vorbei, an der sie den ersten Sprengsatz deponieren. Dann sind sie da.

Das Ziel der Terroristen Ismail Khan und Ajmal Kasab ist Mumbais Hauptbahnhof Chhatrapati Shivaji Terminus. Während die anderen vier Terrorteams bestimmte Ziele wie »weiße, westlich aussehende Menschen, Juden und auch Israelis hatten«, wird Ajmal Kasab später zu Protokoll geben, hätten sie keinen bestimmten Auftrag gehabt. Sie sollten in der Bahnhofshalle »nur bis zum letzten Atemzug töten«. Es ist 21.45 Uhr, als die beiden jungen Männer mit ihren schweren Rucksäcken in der Bahnhofshalle auftauchen. Gleich danach hämmern die ersten Schüsse aus den Kalaschnikows der Terroristen gegen die Glaswände eines Kiosks. »Sie erschießen mit ihren AK-47 Kinder, Frauen, junge Menschen, Senioren, die in der Bahnhofshalle warten«, so beschreibt es der Ermittlungsbericht, »dann setzen die beiden Terroristen das Blutbad fort, indem sie Polizeibeamte und Sicherheitsleute, die herbeieilen, um das Massaker zu beenden, mit Handgranaten bewerfen.«

Blut spritzt über den Boden. Menschen schreien, fangen an zu laufen. Der Ansager in einer gläsernen Kabine über der Bahnhofsdirektion warnt die Reisenden: »Verlassen Sie bitte sofort den Bahnhof!« Wiederholt ertönt die Stimme des Ansagers. Einer der Attentäter entdeckt ihn und feuert eine Salve auf die Kabine. Eine Kugel bleibt in der Rückwand stecken. Der Ansager taucht in seiner Kabine ab.

Devika, damals sieben Jahre alt und das jüngste überlebende Opfer, wartet mit Vater und Bruder an einem Bahngleis, als die Angreifer in den Bahnhof stürmen und minutenlang auf die Menschen schießen. Devikas Vater erinnert sich: »Ich sah sie kommen. Sie haben einen Hund erschossen, weil er sie anbellte.« Die damals neunjährige Devika Rotawan wartet mit ihrem Vater auf den jüngeren Bruder, der noch zur Toilette musste. Sie beschreibt ihre Gedanken und Gefühle so: »Ich sehe heute noch das Bild des Mannes, der mit dem Gewehr direkt auf uns zukommt und die Waffe auf uns richtet. Ich dachte nur, warum tut er das? Wir haben ihm doch nichts getan ...« Der Vater versteckt das Mädchen hinter sich, doch sie wird am Bein getroffen und schwer verletzt. Devika wird den Schützen später auf einem Foto wiedererkennen, das ihr die Polizei zeigt, und ihn als Ajmal Kasab identifizieren. »Er hat gelacht, als er um sich schoss und mein einziger Gedanke war, ich werde niemals wieder laufen können«, sagt Devika uns im Interview.

Bahnhofspolizei und Sicherheitsleute der Bahngesellschaft stehen auf verlorenem Posten. Wie an jedem Werktag, sind auch am 26. November rund 60 unbewaffnete Bahnbeamte und Polizisten im Dienst. Selbst die meisten Bahnpolizisten sind nur mit einem »Lathi«, einem Holzknüppel, ausgerüstet. Die Terroristen töten drei der unbewaffneten Bahnmitarbeiter. Als das Magazin eines Polizisten, der auf die Terroristen schießt, leer ist, geht einer der Attentäter direkt auf ihn zu und erschießt ihn aus nächster Nähe. Eine Überwachungskamera zeichnet auf, wie ein anderer Polizist seine Deckung aufgibt, während ein Terrorist auf ihn zukommt. Der Mann rennt um sein Leben zu einem Kollegen, der sich hinter einer Säule mit seinem Gewehr postiert hat. Doch das Gewehr hat Ladehemmung. Ein anderer Polizist kann dreimal mit seinem Gewehr schießen, dann versagt auch diese Waffe. Und so ist niemand imstande, die Terroristen im Bahnhof zu stoppen.

Die Terroristen ziehen schießend durch den Bahnhof und zielen auf die flüchtenden Menschen. Dann verschwinden sie wieder. Ihr nächstes Ziel ist das nahe gelegene Cama Hospital. Wenige Augenblicke später gelingt es ihnen, durch den Hintereingang in das Krankenhaus einzudringen, indem sie die beiden dort postierten Wachleute erschießen. Dann nehmen die Angreifer den Fahrstuhlführer als Geisel. Doch das diensthabende Klinikpersonal reagiert geistesgegenwärtig, verriegelt nach dem ersten Knall alle Türen und alarmiert die Polizei. Damit retten sie die Patienten. Als die Terroristen versuchen, mit ihrer Geisel, dem Fahrstuhlführer, über das Treppenhaus zu flüchten, kommen ihnen Polizisten entgegen. Die Terroristen zögern keinen Augenblick und bewerfen sie mit Handgranaten. Trotz schwerer Verletzungen schlagen die Polizisten die beiden Angreifer in die Flucht.

Vor dem Krankenhaus hat sich inzwischen der Chef der Antiterroreinheit der Polizei von Mumbai, Commissioner Hemant Karkare, postiert. Er will den Attentätern den Fluchtweg abschneiden. In einem Polizeijeep durchstreift er die Straßen, hält Ausschau nach ihnen. Im Wagen des Commissioners sitzen sechs weitere Polizeibeamte. Als sie die Terroristen hinter einem Baum entdecken, eröffnen sie aus dem fahrenden Auto das Feuer. Der Terrorist Ismail Khan alias Abu Ismail, heißt es im Ermittlungsbericht, kommt aus der Deckung und schießt mit einem Sturmgewehr AK-47 eine ganze Salve auf den Wagen ab. Dann zerren die Terroristen die Polizisten aus dem Fahrzeug, nehmen ihnen die Waffen ab und rasen in dem Geländewagen in Richtung Metro Junction, einer damals neu eröffneten Shoppingmall. Sechs Polizeibeamte, darunter auch der Chef der Antiterroreinheit, lassen sie sterbend auf der Straße zurück. Der siebte Polizist liegt schwer verletzt auf der Rückbank des gekaperten Polizeiwagens.

Die Terroristen schießen aus dem fahrenden Auto auf jeden und alles, was sich bewegt oder ihnen in den Weg stellt. Zwei Passanten und ein Polizist werden tödlich getroffen. Ein Mensch wird schwer verletzt. Als das Fahrzeug wegen eines platten Hinterreifens liegen bleibt, überwältigen sie einen Autofahrer, zwingen zwei Insassen mit vorgehaltener Waffe auszusteigen, kidnappen den Wagen und setzen damit ihre Flucht fort. Sobald die Terroristen den Polizeijeep verlassen haben, informiert der verletzte Beamte, den die Terroristen im Wagen zurücklassen, seine Kollegen. Polizeikräfte rücken von überall her an, errichten Straßensperren am Marine Drive, den die Einheimischen wegen seiner Beleuchtung »Queen's Necklace« nennen. Nur wenige Meter entfernt befindet sich zur selben Zeit das Oberoi-Trident unter Beschuss. Tukaram Ombule, ein unbewaffneter Polizist, nimmt die Verfolgung der Terroristen auf seinem Motorrad auf. Todesmutig setzt er seine Maschine vor das Fluchtfahrzeug, bringt das Auto zum Stehen und reißt die Wagentür auf. Inzwischen eilen weitere Polizisten hinzu. In einem Schusswechsel wird der Terrorist Ismail Khan von einer Kugel getroffen, er stirbt später im Krankenhaus. Der andere, Ajmal Kasab, gibt den Anschein, als wolle er sich festnehmen lassen, hat aber das Sturmgewehr zwischen den Beinen versteckt. Plötzlich zieht er die Kalaschnikow hoch und zielt auf den Motorradpolizisten. Der bricht von acht Kugeln in die Brust getroffen zusammen. Ein weiterer Polizist wird verletzt. Die anderen Polizisten überwältigen Ajmal Kasab, den einzigen überlebenden Attentäter. Mit der Festnahme des Terroristen ist genau das eingetroffen, was die Drahtzieher der Anschläge unbedingt verhindern wollten. Der überlebende Attentäter könnte nun Planer und deren Verflechtungen, insbesondere zum ISI, an die indischen Behörden verraten. Aus Sicht der Hintermänner die vermutlich folgenschwerste Panne, doch unweit von dem Geschehen geht ihr teuflischer Plan auf: Das Taxi, in dem der Terrorist

Ajmal Kasab auf dem Weg zum Bahnhof einen Sprengsatz unter den Fahrersitz geschoben hatte, kommt um 22.48 Uhr im Stadtteil Vile Parle an, etwa 15 Kilometer vom Chhatrapati Shivaji Maharaj Terminus entfernt. Hier explodiert der Sprengsatz. Im Bericht der Ermittlungsbehörde heißt es: Taxifahrer Mohammed Umar Abdul Khalif, ein Muslim, kann nur anhand seines Führerscheins identifiziert werden, sein Fahrgast, Lakshmi Narayan Goyal, ein Geschäftsmann aus Hyderabad, anhand von Geschäftsunterlagen aus seiner Tasche.

Etwa zeitgleich explodiert in der Nähe des Hafens eine Bombe, die ein anderes Terroristen-Duo in einem zweiten Taxi deponiert hatte. Der Fahrer des Taxis muss gerade an einer roten Ampel anhalten, als die Zündung ausgelöst wird. Der Fahrer ist sofort tot, auch zwei Passanten sterben.

Am Hotel Oberoi-Trident ist die Polizei um 22.07 Uhr eingetroffen, am Taj bereits um 22.05 Uhr. Doch es sind nur acht Polizeibeamte. »Es hat uns wie ein Meteor getroffen«, sagt der damalige Einsatzleiter und heutige Vize-Polizeipräsident Deven Bharti uns in einem Interview 2018. »Fünf Einsatzorte zur gleichen Zeit. Wir wurden in unserer Ausbildung nie auf so eine Lage vorbereitet.« Im Laufe der Nacht bekommen sie Verstärkung vom Militär. Doch auch das genügt den Anforderungen nicht. Deven Bharti: »Ab da mussten wir auf die Spezialeinheit warten.« Die Spezialeinheit unter der Leitung von Brigadier Govind Sisodia soll aus Delhi entsandt werden, kommt jedoch erst in den Morgenstunden in Mumbai an. Aber auch sie können nicht viel mehr tun, als die Tatorte abzusichern und zu warten. Dazu Govind Sisodia in unserem Interview im Herbst 2018: »Wir standen unter enormem Druck. Man drängte uns, wir sollen eingreifen. Aber die Erfahrung sagte mir, man muss Geduld haben. Wenn man die Terroristen in die Enge treibt, richten sie noch mehr Schaden an. Im Taj wussten wir nicht, in welchen Räumen sie sich aufhalten. Wir konnten also nicht einfach auf Verdacht in ein Zimmer stürmen. Was wäre, wenn dort ein unschuldiger Gast ist? Dann riskieren wir sein Leben. Und wenn es ein Terrorist ist, riskieren wir das Leben unserer eigenen Leute ...«

Während sich die EU-Abgeordnete Erika Mann und etwa 80 internationale Gäste in einer Restaurantküche des Taj-Hotels verschanzen, beobachten andere Hotelgäste, denen es gelingt, sich in allen nur möglichen Nischen in dem riesigen Hotel zu verstecken, wie die Terroristen um sich schießen, mit dem Mund Handgranaten abziehen und sie in den Raum werfen. Von der Lobby gehen die Attentäter quer durchs Erdgeschoss des Taj, schießen im Pool-Restaurant und in der Starboard Bar um sich, dann nehmen sie sich den ersten Stock vor. Den 35 Gästen einer Hochzeitsgesellschaft im Crystal Ballroom gelingt es, zu entkommen. Andere, die versuchen, sich davonzuschleichen, sterben im Kugelhagel der Kalaschnikows.

»Alles wird von den Medien aufgezeichnet«, feuert sie einer der Hintermänner während der Feuerpausen per Handy an. »Richtet den größtmöglichen Schaden an. Kämpft weiter! Lasst euch nicht lebend gefangen nehmen!« Ein anderer lobt: »Bruder Abdul, die Medien vergleichen deine Aktion mit dem 11. September.« Ein Anleiter ruft die Terroristen an und mahnt: »Du magst müde oder erschöpft sein, aber die Soldaten des Islam haben alles zurückgelassen. Ihre Mütter, ihre Väter, ihr Zuhause. Bruder, du musst kämpfen für den Sieg des Islam. Sei stark!« – »Inshallah!«, antwortet der Terrorist.

Desirée Baumann, die dem Massaker im Leopold Cafe entkommen war, hält sich mit ihrer Kollegin in einem Hostel direkt gegenüber des Taj versteckt. Noch heute verfolgen sie die Bilder von damals: »Es war so nah. Wir haben die Terroristen mit ihren Kalaschnikows an den Fenstern gesehen. Wir haben eine indische Braut flüchten sehen. Ihr weißes Kleid war von oben bis unten voller Blut. Und ständig war da die Angst, die Terroristen könnten uns entdecken und zu uns rüberkommen.«

Unterdessen nehmen sich die Terroristen den Taj Tower gegenüber vor. Sie werfen Handgranaten in die Passage, die das Hauptgebäude mit dem 1973 erbauten Bettenturm verbindet, gehen dann aber durch den Hintereingang zurück in den alten Teil, den denkmalgeschützten Palast aus dem Jahr 1903. Sie ziehen von Stockwerk zu Stockwerk, werfen dabei immer wieder Handgranaten. Währenddessen werden sie von den Hintermännern in Pakistan per Mobilfunk zu weiteren Angriffen gedrängt. Ein »Betreuer« fragt am Telefon: »Legt ihr Feuer oder nicht?« Der Terrorist: »Ich werde gleich die Matratzen anzünden.« Für die Gäste, die sich in ihren Zimmern verstecken, soll das Luxushotel zum Inferno werden, so wollen es die Hintermänner in der Kommandostation.

Als nichts dergleichen auf den Livebildern zu sehen ist, meldet sich wenige Augenblicke später die Stimme wieder: »Versucht, den Ort in Brand zu stecken!« Daraufhin der Terrorist: »Wir haben in vier Räumen Feuer gelegt.« Der Agentenführer treibt sie noch mehr an: »Die Menschen sollen in Panik davonrennen, wenn sie die Flammen sehen. Werft alle 15 Minuten oder so Handgranaten. Sie sollen die Angst fühlen.«

Dann brennt der sechste Stock des Taj. Die Kameras der Reporterteams dokumentieren, wie Funken aus den Fenstern stieben, glühende Bauelemente herunterfallen. Fernsehbilder zeigen Menschen, die versuchen, über Regenrinnen aus dem Gebäude zu entkommen. Die Aufnahmen der Fernsehkameras zeugen von Hilfeschreien, die von überallher zu hören sind.

Desirée Baumann: »Wir haben den Rauch aufsteigen sehen und die Menschen, die versucht haben, sich mit Bettlaken aus den Fenstern in den oberen Stockwerken abzuseilen. Irgendwann wurde plötzlich nicht mehr geschossen. Wir dachten, es ist endlich zu Ende. Doch es ging wieder los und die Schüsse hörten nicht auf.«

Erika Mann versucht, rational mit der Situation umzugehen und keine Panik aufkommen zu lassen. Sie hat zwischenzeitlich zusammen mit einem jungen Mann einen möglichen Fluchtweg aus dem Taj erkundet. Eine unverschlossene Tür am Ende eines langen Korridors, der zur Straße führt. Da sie aber weiß, dass noch mehr Terroristen in der Stadt wüten, befürchtet Erika Mann, sie und die anderen Gäste könnten ihnen auf der Straße direkt in die Arme laufen. Darum hält sie es für ratsam, dass die Gruppe in dem Versteck bleibt. Erika Mann: »Das Risiko und die Verantwortung waren groß.« Sie und der junge Mann, der sie begleitet hat, beschließen, den anderen nichts von der Fluchtmöglichkeit zu erzählen, sie kehren zurück in das Versteck im Hotel. »Die Menschen reagieren sehr unterschiedlich. Manche werden panisch, andere sind wie versteinert«, erinnert sich Erika Mann, »und es vergehen Stunden. Viele, viele endlose Stunden. Irgendwann wissen Sie, Sie werden sich hinlegen müssen. Das geht auf dem Boden. Kein Problem. Dann aber überlegen Sie, wie soll man sich am besten hinlegen, für den Fall, dass jemand reinkommt. Wie legt man sich hin, um zu überleben?«

Das Terroristen-Duo Babar Imran alias Abu Akasha und Nasir alias Abu Umar haben einen Fußweg von nur circa 500 Metern vor sich, um von der Landestelle Cuffe Parade zu dem Anschlagsziel im Stadtteil Colaba zu gelangen. In dem geschäftigen Treiben, dem Durcheinander und engen Straßengewirr beachtet sie niemand mit ihren schweren Rucksäcken und den Kalaschnikows. Es ist kurz nach 21 Uhr. Der Pförtner vor dem Nariman House ist um diese Zeit wie gewohnt bereits zum Abendessen nach Hause gegangen. Das Rabbinerehepaar hat gerade eine Besuchergruppe verabschiedet. Zwei junge Rabbiner sind noch da, sie studieren in einem der Aufenthaltsräume im zweiten Stock. Außerdem sind zwei Frauen zu Besuch, eine 70-jährige Mexikanerin und eine 62-jährige Israelin. Sandra hat »Baby Moshe«, wie sie den Sohn des Ehepaars liebevoll nennt, ins Bett gebracht. Sie hat dem Zweijährigen eine Geschichte vorgelesen und hilft nun zusammen mit dem indischen Koch Chaky den Tisch im zweiten Stock abzuräumen.

Etwa zur gleichen Zeit, es muss laut späteren Zeugenaussagen inzwischen 21.45 Uhr sein, zünden die Terroristen einen acht bis zehn Kilo schweren Sprengsatz an einer Tankstelle in unmittelbarer Nähe des jüdischen Zentrums und kurz darauf einen zweiten vor dem Hauseingang. Ein ohrenbetäubender Knall erfüllt das Nariman House. Putz und Schutt fallen von den Wänden, die Wände zittern, gerade als sich Sandra Samuel auf den Weg in die Küche im ersten Stock macht. Die beiden Terroristen stürmen in das Haus und stehen mit ihren Kalaschnikows vor ihr. Einer der Terroristen zielt auf sie, schießt. Aber Sandra schlägt ihm die Tür vor der Nase zu. Der Schuss hat sie nicht getroffen. Sie versteckt sich zusammen mit dem Koch Chaky im Kühlraum. Das ist die Rettung für die beiden Hausangestellten. Wie viele Stunden sie in ihrem Versteck verharren, können Sandra und Chaky später nicht sagen. Viele Stunden müssen es gewesen sein und so werden sie Ohrenzeugen des Grauens in den Stockwerken über ihnen.

Für Rivka und Gavriel Holtzberg gibt es keine Rettung. Ebenso wenig für die beiden Rabbiner, die zu Besuch im Nariman House sind. Die Terroristen stürmen über Schutt und Trümmer hinauf in den zweiten Stock, wo Gavriel Holtzberg gerade noch den israelischen Konsul anruft. »Hamatzav lo tov«, sagt Holtzberg in hebräischer Sprache – es sieht nicht gut aus. Die Angreifer schießen auf Gavriel Holtzberg und die beiden jungen Rabbiner, die im Kugelhagel sterben. Gavriel ist nicht sofort tot, er hat noch einen stundenlangen Todeskampf vor sich. Sein kleiner Sohn Moshe wird ihn am Morgen in einer Blutlache liegend vorfinden.

Die beiden Terroristen, die über Mobilfunk Instruktionen von ihrem Agentenführer Sajid Mir erhalten, berichten ihm: »Die Jüdin ist schwanger.« – »Schneidet ihr das Kind aus dem Leib«, befiehlt Sajid Mir, »so, dass sie es sieht.« Auch Rivka überlebt das Massaker nicht.

Dann entbrennt ein Nervenkrieg um das Nariman House. Polizisten und Soldaten gehen in Stellung, aber die Sicherheitskräfte wissen nicht, wer sich in dem Gebäude befindet und ebenso wenig, wie viele Menschen die Terroristen in ihrer Gewalt haben. Das Gebäude ist nicht nur von Polizei und Militär umstellt. Auch Reporter belagern das jüdische Zentrum. Die Fernsehsender, allein in Mumbai gibt es 70 konkurrierende Sender, berichten live. Makabererweise hilft das den Terroristen, denn so können die Drahtzieher in Karatschi auf den Fernsehbildern verfolgen, wo sich die Sicherheitskräfte aufstellen. Sie geben das an die Geiselnehmer im Nariman House weiter. Die können ihre Handgranaten gezielt werfen, töten Polizisten und Soldaten, verletzen einige von ihnen. In den frühen Morgenstunden rückt die Spezialeinheit aus Delhi um den Kommandanten Govind Sisodia an. »Unsere oberste Prämisse war, das Leben unschuldiger Menschen in dem Haus nicht zu gefährden«, erklärt Sisodia. Darum habe man abgewartet und nicht gewaltsam in das Haus eindringen wollen. Sisodia positioniert zunächst weitere Scharfschützen um das Nariman House.

Die Haushälterin Sandra Samuel hört in den frühen Morgenstunden das Weinen des Babys aus dem ersten Stock und realisiert, dass die Terroristen das Kind übersehen haben, es muss irgendwie aus dem vierten in den ersten Stock gelangt sein – wie, das konnte auch im Nachhinein nicht geklärt werden, es gleicht einem Wunder. Sandra Samuel steht vor der Wahl, aus dem Gebäude zu flüchten oder ein Stockwerk höher nach Moshe zu suchen. Sie entscheidet sich für Letzteres und holt das Kind. Und sie schafft es, mit dem kleinen Moshe im Arm aus dem Nariman House zu flüchten.

Am Abend davor hat Sajid Mir den Terroristen befohlen, die beiden noch lebenden Besucherinnen aus Mexiko und Israel als Geiseln zu nehmen. Er will Kasab, den einzigen Angreifer, den die indische Polizei fassen konnte, freipressen und spielt ein perfides Spiel mit den Frauen. Sie sind an den Händen aneinander gefesselt. Die Israelin muss mit dem Konsul in Mumbai telefonieren, doch das Telefonat führt nicht zu Verhandlungen mit den indischen Behörden. Daraufhin lassen die Terroristen die Geisel wieder mit Sajid Mir sprechen: »Ich habe gerade mit dem Konsul telefoniert«, sagt sie, um ihr Leben flehend. »Mach dir keine Sorgen«, beruhigt er die Frau über Mobilfunk, »bewahr' dir deine Energie für bessere Zeiten auf. Du wirst vielleicht deinen Sabbat mit deiner Familie feiern können.« Dann übernimmt der Angreifer das Gespräch und Sajid befiehlt ihm. »Erschieß' sie. Werd' sie los«, befiehlt Sajid Mir. »Ich tue es für Gott«, antwortet der Terrorist. Dann ist ein Schuss zu hören. »Jetzt auch die andere«, fordert Sajid Mir. »Ich habe sie zusammen erschossen«, antwortet der Terrorist. Sajid Mir hat die Ermordung der Frauen spontan entschieden und damit die geplante Freipressung Kasabs fallen gelassen. Beides ohne erkennbaren Grund.

Kommandant Sisodia erfährt erst am nächsten Morgen, nach der Flucht von Sandra Samuel, wie die Situation in dem Gebäude tatsächlich ist. Er weiß jetzt, dass sich zwei Terroristen in dem Haus befinden. Allerdings geht er davon aus, dass die Besucherinnen aus Mexiko und Israel möglicherweise noch leben und als Geisel gehalten werden. Govind Sisodia: »Sandra Samuel konnte mit dem Baby fliehen. Sie lief mir mit dem Kind in den Armen vor dem Haus entgegen. Ich habe sie sofort vernommen und sie hat uns wichtige Informationen gegeben, bevor wir das Nariman House stürmten.« Sisodia gibt den Befehl, die beiden Frauen zu befreien. Doch auch, als sich die Einsatzkräfte von Sisodias Antiterrorstürmen.« Sisodia gibt den Befehl, die beiden Frauen zu befreien. Doch auch, als sich die Einsatzkräfte von Sisodias Antiterroreinheit von einem Hubschrauber abseilen und über das Dach in das Gebäude eindringen wollen, sind die Terroristen durch die Fernsehberichte vorgewarnt. Die Spezialkräfte landen in einem Hagel von Handgranaten.

In den Morgenstunden des dritten Tages feuern Antiterrortruppen Gewehrsalven in das Gebäude. Gleichzeitig stürmt die Spezialeinheit das Nariman House. Dabei sterben die beiden pakistanischen Terroristen und ein Kämpfer der Spezialeinheit. Rabbiner Holtzberg, seine Frau Rivka und ihre Gäste werden für tot erklärt. »Es waren 48 grauenvolle Stunden«, sagt Moshe Holtzberg, Gavriels Bruder, »solange wussten wir nicht, ob sie noch leben.« Später habe er den Bericht der Gerichtsmedizin erhalten und erfahren, was man den Opfern angetan hat. Im Nariman House wüteten die Terroristen besonders grausam, sie töteten nicht nur, sondern schändeten die Leichen. Brigadier Govind Sisodia beschrieb später die Situation im Nariman House: »Unmenschlich ist ein viel zu schwacher Ausdruck. Das war nicht nur bösartig. Das war das Schlimmste, was Terroristen ihren Opfern antun können.«

Die einzigen Überlebenden des Anschlags auf das jüdische Zentrum sind der damals zweijährige Moshe und die indische Haushälterin Sandra Samuel.

Die indischen Medien sprechen bereits in der ersten Nacht von »26/11«, in Anspielung an »9/11«, den Anschlag auf das World Trade Center in New York. Indische Fernsehsender zeigen Bilder von den grausigen Szenen, die sich seit Donnerstagabend in der sonst so friedlichen Innenstadt der Finanzmetropole Mumbai abspielen. Noch weiß man nichts über die Hintergründe. Hinter dem Attentat wird sofort die islamistische Terrorszene vermutet. Beobachter befürchten bereits eine erneute Verschlechterung der indisch-pakistanischen Beziehungen oder ein neues Aufflammen des indo-pakistanischen Kaschmir-Grenzkonflikts. Die Medien berichten, die Anschläge seien äußerst gut koordiniert, und die Sicherheitskräfte gingen davon aus, dass die meisten Terroristen vom Indischen Ozean herkamen. Dass sie direkt hinter dem Gateway of India, der größten Sehenswürdigkeit Mumbais, mit einem Schnellboot festmachten und so nur wenige Schritte zum Taj-Mahal-Hotel zurücklegen mussten. Sie berichten von dem anderen Terrorkommando, das in Mumbais Hauptbahnhof gestürmt und von Sicherheitskameras gefilmt worden war. »Die zwei jungen Männer sahen genauso nett und harmlos wie alle unsere indischen Jungen aus«, sagt ein Augenzeuge im Fernsehen. Plötzlich hätten die zwei jungen Männer AK-47-Sturmgewehre aus dem Rucksack gezogen und in die Menge gefeuert. Es wird von grausamen Szenen berichtet, die sich vor dem Metropolitan-Kino abgespielt haben. Hier wurden Passanten von den Terroristen mit Handgranaten bedroht. Die Fernsehsender berichten auch von den Attentätern, die den Polizeijeep kaperten, die nichts ahnende Menge jagten und aus den Fenstern schossen. Viele Verletzte seien blutend liegen geblieben. Das indische Fernsehen zeigt Bilder, auf denen der Chef der Antiterrorbrigade Hemant Karkara zu Beginn seines Einsatzes Helm und kugelsichere Weste anlegt. Er muss sie unglücklicherweise wieder abgelegt haben, berichtet der Fernsehsender. Denn er starb durch Schüsse in die Brust.

Dem Entsetzen über die ersten Stunden des Anschlags folgt eine quälend lange Nacht voller Ungewissheit. Im Taj Mahal Palace haben die Terroristen Geiseln genommen. Wie viele es sind, weiß zu dieser Stunde niemand. Schüsse hallen durch die Stockwerke. Die Altbaukuppel, das Symbol des aufsteigenden Indiens, geht in der Nacht in Flammen auf. Im modernen Hotel Oberoi-Trident, dem Fünf-Sterne-Palast am berühmten Marine Drive, der Flaniermeile Mumbais, sieht die Lage ähnlich aus. Auch hier weiß zur Stunde niemand, wie viele Geiseln festgehalten werden. Alle Fernsehkameras richten sich auf den 19. Stock, wo sich die Terroristen, nachdem sie ihre Geiseln erschossen haben, im Bad eines Hotelzimmers verschanzt haben. Polizei, Armee und Scharfschützen haben den Tatort weiträumig gesperrt und umstellt.

Die Bilder von diesem frühen Freitagmorgen sind verstörend. Die ersten Leichen werden im Laufschritt abtransportiert. Die Sicherheitskräfte hatten sich in der Nacht nicht getraut, aus Angst. Sie befürchteten, die Terroristen könnten an den Leichen Sprengstoff versteckt haben. Überlebende und Gäste, die die Nacht im Dunklen unter Tischen versteckt zugebracht haben, werden in Bussen aus dem Hotelhintereingang in Sicherheit gebracht. Auch die EU-Abgeordnete Erika Mann und die Gruppe um sie werden in den frühen Morgenstunden befreit. Erika Mann: »Wir wurden von Polizeikräften hinausgeleitet. Ich war die Letzte oder Zweitletzte. Hinter uns wurde bereits wieder geschossen. Eine Kugel ist neben mir in die Wand eingeschlagen. Und wir waren frei ...«
Schließlich kann die Feuerwehr nach unendlich vielen Stunden den Brand im Taj-Mahal-Hotel zumindest notdürftig löschen.

Damit ist der Anschlag noch lange nicht beendet. Erst nach weiteren zwei Tagen kann die Polizei die Terroristen in den beiden Luxushotels überwältigen und die Geiseln befreien. Nach 60 Stunden ist der Terror beendet. An die 170 Menschen haben ihr Leben gelassen. Neun der zehn Terroristen sind tot. Einen der zehn Attentäter konnte die indische Polizei festnehmen.

Nach den Anschlägen

Minutiös vorbereitet, mit beängstigender Kaltblütigkeit begangen, gleichzeitig und koordiniert gegen zehn Ziele geführt und für die weitweite Öffentlichkeit inszeniert: 60 Stunden lang konnten die Terroristen die riesige, quirlige, in diesem Zeitraum völlig ihrem Schicksal überlassene 20-Millionen-Stadt Mumbai als Geisel nehmen. Zehn junge Männer veranstalteten mit eigentlich minimalem Aufwand ein maximales Inferno. Sie haben keine Flugzeuge gekapert. Sie jagten keine Züge oder Diskotheken in die Luft wie in Madrid oder auf Bali, stürzten sich nicht mit Sprengstoffgürteln in die Menge wie im Irak oder steuerten Autobomben in ihre Ziele wie beispielsweise in Islamabad. Mit Schlauchbooten fielen sie in Indiens Geschäftsmetropole ein, richteten mit Sturmgewehren und Granaten ein unvorstellbares Blutbad an und töteten dabei an die 200 Menschen. Kinder, Frauen, Männer. Jung und alt. Arm und reich. Einheimische. Zivilisten und Sicherheitskräfte. Durchreisende. Menschen aus der ganzen Welt. Dafür hatten die Angreifer in ihrem Herkunftsland Pakistan trainiert – unbehelligt und, wie sich schon bald herausstellt, unter der Anleitung von Personen mit Verbindungen zu Lashkar-e-Taiba und dem pakistanischen Geheimdienst ISI.

Die Polizisten, die den einzigen festgenommenen Terroristen zuerst in die Finger bekommen, wollen mit Gewalt Informationen aus ihm herauspressen, können aber kaum mehr als einen Namen aus ihm herausholen, und selbst der ist falsch. Spezialkräfte übernehmen ihn. Sie versorgen erst einmal die Wunden und verabreichen ihm starke Schmerzmittel. Govind Sisodia hat Kasab stundenlang vernommen, wobei unerklärlicherweise ein indisches Fernsehteam anwesend war, das die Vernehmung filmte. Sisodia schildert die Vernehmungen so: »Ich war sehr freundlich zu Kasab. Es hätte nichts genützt, wenn ich von oben herab mit ihm gesprochen hätte. Ich musste ihm das Gefühl geben, es sei eine ganz normale Unterhaltung. Ich sprach Urdu mit ihm. Die Sprache hat sehr geholfen.« Der Widerstand ihres Häftlings bricht zusammen. Er packt aus. Der 21-Jährige nennt sich Mohammad Ajmal Amir Kasab. Er erzählt von seiner Jugend in Faridkot, einer Provinz in Pakistan. Sisodia: »Ich fragte ihn, warum habt ihr nur Sturmgewehre gehabt und keine Waffen, mit denen man Häuser in die Luft sprengen kann? Er sagte: ›Wir wollten keine Häuser in die Luft sprengen. Wir wollten Menschen töten.‹ Ich fragte ihn, wer hat dich ausgebildet und wie wurdest du ausgebildet?« Kasab sagt aus, den Anschlag im Auftrag von Lashkar-e-Taiba begangen zu haben. Dann erzählt er seine Geschichte. Er berichtet in der Vernehmung von seinem Vater, der Frau und fünf Kinder hat. Die Familie nicht ernähren konnte. Mit 18 sei er von zu Hause abgehauen, sagt Kasab, und habe sich mit kleinen Diebstählen und Einbrüchen durchgeschlagen. Als er versuchte, für einen Überfall an Waffen zu kommen, geriet er in Kontakt zu Lashkar-e-Taiba. Auf einem Markt in Rawalpindi habe ihn ein Islamist angesprochen und eingeladen. »Sie haben gesehen, hier ist ein Krimineller, der sucht eine Waffe.

Ein Krimineller, der also bereit ist, Menschen zu töten. Darum interessierte er sie«, erklärt Govind Sisodia. Kasab schwärmt in der Vernehmung von dem gepflegten Rasen im ersten Camp, das er absolvierte. Es liegt versteckt auf einem weitläufigen Gelände des vermeintlichen Wohlfahrtsverbands Jamaat ud-Dawa (JuD). Die Organisation gilt schon lange als Tarnadresse der LeT. Der Eifer und die Begeisterung des jungen Rekruten überzeugen die Ausbilder. Die nächste Trainingseinheit habe Zaki-ur-Rahman Lakhvi geleitet, berichtet Kasab. Die ideologische Unterweisung habe dann LeT-Gründer Mufti Hafiz Muhammad Saeed erteilt.

Der einzige Überlebende der Angreifergruppe, Ajmal Amir Kasab, wird am 6. Mai 2010 in Mumbai zum Tode verurteilt. Zuvor hat er im April 2010 sein Geständnis widerrufen. Es sei ihm durch Folterungen abgezwungen worden, so Kasab.

»Uns lagen sichere Beweise vor, dass unser Verbündeter Pakistan für die Anschläge in Mumbai verantwortlich ist«, berichtet Ex-CIA-Chef Michel Hayden. »Einen Monat nach Mumbai reiste der damalige Chef des ISI Shuja Pasha nach Washington und präsentierte uns eine wenig glaubhafte These, die uns tatsächlich beweisen sollte, dass Pakistan nichts mit den Anschlägen zu tun habe.« Auch Ex-Präsident Pervez Musharraf bestreitet bis heute eine Beteiligung Pakistans. »Was sie haben, ist die Aussage von diesem Kasab. Aber das ist doch nur ein ungebildeter Junge aus einem unbedeutenden Dorf in der Provinz Faridkot. Und das soll ein Zeuge sein? Ein Beweis?«

Doch die stundenlangen Vernehmungen Ajmal Kasabs sind keineswegs der einzige Beweis. Da sind die mitgeführten Waffen, der Sprengstoff, deren Herkunft ermittelt werden kann, und nicht zuletzt die Mitschnitte der Telefonate. Der britische Auslandsgeheimdienst MI6 hat sie aufgezeichnet, und so wird die Verbindung über einen Telefonanbieter in New Jersey in die pakistanische Stadt Karatschi zurückverfolgt. Im Hafen von Karatschi ortet der MI6 das Kommandozentrum, von dem aus die zehn Angreifer instruiert und angefeuert wurden. Auch die Stimmen der Führungsoffiziere werden identifiziert: Einer ist Sajid Mir von Lashkar-e-Taiba, der andere Major Iqbal vom pakistanischen Geheimdienst ISI.

Nachdem die Geiselhaft der indischen Millionenstadt in den Morgenstunden des 28. November 2008 zu Ende gegangen war, begann die Suche nach den Schuldigen. Die indischen Ermittlungsbehörden und der Geheimdienst fahndeten nach möglichen Unterstützern im eigenen Land. Die Aussage Kasabs ließ keinen Zweifel daran, dass die pakistanische Terrororganisation LeT, auf deren Konto wiederholt Angriffe auf indische Ziele gingen, hinter dem Anschlag auf Mumbai steckte. Dass aber das zehnköpfige Terrorkommando alleine die Ziele ausgekundschaftet haben sollte, wie etwa das unauffällige Nariman House, das bis zu dem Überfall nur wenige Einheimische kannten, schien ziemlich unwahrscheinlich. Es musste jemanden geben, der unterwegs war und die Stadt erkundet und gefilmt hatte, ohne aufzufallen. Govind Sisodia: »Sie mussten doch wissen, ob es Security gibt oder eine Mauer oder speziell gesicherte Eingänge.«

Ihm sei sofort klar gewesen, dass die Anschläge ohne Planer vor Ort und Insider so nicht hätten durchgeführt werden können, sagt Sisodia, und Kasab habe ihm erzählt, ihnen seien Videoaufnahmen von allen Anschlagszielen vorgespielt worden. So etwas habe es bei Anschlägen in Indien vorher noch nicht gegeben. Dazu der frühere CIA-Agent Sam Faddis: »Man sagt immer, Terroranschläge seien minutiös vorbereitet. Das sind sie meist nicht. Die meisten Terrororganisationen wissen gar nicht, wie man das macht. Mumbai aber war bis ins letzte Detail vorbereitet. Alles war vorher recherchiert worden. [...] Die Vorbereitung allein wies auf jemanden hin, der weiß, wie man es macht.«

Die These der indischen Ermittler war richtig, jedoch blieb die Suche nach möglichen Unterstützern in Indien ohne nennenswerte Ergebnisse. Erst viele Monate später würde sich zeigen, warum das so war.

60 Stunden lang waren die grausamen Bilder um die Welt gegangen. Das brennende Taj-Mahal-Hotel wurde zum Symbolbild der Anschläge von Mumbai 2008. Die politische Welt des Westens wusste, dass die Attentäter von Mumbai von Pakistans Hafenstadt Karatschi aus zu ihrem Anschlagsziel aufgebrochen waren und zeigte mit dem Finger auf das Land. Indiens Hardliner drohten mit Krieg gegen den ewigen Todfeind. Angesichts des Hasses und der Atomraketen auf beiden Seiten atmete die Welt auf, als die Politiker in Pakistan mit Zurückhaltung reagierten. Doch was unternahmen Pakistans Regierung, das Militär und der Geheimdienst gegen den Terror? Offiziell bestärkte die Regierung nach Mumbai ihre Be-

teuerungen, man kämpfe an der Seite des Westens. Die Wirklichkeit in Pakistan zeichnete jedoch ein anderes Bild. Die Terrorattacke von Mumbai, bei der auch zehn US-Bürger getötet wurden, war ein erneuter Schlag ins Gesicht der amerikanischen Regierung. Die Drahtzieher des Anschlages gehörten zur Führungsriege der pakistanischen Terrororganisation Lashkar-e-Taiba, und sie hatten enge Kontakte zum Geheimdienst ISI. Damit führte die Spur des Terrors direkt ins Zentrum der pakistanischen Macht. Es wiederholte sich das immer gleiche Spiel: Obwohl die pakistanische Regierung vollständige Aufklärung versprach, blieb es bei Lippenbekenntnissen und Absichtsbekundungen.

Die Terrorattacke, die eine ganze Stadt drei Tage lang in Angst und Schrecken versetzt hatte, ließ Indien erschüttert zurück. Der ehemalige Außenminister Salman Khurshid betonte im Interview, wie sehr ihn das Leid der Menschen schmerze, die durch die wiederholten, von pakistanischen Extremisten begangenen Anschläge zu Schaden gekommen seien. »Nach dem Anschlag von Mumbai standen Indien und Pakistan kurz vor einem Krieg«, sagt Khurshid und lobt seine Regierung, die sich weise zurückgehalten hat, obwohl politische Hardliner im Land Vergeltung wollten. Diese hatten unmittelbar nach Mumbai 26/11 einen Militärschlag gegen Pakistan gefordert. Das hätte jedoch automatisch zum Krieg geführt, mit unabsehbaren Folgen für die gesamte Region, wenn nicht die ganze Welt. Denn beide Länder sind Atommächte. Bereits auf entsprechende Drohungen reagierte Pakistan mit der Ankündigung, 100 000 Soldaten von der Westgrenze zu Afghanistan an die indische Grenze im Osten zu verlegen, sollte dort ein indischer Angriff erfolgen. Der pakistanische Atomwissenschaftler Dr. Samar Mubarakmand kündigte vollmundig an, das Land könne »binnen zehn Minuten« nuklear bestückte Raketen abfeuern.

General Michael Hayden erinnert an die ernsthafte Sorge, die auch die US-Regierung hegte, es könne zwischen den beiden verfeindeten Atomnationen zu einem Krieg kommen. Hayden: »Wir haben auf diplomatischer Ebene alles in Bewegung gesetzt, um einen Krieg zwischen Indien und Pakistan abzuwenden.« Der damalige Direktor der Nationalen Nachrichtendienste Michael McConnell kümmerte sich um die Inder, während er selbst mit den Pakistanis redete. Die amerikanischen Diplomaten mahnten beide Seiten zur Besonnenheit. Tatsächlich ließ sich die indische Regierung nur mit internationalem Druck von einem Schlag gegen Pakistan abhalten. Von der Presse im eigenen Land wurde Indiens Regierung dafür heftig kritisiert.

Wie explosiv die Situation war, belegt ein im Mai 2011 von WikiLeaks veröffentlichter Bericht der US-Botschaft in Neu-Delhi: Der indische Innenminister Palaniappan Chidambaram erklärte demzufolge in einem Gespräch mit dem amerikanischen Staatssekretär William Burns, bei einem erneuten Anschlag pakistanischer Extremisten würde Indien militärisch reagieren. In einem solchen Fall, sagte Chidambaram, erwarte Indien Unterstützung von der US-Regierung. Innenminister Chidambaram war dem Botschaftsbericht zufolge nicht zufrieden mit der

Haltung Washingtons. Außerdem kritisierte Chidambaram, dass die USA nicht in der Lage seien, Pakistan dazu zu bewegen, die Bildung von Terroristengruppen im eigenen Land zu unterbinden – vor allem, wenn diese sich gegen Indien richteten. »Wir wissen, dass Sie es versucht haben, aber es scheint nirgendwohin zu führen«, warf der indische Innenminister den Amerikanern vor.

Die ohnehin angespannte Situation hatte sich schon während des Anschlags in Mumbai zugespitzt. Am 28. November 2008, dem dritten Tag des Anschlags, erhielt der damalige pakistanische Präsident Asif Ali Zardari einen Anruf. Der Mann am Telefon gab sich als Indiens Außenminister Pranab Mukherjee aus und drohte Pakistan mit Krieg. Daraufhin mobilisierte Pakistan das Heer und brachte die Luftwaffe in Stellung. Über Islamabad und Rawalpindi kreisten Militärmaschinen. Dann versuchte der Anrufer, der nun von sich behauptete, Präsident Zardari zu sein, auch bei Indiens Außenminister Mukherjee und der US-Außenministerin Condoleezza Rice durchgestellt zu werden, die aber beide nicht erreichbar waren. Exakt ein Jahr später berichtete die pakistanische Zeitung *Dawn*, dass es sich bei dem mysteriösen Anrufer um den al-Qaida-Terroristen Omar Sheikh gehandelt habe. Er habe in der Haftanstalt über eingeschmuggelte Handys verfügt und britische SIM-Karten benutzt, schrieb das Blatt. Nachdem das bekannt wurde, schritt der Geheimdienst ISI ein, Handys und SIM-Karten wurden ihm angeblich abgenommen und, wie es offiziell heißt, bestrafte man Omar Sheikh mit Isolierhaft.

Der britische Staatsbürger Omar Sheikh ist nicht irgendein Terrorist. Er stammt aus einer pakistanischen Familie, die es in Großbritannien zu Wohlstand gebracht hat. Omar Sheikh soll Verbindung zu nahezu allen radikal-islamischen Terrororganisationen haben – darunter al-Qaida, Taliban, Jaish-e-Mohammed, Harkat-ul-Mujahideen. Er brach sein Studium an der angesehenen London School of Economics ab und ging Anfang der 1990er-Jahre nach Bosnien und Herzegowina, um Hilfskonvois für die Mudschaheddin zu fahren.

1994 war er an der Verschleppung von drei britischen Staatsbürgern und einem US-Bürger in Indien beteiligt. Geheimdienstquellen berichten, dass damals ein hochrangiger, in London stationierter ISI-Agent die Anwaltskosten für Sheikhs Verteidigung bezahlte. 1999 war Sheikh an der Entführung der Air-India-Passagiermaschine, Flug 814 durch Terroristen der Harkat-ul-Mujahideen auf dem Weg von Delhi nach Nepal beteiligt. Am 6. Oktober 2001 wurde bekannt, dass Omar Sheikh unter dem Alias-Namen »Mustafa Muhammad Ahmad« 100 000 Dollar aus den Vereinigten Emiraten an den Flugzeugentführer und Nine-Eleven-Attentäter Mohammed Atta überwiesen haben soll. Im Zusammenhang mit dem Geldtransfer soll sogar der damalige ISI-Chef Mahmud Ahmed von seinem Amt zurückgetreten sein, weil er angeblich von der Überweisung gewusst hatte. Von offizieller Seite wurde dies nie bestätigt, und Omar Sheikh blieb unbehelligt. Das FBI sprach von einer Namensverwechslung und Präsident Pervez Musharraf behauptet bis heute, Sheikhs Sonderstellung beruhe darauf, dass er für den britischen Auslandsdienst MI6 arbeite, und nicht, wie es heißt, für den pakistanischen ISI. In den USA wurden gar Stimmen laut, man halte es für möglich, Sheikh sei von der eigenen CIA angeheuert worden. Dann aber, am 12. Februar 2002, erfolgte die Festnahme von Omar Sheikh im pakistanischen Lahore. Der amerikanische Journalist und Korrespondent der Zeitung *Wall Street Journal* Daniel Pearl war gekidnappt und ermordet worden – nur wenige Monate nach Nine-Eleven – und Omar Sheikh wurde als Drahtzieher hinter der Entführung identifiziert. Pearl war 38 Jahre alt, als er im Januar 2002 verschleppt wurde, während er eine Geschichte über islamische Terroristen recherchierte. Er hatte die amerikanische und die israelische Staatsbürgerschaft. Einen Monat nach seiner Entführung wurde dem US-Konsulat in Karatschi ein Video von Pearls Enthauptung zugespielt. Vier Monate nach seinem Verschwinden wurde die zerstückelte Leiche gefunden. Die Regierung unter Pervez Musharraf musste handeln. Omar Sheikh wurde im Juli 2002 von einem pakistanischen Sondergericht zum Tod am Galgen verurteilt. Wie die britische Zeitung *The Independent* berichtet, entgegnete Omar Sheikh, nachdem der Richter das Urteil verkündet hatte: »Ich möchte sehen, ob derjenige, der mich töten will, mich töten wird, oder selbst getötet wird …« Anschließend rief er erneut zum Dschihad gegen »Kafirs«, übersetzt »Nichtmuslime«, auf. Bis heute heißt es in Insiderkreisen, der ISI stehe hinter der Entführung und Ermordung des Journalisten Pearl und lege seine schützende Hand über den Täter. Das Urteil wurde in eine lebenslängliche Haftstrafe umgewandelt. Doch eine Ungereimtheit bleibt: Obwohl sich der al-Qaida-Terrorist Khalid Sheikh Mohammed 2007 zu dem Mord bekannt hat, bleibt Omar Sheikh weiterhin in Haft. An seiner – sagen wir – Sonderstellung hat sich aber nichts geändert.

Auf Druck der Amerikaner geht die Regierung in Islamabad schließlich doch gegen die Terrororganisation Lashkar-e-Taiba vor. Am 7. Dezember 2008 löst sie im pakistanischen Teil von Kaschmir ein Lager der militanten Islamistengruppe auf, die nach indischen Angaben hinter den Anschlägen in Mumbai Ende November steckt. Im Anschluss wird die politische »Frontorganisation« der LeT, die Jamaat ud-Dawa, verboten, die bereits von den Vereinten Nationen auf die Liste der »terroristischen Gruppen« gesetzt wurde. In ganz Pakistan werden 100 Büros der JuD geschlossen und 50 ihrer führenden Köpfe verhaftet.

Unter den Verhafteten sind auch die LeT-Kommandeure Zaki-ur-Rehman Lakhvi und Zarrar Shah sowie Hafiz Saeed, der Mitgründer der Organisation, der zugleich als »Emir« der JuD gilt. Wie die indische Regierung behauptet, haben Lakhvi und Shah das Blutbad von Mumbai organisiert, Saeed habe die Attentäter mit einer feurigen Ansprache motiviert, bevor sie aus einem LeT-Lager nach Mumbai aufbrachen. Die USA und europäische Regierungen begrüßten das Vorgehen der pakistanischen Regierung. Die Regierung in Delhi hingegen äußerte sich nicht.

Hafiz Saeed hat vor seiner Festnahme alle Anschuldigungen gegen seine Person als »indische Propaganda«

zurückgewiesen und verkündet, er werde seinen Fall vor das pakistanische Oberste Gericht bringen. Er rief jedoch weder zu Protesten noch zu gewaltsamen Aktionen auf. »Wir wollen keine Konfrontation«, erklärte ein Gewährsmann der JuD. »Wir wissen sehr wohl, dass die Regierung gute Beziehungen zu Delhi braucht.«

Das Vorgehen gegen die LeT und die JuD hat allerdings keine langfristigen Konsequenzen, und schon damals deutete alles darauf hin, dass die Regierung es nicht viel ernster meinte als bei früheren Aktionen. 2002 hatte sie die LeT schon einmal verboten und 2000 ihrer Mitglieder verhaften lassen, nachdem Indien LeT und eine weitere Organisation beschuldigt hatte, den Angriff auf das indische Parlament in Delhi organisiert zu haben. Die meisten Verhafteten kamen im selben Jahr wieder frei. Auch dieses Mal schien es mehr als wahrscheinlich, dass sich die politische Aufregung bald legen würde.

Wie doppelbödig das Spiel der pakistanischen Machthaber ist, zeigt sich erneut, als die USA 2012 zehn Millionen Dollar Kopfgeld auf Hafiz Saeed aussetzen. Daraufhin gibt der Mitgründer der Terrororganisation Lashkar-e-Taiba in einem Hotel in Rawalpindi eine Pressekonferenz, ganz in der Nähe des Armeehauptquartiers, der Machtzentrale Pakistans. Hier lässt er sich öffentlich feiern. »Wenn die USA mich kontaktieren wollen: Ich bin hier, ich bin sichtbar. Amerika sollte mir diese Belohnung geben. Morgen werde ich in Lahore sein. Amerika kann mich kontaktieren, wann immer es will«, tönt er. Normalerweise setzten die USA derartige Belohnungen nur für Menschen aus, die sich in Bergen und Höhlen versteckten, fügt er hinzu. »Wissen die Amerikaner nicht, wo ich lebe?« Er sei »jederzeit bereit«, vor einem Gericht Rechenschaft abzulegen – und Saeed erhält Rückendeckung von der pakistanischen Regierung. Das pakistanische Parlament kritisiert das Kopfgeld. Premierminister Yousuf Raza Gilani erklärt vor den Abgeordneten, der Vorgang vergrößere das »Vertrauensdefizit« zwischen Pakistan und den USA. Man benötige schon »konkretere Beweise«, um gegen Saeed vorgehen zu können. »In einem demokratischen Land mit einer unabhängigen Justiz muss ein Beweis gegen jemanden einer genauen richterlichen Prüfung standhalten«, erklärt ein Sprecher des Außenministeriums. Aus Regierungskreisen heißt es gar, Saeed habe sich bereit erklärt, bei der Deradikalisierung von Extremisten zu helfen.

Welche Rolle spielen die amerikanischen Behörden? Und wie tief ist Pakistans Geheimdienst in die Anschläge verstrickt?

Was aus den Vernehmungen des indischen Geheimdienstes nicht hervorgeht und auch der Journalist Rotella nur ungenügend klären kann, ist die Rolle der amerikanischen Behörden, allen voran der DEA, aber auch der CIA. So ist nicht geklärt, ob Headley zum Zeitpunkt seiner Indienreisen noch für die DEA arbeitet. Verschiedene

DEA-Beamte, die anonym mit Sebastian Rotella gesprochen haben, äußern sich ihm gegenüber widersprüchlich, in welchem Zeitraum Headley als Agent für die Behörde gearbeitet hat und vor allem: Ob er noch Informant ist, als er mit seinen Reisen nach Indien die Mumbai-Terroraktion vorbereitet hat. Es gibt dazu keine offizielle Erklärung der DEA, irgendeiner anderen Behörde oder der US-Regierung. Ebenso wenig ist offiziell klargestellt, für welche amerikanischen Dienststellen außer der DEA Headley möglicherweise noch gearbeitet hat. Wobei hinlänglich bekannt ist, dass die amerikanische DEA weit mehr ist und weitaus mehr Befugnisse hat als eine normale Drogenbehörde. Insbesondere nach Nine-Eleven fungierte die DEA zunehmend als Geheimdienst.

Über das Versagen der Dienste wird CIA-Agent Sam Faddis später sagen: »Es war ein schrecklicher Fehler. Ein gigantischer Fehler. Das Problem ist, dass Menschen faul und unachtsam werden. Aber das darf nicht passieren, wenn man bei einem Geheimdienst arbeitet. Denn wenn das passiert, sterben Menschen.«

Der Journalist Sebastian Rotella sieht das Versagen aus einer anderen Warte: »Bemerkenswert ist, dass die US-Behörden anscheinend nicht nur die Informationen ignorierten, die sie unter anderem von Headleys ehemaliger Freundin, einem Barkeeper, einer Bekannten von Headleys Mutter und den Ehefrauen erhalten hatten, sondern dass sie es sogar noch nach Mumbai versäumten, auf die alten Berichte zurückzugreifen und die Informationen miteinander zu verbinden.« NBC News berichtete nach der Verhaftung von David Headley sogar, die US-Botschaft in Islamabad habe das FBI nicht einmal über ihre Gespräche mit Headleys marokkanischer Ehefrau unterrichtet. Ein Regierungsbeamter erklärte gegenüber der *New York Times*, Faiza Outalha habe »keine Einzelheiten« berichtet, »wer in die Anschlagspläne verwickelt war oder was die Attentäter angreifen wollten« (»US Had Warnings on Plotter of Mumbai Attack«, *New York Times*, 16. Oktober 2010).

Ein Sprecher des Nationalen Sicherheitsrates der US-Regierung antwortet auf die Frage nach der Verantwortung gegenüber dem indischen Staat, die Vereinigten Staaten hätten Indien stets über ihre Erkenntnisse bezüglich drohender Gefahren auf dem Laufenden gehalten. Genau das aber stellen die indischen Behörden vehement in Abrede. Dazu der Direktor des indischen Gemeindienstes RAW Sanjeev Tripathi uns gegenüber in einem Interview im September 2018: »Weder die CIA noch andere amerikanische Stellen haben uns jemals Headleys Namen mitgeteilt. Andernfalls hätten wir ihn bei seinen zahlreichen Erkundungsreisen in Indien observieren oder festnehmen können. Auch bei seiner erneuten Einreise im Jahr 2009.« (Monate nach den Anschlägen in Mumbai.)

»Was Headley für seine Auftraggeber vorbereitet hat, ist so aufwendig, wie wir es für die CIA machen würden. Das soll nicht heißen, dass die CIA Anschläge verübt. Ich will damit nur sagen, die Komplexität seiner Vorbereitung ist vergleichbar mit der Planung eines Vorhabens, wie sie eine Organisation wie unsere ausführen würde«, sagt Sam Faddis. »Wir würden über einen langen

Zeitraum Informationen sammeln. Alles zusammentragen, auswerten, prüfen und koordinieren. Die meisten Terrororganisationen sind nicht in der Lage, das so vorzubereiten.« Angesichts dieses Aufwandes ist es absolut erstaunlich, dass die amerikanischen Behörden zu keinem Zeitpunkt, nicht einmal nach den Anschlägen von 26/11, über Headleys Treiben misstrauisch geworden sein sollen. Völlig unbehelligt kann er – als perfekt getarnter Doppelagent – den Anschlag in Mumbai planen, der zugleich zur Blaupause für eine neue Art von groß angelegten Terrorakten wird.

Über den Grund des Versagens der Geheimdienste und der Behörden gibt es nur Mutmaßungen. Der damalige Außenminister Indiens Salman Khurshid äußert sich enttäuscht über das hartnäckige Schweigen der amerikanischen Regierung: »So verhält man sich nicht gegenüber Freunden. Es muss jedoch einen wichtigen Grund dafür geben. Wir sind sehr unglücklich über das Verhalten der Amerikaner.« Der ehemalige Staatssekretär Gopal Krishna Pillai gibt sich weniger diplomatisch und spricht uns gegenüber aus, was in indischen Regierungskreisen kolportiert wurde: »Einen Terroristen liefert man nicht an das Land aus, wo der Anschlag begangen wurde? Stellen Sie sich vor, es wäre ein Inder, der in Amerika für einen Anschlag mit 166 Toten verantwortlich wäre. Was würde Amerika sagen, wenn Indien diesen Terroristen nicht ausliefern wollte? Die Amerikaner wollen es vermeiden, dass Headley bei uns aussagt und zugibt, dass er ein Agent der CIA war.« Pillai war als Staatssekretär im indischen Innenministerium für die Aufarbeitung der Anschläge verantwortlich und nach der Verhaftung Headleys zuständig für die Verhandlungen mit der US-Regierung. »Wir wollten Headley unbedingt verhören«, sagt Pillai. Als aber immer klarer wurde, dass den indischen Behörden der Zugang zu Headley verwehrt bleiben würde, steckte Pillai vor einem Staatsbesuch von Präsident Barack Obama der Presse, der indische Präsident werde Obama direkt darauf ansprechen. Pillai: »Zwei Stunden später klingelte das Telefon. Der Direktor der CIA war am Apparat und bat mich eindringlich, den indischen Präsidenten davon abzuhalten.« So etwas könne nur sein, so Pillai, weil die Amerikaner Headley als Agenten geführt und die Kontrolle über ihn verloren haben.«

Aus den Vernehmungen, die den indischen Ermittlern von den amerikanischen Behörden fast ein Jahr nach Headleys Verhaftung in einem äußerst begrenzten Rahmen ermöglicht wurden, lernten die Inder lediglich etwas über die Verstrickung von Pakistans Behörden in die Anschläge. Pillai: »Was wir dabei vor allem erfahren haben, ist die Rolle, die der ISI gespielt hat. Das war nicht nur eine Rolle am Rande, sondern sie haben den Anschlag von Anfang bis Ende kontrolliert und koordiniert. Was außerdem ganz klar daraus hervorgeht, ist die Verbindung zwischen Headley und dem ISI.« Headley habe in seinen Aussagen eine Reihe aktiver und ehemaliger Offiziere des ISI namentlich benannt und schwer belastet. Auch habe er über die Verbindungen pakistanischer Terrorgruppen zum offiziellen Establishment und zu den Geheimdiensten ausgesagt.

Headleys Zeugenaussage beschreibt nicht nur die Verbindungen zwischen dem ISI und den Attentätern von Mumbai in aller Ausführlichkeit. Sie gibt auch einen Einblick in die Arbeitsweise der terroristischen Vereinigung Lashkar-e-Taiba. Die Anschläge, das legt Headleys Zeugenaussage nahe, waren ein Resultat des wachsenden Drucks auf die Führungsriege der LeT, ihre Angriffe auf den Westen auszuweiten. Lashkar-e-Taiba, die in den frühen 1990er-Jahren gegründet wurde, um islamistische Terroristen über die Grenze zu schicken, die Indien und das von Pakistan kontrollierte Kaschmir trennt, soll seit etwa 2005 ein »ernsthaftes Problem« gehabt haben, so Headley. Damals hätten sich Splittergruppen von der militanten Organisation abgespalten, die anderen radikalen Gruppen wie al-Qaida und den pakistanischen Taliban nahestanden.

Headleys Aussagen lassen zweifellos den Schluss zu, dass auch die Führung des ISI über die Anschlagspläne in Mumbai informiert war. Offenbar waren, so kann man aus Headleys Aussage schließen, die höchsten Offiziere des ISI zwar nicht vollständig informiert, aber sie kannten das Vorhaben. Der ISI streitet bis heute eine Verbindung zu den Anschlägen von Mumbai ab. So behauptet auch der ehemalige ISI-Chef Muhammad Asad Durrani im Interview 2018: »Für wen hat Headley gearbeitet? Für uns hat er nicht gearbeitet.« Durrani geht noch weiter und behauptet, Headley selbst habe die Zusammenarbeit mit dem ISI in Abrede gestellt. »Headley hat gesagt, dass er nicht für uns gearbeitet hat«, so Durrani. Auch der langjährige Machthaber Pakistans General

Pervez Musharraf zeigt sich unbeeindruckt von den Aussagen Headleys: »Welche Beweise für eine Beteiligung Pakistans gibt es denn? Es gibt keine Beweise.« Doch. Es gibt sie.

In den Monaten vor den Anschlägen in Mumbai gab es mehrere konkrete Terrorwarnungen aus den USA und Großbritannien an die indischen Behörden, die vor einem Anschlag warnten, bei dem Terroristen über das Meer in Mumbai einfallen und Luxushotels angreifen sollten. Zwar besteht die Möglichkeit, dass diese Hinweise auf Tipps des amerikanischen Doppelagenten Headley oder andere Mitarbeiter der Geheimdienste zurückzuführen sind. Die Snowden-Akten geben aber Einblick in Spionageaktivitäten der amerikanischen NSA und des britischen Geheimdienstes GCHQ. Sie waren an der Terrorzelle nah dran.

Mit anderen Worten: Die elektronische Überwachung hatte sehr wohl wertvolle Informationen, ja sogar eindeutige Hinweise erbracht, aber in der Flut an gespeicherten Daten wurden sie nicht richtig analysiert, interpretiert und ausgewertet. Erst als in Mumbai Schüsse fielen, rückten die Informationen über den LeT-Terroristen und Computercrack Zarrar Shah in den Fokus des britischen Geheimdienst MI6. Die Briten hatten einen Trojaner auf dem Rechner des LeT-Aktivisten installiert. Nun konnten sie mithören, wie die Drahtzieher des Anschlags von einem Kommandozentrum in Karatschi aus ihre mörderischen Pläne in die Tat umsetzen ließen. Daraufhin verständigte der britische Geheimdienst seine Partnerdienste, und so konnten auch die drei Tage lang verfolgen, wie Sajid Mir und die anderen »Betreuer« die Terroristen im Hotel Taj Mahal Palace, im Oberoi-Trident und im Nariman House anfeuerten, Handgranaten zu werfen und im Namen Allahs wahllos auf Menschen zu schießen.

Die Frage ist: Warum hat die Kommunikation zwischen den Diensten während der drei Tage, als die Terroristen Mumbai in Atem hielten, funktioniert, nicht aber im Vorfeld des Attentats? Darauf gibt es von keinem der Dienste eine offizielle Stellungnahme. Solange die US-Akten unter Verschluss bleiben – offiziell aus Fragen der nationalen Sicherheit –, wird man wohl nicht erfahren, wie es dazu kommen konnte. Hat es die Amerikaner nicht interessiert, weil sie nicht betroffen waren, oder haben sie die Gefahr wirklich nicht erkannt? Dazu der Journalist Sebastian Rotella: »Man muss sich vor allem fragen: Wann, zu welchem Zeitpunkt, wurde Headley festgenommen? Nicht etwa, als es um einen Anschlag in Indien ging. Nein. Erst als er mit al-Qaida einen Anschlag plante. Al-Qaida war noch immer der Staatsfeind Nummer eins.« Tatsächlich hatten die westlichen Geheimdienste alle möglichen Terrornetzwerke und Gefahren im Visier, wie etwa al-Qaida, Taliban, Pakistans Atomwaffen und den Iran. LeT hatte für sie dagegen keine Priorität. Laut einem geheimen Dokument aus den Snowden-Enthüllungen hat die nachträgliche Auswertung der gescheiterten Zusammenarbeit zwischen den Geheimdiensten ergeben, dass »die Pläne für das Attentat« der NSA im Vorfeld »vollständig« vorgelegen haben. Dennoch bleibt es eine so offene wie explosive Frage, wie viel CIA und NSA im Voraus über die Mumbai-Operation wirklich wussten.

Will man ein Fazit ziehen, so lassen diese Fakten nur eine Schlussfolgerung zu: Große, überaus mächtige Geheimdienste, die amerikanischen, der britische und der indische, haben versagt. Denn sie haben es nicht vermocht, miteinander zu kommunizieren und konnten folglich nicht die richtigen Schlüsse und Konsequenzen ziehen. Sie waren ganz nah dran und haben trotz exzellenter technischer und finanzieller Ausstattung, Überwachungsmöglichkeiten, Manpower und weltweiter Präsenz das Desaster, das Nine-Eleven Indiens nicht verhindert.

Man muss sich ferner fragen: Pakistan galt als Bündnispartner der USA. Duldeten die Amerikaner wissentlich, dass der ISI eine – offiziell verbotene – Terrororganisation, die LeT, unterstützte, um Anschläge auf Indien zu verüben?

Die Bedeutung der Ereignisse

»Der 26. November 2008 war ein Donnerstag und es war Thanksgiving, einer unserer zwei großen Nationalfeiertage. Wir bereiteten das traditionelle Festtagsmahl vor. Es kamen Nachrichten. Da sah ich Bilder von Angreifern mit Sturmgewehren in der Lobby des berühmten Hotels Taj Mahal in Mumbai. Bilder von Überwachungskameras. Es war ein Schock«, so erinnert sich Michael Hayden, der frühere Chef der CIA und NSA. Nach Ansicht von Sicherheitsexperten und internationalen Beobachtern markiert der Überfall auf die Millionenmetropole den Anfang eines ganz neuen Kapitels in der Geschichte des Terrorismus.

Im November 2008 wurden in Mumbai zeitgleich mehrere Angriffe ausgeführt. Ganz neu war das nicht. 1993 starben in Mumbai an einem Tag 257 Menschen durch 13 Explosionen. 2003 hatte hier eine Doppelexplosion 52 Menschen das Leben gekostet. In Indiens Hauptstadt Delhi gab es 2005 59 Tote durch drei gleichzeitige Bombenexplosionen. Im Folgejahr forderten drei Bombenserien in drei indischen Städten 270 Opfer. 2007 starben 200 Menschen bei simultanen Attacken in Indien. Die Großstädte des Westens aber blieben nach Nine-Eleven, Madrid 2004 und London 2005 vor dem Terror bewahrt. Selbst in Israel war die Zahl der Terroropfer im Vergleich zu früheren Jahren zurückgegangen. Die westlichen Dienste glaubten, inzwischen im Kampf gegen Terror einiges gelernt zu haben.

Das änderte sich mit den Angriffen von Mumbai im November 2008 schlagartig. Quer durch die Stadt marodierende Terrorkommandos, die Menschen erschießen. So etwas hatte es noch nicht gegeben. »Als ich die Anschläge in Mumbai sah, war mein erster Gedanke, al-Qaida könnte davon lernen. Sie hatten gesehen, dass man mit relativ einfachen Mitteln große Aufmerksamkeit erzielen kann. Dafür braucht man keine aufwendige Technik. Nur mit Sturmgewehren und Sprengstoff, Waffen, die man sich überall beschaffen kann«, sagt Michael Hayden. »Am Ende haben unsere Feinde diese Strategie kopiert. Aber es war nicht al-Qaida, sondern sozusagen al-Qaida 2.0: ISIS.« Ex-CIA-Agent Sam Faddis erklärt: »Um die Bedeutung des Anschlags von Mumbai wirklich zu verstehen, muss man sich das große Ganze anschauen: Zum einen konnte erstmals bewiesen werden, dass der Geheimdienst eines Landes in einen terroristischen Anschlag verwickelt war. Zum anderen wurde der Anschlag von einer Terrororganisation verübt, die von einem souveränen Staat gegründet und gefördert wurde. Mumbai ist also ein staatlich unterstützter, geförderter und finanzierter Anschlag. Das ist die zusätzliche Dimension und macht ihn umso grauenvoller und erschreckender.«

Der Anschlag von Mumbai ist nach einem neuen Modus Operandi durchgeführt worden: Mehrere Terrortrupps brechen völlig überraschend und simultan an verschiedenen Orten einer Stadt ein. Sie kommunizieren über Mobiltelefone mit unbenutzten SIM-Karten, tragen keine technisch komplizierte Ausrüstung bei sich, sondern Sturmgewehre, Pistolen, Handgranaten und Sprengstoff. Waffen also, die im kriminellen Milieu jeder Großstadt zu beschaffen sind. Die Angreifer richten den größtmöglichen Schaden an, indem sie auf alle und jeden schießen. Sie versetzen eine ganze Stadt in Panik und kämpfen bis zum letzten Augenblick. Was das Ausmaß des Anschlags noch aufsehenerregender macht: Überwachungskameras zeichnen den Überfall auf die Hotels und den überfüllten Bahnhof auf, und schon nach den ersten Schüssen und Explosionen umlagern Reporterteams die Tatorte. Sie dokumentieren die Geschehnisse auf Schritt und Tritt. Fernsehstationen senden die Bilder live rund um den Globus. Die Zuschauer sehen unschuldige Menschen vor den Salven aus den Kalaschnikows der Attentäter flüchten und Opfer von den tödlichen Schüssen getroffen fallen. Das hatte sich vor Mumbai niemand vorstellen können. So wird das dreitägige Blutbad von Mumbai zum weltweit ersten terroristischen Anschlag, der als Medienspektakel in die Geschichte des internationalen Terrorismus eingeht. Ähnliche Bilder werden uns wenig später aus Paris und Brüssel erreichen.

Ex-CIA-Direktor Michael Hayden spricht in unserem Interview von Attentaten »im Mumbai-Stil«: »Wir befürchteten, dass al-Qaida den Anschlag in Mumbai nachahmen würde. Al-Qaida hat immer nach Möglichkeiten gesucht, um neue spektakuläre Attentate zu verüben. Hier sahen sie, man braucht nicht all das komplizierte Zeug. Man muss nur ein paar bewaffnete Terroristen mit Handys losschicken und der teuflische Plan geht auf. Das war unsere große Sorge.«

Nur wenig später stellt sich aufgrund der Abhöraktion des britischen Geheimdiensts heraus, dass die Hintermänner, die in einer Kommandostation in der pakistanischen Hafenstadt Karatschi die mordenden Terroristen per Liveschalte durch Mumbai dirigierten, dem pakistanischen ISI unterstanden oder sogar Mitarbeiter des Dienstes waren. Schon lange wussten westliche Nachrichtendienste von der Verquickung zwischen dem ISI und pakistanischen Terrororganisationen. Der Anschlag in Mumbai lieferte einerseits den konkreten Beweis und zeigte, wie der ISI agiert und seine Agenten und Mittelsmänner vorgehen und andererseits, dass auch nichtwestliche Ziele angegriffen werden.

Zugleich wurde aus Mumbai ersichtlich: Terror ist nicht allein das Geschäft von sogenannten Widerstandskämpfern, die sich in Terrororganisationen wie al-Qaida oder den Taliban versammeln; sowie von angeblichen Non-State-Actors, die sich gegen andere Staaten wenden. Vielmehr haben die Terroristen Verbindungen zu Geheimdiensten, die den Terror decken oder – wie beim Anschlag in Mumbai – gar unterstützen. Auch der überlebende Mumbai-Attentäter sagte aus, dass in den LeT-Trainingscamps zumindest ehemalige Angehörige des pakistanischen Militärs und des Geheimdienstes ISI ausbildeten. Hinzu kommt die nicht zu leugnende Tatsache, dass die Terrororganisation Lashkar-e-Taiba vom pakistanischen Geheimdienst mitgegründet wurde. Es handelt sich also mitnichten um nichtstaatliche Akteure. Und: Von 2002 bis 2006 hatte es allein in der Finanzmetropole Mumbai sechs Bombenanschläge mit Hunderten Toten gegeben. Verdächtigt wurde in allen Fällen: die Terrororganisation Lashkar-e-Taiba. Dennoch hat sich Pakistan immer in Zurückhaltung geübt, wenn es um Ermittlungen gegen LeT-Hintermänner ging. Zu Gerichtsverhandlungen oder gar Verurteilungen kam es ohnehin nicht, auch nicht nach der Anschlagsserie in Mumbai.

Mumbai könnte sich jederzeit und überall auf der Welt wiederholten, das ist allen klar. Darum sind nach dem Anschlag die Sicherheits- und Geheimdienste in höchster Alarmbereitschaft. Sie suchen nach Wegen und Mitteln, wie man sich gegen diese neue Art von Terror schützen kann. Die große Sorge der Geheimdienste ist, dass der Terror im Mumbai-Stil im Westen ankommt. Aber verhindern können sie es nicht.

Headley wechselt zu al-Qaida

Schon bevor die Attentäter am 26. November 2008 in Mumbai zuschlagen, bereitet David Coleman Headley den nächsten Anschlag vor: Das »Northern Project«, wie Sajid Mir den Plan nennt, als er gemeinsam mit Major Iqbal im Oktober 2008 Headley zu Hause besucht. Headley wird die Vorbereitung des Anschlags in Kopenhagen später mit dem Tarnnamen »Mickey-Mouse-Project« versehen. Als er Sajid Mir in der ersten Novemberwoche in Karatschi wiedertrifft, übergibt er Headley einen USB-Stick mit den ersten Informationen über Dänemark, den Fotos des Cartoonisten Kurt Westergaard und des Kulturressortchefs der *Jyllands-Posten*, Flemming Rose. Außerdem erhält Headley von seinem LeT-Auftraggeber 3000 Euro, um in Dänemark Informationen über die anvisierten Anschlagsorte zu sammeln. Aber nicht nur Sajid Mir und Major Iqbal interessieren sich für die Terrorpläne in Europa, sondern auch Headleys Vertrauensmann Pasha. Der warnt ihn, dass Lashkar kein zuverlässiger Partner sei, schon seit Langem will er ihm deshalb

Kontakt zu al-Qaida vermitteln. Pasha weiß, dass Headley unbedingt weitermachen will. »Mumbai war nur der Anfang. Er hatte die Ausmaße und Wirkung auf die Welt erlebt und wollte jetzt erst richtig loslegen«, sagt Sam Faddis uns im Interview.

Bevor er sich wieder an die Arbeit macht, fährt Headley zu Ehefrau Shazia und den vier Kindern in die USA. Im neuen Zuhause der Headleys in Chicago weiht er nach eigenem Bekunden Freund Rana in die Anschlagspläne für Kopenhagen ein. Auch verabredet er mit Rana, wieder seine Legende als Vertreter des Immigration Service zu nutzen. Im Redaktionsbüro von *Jyllands-Posten* will er sich als potenzieller Geschäftsmann ausgeben, der im Auftrag der neu gegründeten Visa-Service-Agentur Werbung schalten will. Rana habe dem Vorhaben bis ins letzte Detail zugestimmt, behauptet Headley. Der leugnet jedoch bis heute, über die wahren Absichten Headleys informiert gewesen zu sein. Die Wahrheit kennen nur die beiden.

Wie auch immer, Headley reist nach Europa. Er legt eine Zwischenstation in Hamburg ein. Dort war er früher als Drogenschmuggler unterwegs und kennt sich gut aus. Er will im kriminellen Milieu Waffen für Dänemark besorgen. Außerdem hat Hamburg eine große Islamistenszene, in der er Unterstützer zu finden hofft. Noch ist allerdings nicht klar, wer letztendlich den Auftrag für das Attentat in Dänemark geben wird. Deshalb geht Headley zurück nach Pakistan.

Dort trifft er Abdur Rehman alias Pasha wieder, und nun ist es so weit. Zusammen mit Pasha und zwei Freunden reist Headley in die Stammesgebiete, die FATA-Region, und trifft erstmals Ilyas Kashmiri. Dieser hat in der Terrororganisation al-Qaida eine Führungsrolle übernommen und gilt als einer der weltweit gefährlichsten Terroristen – als »der neue Osama bin Laden«.

Ilyas Kashmiri, ein pakistanischer Terrorist, in Kaschmir geboren, kämpfte während der sowjetischen Invasion auf der Seite der Mudschaheddin in Afghanistan und galt damals schon als extrem fanatisch und gewaltbereit. In den Jahren danach war er für etliche Anschläge mit unzähligen Toten in seiner Heimat Kaschmir verantwortlich. So führte er am 26. Februar 2000 eine militante Guerillatruppe in eine Aktion gegen die indischen Streitkräfte. Er entführte einen verletzten Offizier, durchschnitt ihm die Kehle und präsentierte seinen Kopf dem damaligen Chef der pakistanischen Armee General Pervez Musharraf. Der spätere Präsident belohnte Kashmiri mit 100 000 pakistanischen Rupien. Als aber Musharraf nach Nine-Eleven mit den Amerikanern kooperierte, wurde Kashmiri zum militanten Gegner der Regierung und soll auch an der geplanten Ermordung des Präsidenten beteiligt gewesen sein. Kashmiri wurde zeitweise unter Arrest gestellt. Dennoch arbeitete er weiter mit dem ISI zusammen – bis zu seinem Tod im Juni 2011, und das, obwohl Kashmiri sich öffentlich dazu bekannte, an der Planung der Anschläge von Mumbai beteiligt gewesen zu sein, wie auch an dem Attentatsversuch im November 2009 auf die dänische Zeitung *Jyllands-Posten*, die Mohammed-Karikaturen veröffentlicht hatte, und zu dem Anschlag auf die German Bakery im indischen Pune im Februar 2010, bei dem 17 Menschen starben und an die 60 verletzt wurden. Auch für das geplante Attentat auf New Yorks Time Square am 1. Mai 2010 war Kashmiri verantwortlich. Kashmiri war außerdem Führungsoffizier von Omar Sheikh, jenem Terroristen, der Daniel Pearl ermordete und gegen Ende von 26/11 aus der Haft beim pakistanischen Premierminister anrief, um sich als indischer Außenminister auszugeben.

Laut Headley gratuliert Kashmiri ihm zum Mumbai-Anschlag, und wie es der Zufall will, kennt Kashmiri den Bruder eines der beiden Freunde, die Headley auf der Reise begleiten. Denn dieser Bruder ist ein ISI-Agent, und auch der al-Qaida-Terrorist Kashmiri arbeitet für den pakistanischen Geheimdienst. Zufall? Kein Zufall. Damit wird eindeutig klar, wie eng die Verbindung des ISI zur Terrorszene war und vermutlich immer noch ist. Und zwar nicht nur zur auf Anschläge in Indien ausgerichteten LeT, sondern auch zu al-Qaida.

Nach ihrer Rückkehr aus den Stammesgebieten schickt Pasha Headley Anfang 2009 noch einmal nach Indien, um dort von Delhi bis Goa Chabad-Häuser, den Osho-Tempel in Pune und auch Plätze auszuspionieren, an denen junge israelische Soldaten nach dem Armeedienst gerne Urlaub machen. Pasha sei dies ziemlich wichtig gewesen. Er gibt Headley 55 000 Rupien für diesen Auftrag und zahlt das Flugticket. Headley berichtet ausführlich über diesen neunten und letzten Indien-Trip und die Freundschaften, die er dabei mit Israelis schließt. Wieder begegnen sie ihm völlig arglos und zeigen ihm

Orte, die bei Israelis besonders beliebt sind. Und wieder filmt und fotografiert er lange und detailgenau. In Pune habe er Broschüren in hebräischer Sprache mitgenommen, die er später Pasha übergab. Und: Er kehrt noch einmal nach Mumbai zurück. Trifft dort alte Bekannte, geht ins Kino, füllt in einem Internetcafé sein indisches Konto auf, damit es nicht gelöscht wird.

Relativ bald nach seiner Rückkehr nach Pakistan trifft Headleys Sajid Mir. Der sei außer sich vor Wut gewesen, als Headley ihm von seiner erneuten Indienreise erzählt habe. Mir habe nichts von Anschlagsplänen wissen wollen, wie Headley später bei seiner Vernehmung berichtet. Sajid Mir eröffnet ihm, dass das Dänemark-Projekt nicht weiterverfolgt werden könne, weil die Amerikaner wegen Mumbai riesigen Druck auf Pakistan machten. Außerdem laufen Ermittlungen, nachdem Indien Namen und Fotos von 40 pakistanischen Terrorverdächtigen an die Behörden übergeben hat. Deshalb will LeT erst einmal ein bisschen zurückhaltender sein. Tatsächlich folgen weitere Verhaftungen. Beispielsweise wird der Ex-Militärmann Haroon festgenommen, der über die Rolle Lashkars und die Beteiligung des ISI beim Anschlag in Mumbai aussagt. Kurz darauf trifft Headley den ISI-Agenten Major Iqbal, der ihm untersagt, wieder Kontakt zu ihm aufzunehmen. Iqbal informiert Headley auch darüber, dass der in Mumbai inhaftierte Terrorist gegenüber den indischen Behörden ausgepackt hat.

Damit sind die Würfel gefallen, Headley wendet sich von LeT ab und sucht Kontakt zu al-Qaida. »Headley war einerseits begeistert von der Idee, endlich bei al-Qaida angekommen zu sein. Andererseits wusste er, wie gefährlich das war: ein Anschlag mit al-Qaida und noch dazu in Europa«, erklärt Sebastian Rotella. »Er wusste, es könnte der Anfang von seinem Ende sein, und genauso sollte es kommen.« Zu diesem Zeitpunkt, so Headley, sei er besorgt um seine eigene Sicherheit gewesen. Darum habe er ein Testament gemacht und es seinem Freund Rana gemailt. Außerdem habe er Rana von seinen Kontakten zu Ilyas Kashmiri und al-Qaida berichtet.

»Der Fall Headley zeigt zugleich exemplarisch, wie fließend die Grenzen in dieser Szene sind«, sagt Sebastian Rotella. »So wechselt der erste Attentatsplan für Europa von Lashkar zu al-Qaida.« Richard Kemp, der jahrelang die Arbeit der britischen Geheimdienste koordinierte, hält es für einen entscheidenden Fehler, dass sich die Geheimdienste auf bestimmte Terrororganisationen konzentrieren. Dazu Kemp in unserem Interview in London im Juli 2018: »Wir beobachten sehr häufig, wie schnell Terroristen von einer Organisation zu einer anderen wechseln. Also müssen wir die Spur der einzelnen Terroristen verfolgen und nicht die der Terrororganisationen.«

Jedenfalls kommt es im Mai 2009 zu einem zweiten Treffen mit dem al-Qaida-Terroristen Ilyas Kashmiri in der FATA-Region. Headley reist in Begleitung von Pasha. »Auf dem Weg sind wir dort zu einem Waffenmarkt gegangen, wo wir einer Menge Ausländern begegnet sind, die alle in den bewaffneten Kampf in Afghanistan ziehen wollten«, berichtet Headley. In dem Haus, in dem sie Kashmiri treffen, seien gerade Sprengstoffwesten für geplante Anschläge angefertigt worden. Kashmiri und

Pasha hätten ihm gesagt, er solle den Anschlag in Kopenhagen so bald wie möglich vorbereiten. Es sei sogar von Anschlagsplänen in ganz Dänemark die Rede gewesen, behauptet Headley. Kashmiri habe ihm 1500 Dollar gegeben und ihn beauftragt, nach Dänemark zu reisen und Videoaufnahmen zu machen. Von diesem Tag an bis zu seiner Festnahme in Chicago habe er sich voll und ganz auf das Dänemark-Projekt konzentriert.

»Sie wollten Mumbai nicht wiederholen, sondern übertreffen und hatten ganz klare Vorstellungen: Terroristen sollten die Anschlagsziele stürmen, so viele Geiseln wie nur möglich nehmen. Die Geiseln sollten geköpft, die Köpfe aus dem Fenster geworfen werden und die Presse sollte berichten. Und das im friedlichsten Teil Europas: in Kopenhagen, Dänemark.«

Kashmiri vermittelt Headley an eine »Schläfer-Zelle« in Großbritannien. Basharat alias Passha und Sufiyaan alias Simon, zwei Pakistanis, die in Derby leben. Im August 2009 reist Headley nach Großbritannien und trifft sich mit den beiden Schläfern. Die beiden Männer wissen, dass sie überwacht werden. Darum wollen sie ihn nicht bei sich zu Hause treffen, sondern nehmen ihn mit in ein Café. Dort erklären sie ihm die Situation. Der Geheimdienst sei hinter ihnen her, es seien überall Mikrofone installiert. Sie sagen ihm auch, dass es keineswegs so einfach sei, in Großbritannien Waffen zu beschaffen. Headley ist darauf nicht vorbereitet. Alles, was Kashmiri ihm in Aussicht gestellt hatte, löst sich plötzlich in Luft auf. In Derby findet er weder Mitstreiter noch Waffen oder finanzielle Unterstützung. Enttäuscht reist er wieder ab. Was aber alle Beteiligten nicht wissen: Bereits die Kontaktaufnahme zwischen den beiden Schläfern und Headley wurde vom britischen Inlandsgeheimdienst MI5 überwacht.

Der MI5 informiert die amerikanische CIA über den Besuch »eines US-Bürgers namens David«. Die Nachricht landet auf dem Schreibtisch eines jungen, ehrgeizigen FBI-Agenten, und der klemmt sich hartnäckig und beharrlich an die Fersen des amerikanischen Besuchers. Er schaut sich Fluglisten an, prüft die Routen Chicago-London und Chicago-Kopenhagen, gleicht die Listen miteinander ab und kommt zu dem Resultat: Bei »David« muss es sich um David Coleman Headley handeln. Dem FBI-Fahnder fallen bei der Überprüfung von Headleys Kommunikationsdaten auch verdächtige E-Mails auf, monatelang hat er die Zielperson im Visier. Headley weiß von all dem nichts, reist währenddessen völlig ahnungslos von Großbritannien nach Schweden weiter und versucht dort, Kontakt zu einer al-Qaida-Terrorzelle aufzunehmen. Kashmiri und Pasha vermitteln Headley an einen Schweden namens Farid, der ursprünglich aus Marokko stammt. Farid ist damals die zentrale Figur im islamistischen Terrornetzwerk in Schweden. Doch auch der weist ihn ab, weil er weiß, dass er im Visier der Ermittlungsbehörden ist und auf Schritt und Tritt observiert wird.

Aber Headley will seinen Plan nicht aufgeben. »Der Anschlag in Dänemark sollte sein Meisterwerk sein«, sagt Sebastian Rotella. Also reist Headley weiter nach Kopenhagen. Er mietet ein Fahrrad, von dem aus er filmt und fotografiert, unter anderem den Bahnhof, das Luxushotel d'Angleterre, die Hauptsynagoge und die Redaktion der Zeitung *Jyllands-Posten*. Nach eigener Aussage gibt sich Headley dort, wie vereinbart, als Vertreter von Ranas Visa-Büro aus und wird in der Anzeigenabteilung der *Jyllands-Posten* vorstellig, um in Wirklichkeit die Räumlichkeiten auszukundschaften. So wollte man später gezielt das Gebäude stürmen und so viele Mitarbeiter der Zeitung wie möglich enthaupten. Auch in Dänemark schöpft niemand Verdacht gegen den weltmännisch auftretenden Amerikaner, und der bereitet akribisch den ersten Anschlag im »Mumbai-Stil« in Europa vor. Dann fliegt er über Frankfurt, wo einst sein Weg als Informant, Spitzel und Agent begann, zurück in die USA.

Headley wird gefasst

Die gesamte Reise Headleys wird von den Geheimdiensten verfolgt: In Großbritannien sind die Briten hinter ihm her. In Schweden der schwedische Geheimdienst. In Kopenhagen die Dänen – und in den USA die Agenten des FBI. Von all dem bekommt Headley nichts mit. Er fliegt über Atlanta. Dort wird er kontrolliert, sein Gepäck wird durchsucht. Für Headley, der während der vergangenen Jahre so viele Male ein- und ausgereist ist, eine Routineangelegenheit. Er weiß nicht, dass FBI-Agenten ihn auf seiner Rückkehr abgepasst, sie bereits auf ihn gewartet haben. Sie lassen ihn den Anschlussflug nach Chicago nehmen und observieren ihn weiter. Zurück in Chicago versucht Headley, von seinem Zuhause aus, Waffen für Dänemark zu organisieren. Er kommuniziert mit Kontaktpersonen, die er von früher kennt. Auch Sajid Mir meldet sich wieder und will Headley für neue Anschlagspläne in Indien aktivieren. Was auch immer Headley unternimmt – seine unsichtbaren Verfolger sind dabei. Sie rekonstruieren David Coleman Headleys alias Daood Sayed Gilanis Leben bis zu den Anfängen in Philadelphia. All die Hinweise, die unbeachtet in den Aktenschränken der diversen Behörden gelandet sind, tauchen wieder auf und, wie man in Amerika sagt: Jetzt werden die Knoten miteinander verbunden. Je tiefer sie graben, desto mehr finden sie heraus. »Ein hochrangiger FBI-Beamter sagte mir einmal: ›Wir sehen hier Dinge, von denen wir in Amerika nie zuvor etwas gehört hatten. Da ist einer, der hat Kontakte zu Lashkar, zum ISI, zu al-Qaida. Er kennt Hafiz Saeed. Er kennt Kashmiri‹«, berichtet Sebastian Rotella. »Sie waren total erstaunt, mit wem sie es zu tun hatten.« Sie überwachen Headley nicht nur. Sie dringen in seiner Abwesenheit in sein Haus ein, suchen dort nach Beweisen. Sie sehen Unterlagen, die zeigen, er war in Mumbai. Finden eine Kreditkarte, von der ein Aufenthalt im Taj-Hotel in Mumbai abgebucht wurde. Sie hören ihn ab. Beschatten und verfolgen ihn, auch zu der Farm, die Headleys Freund Rana außerhalb von Chicago besitzt, weil sie befürchten, die Farm könnte als Trainingsgelände oder für Schießübungen oder zur Herstellung von biologischen Waffen genutzt werden. Sie filmen seine Frau heimlich in Ranas Immigration-Service-Büro, als dort ihre Einwanderungspapiere vorbereitet werden.

Der Fall David Coleman Headley wird größer und größer. Die amerikanischen Behörden erhoffen sich, möglichst viele Informationen zu erhalten, wenn sie ihn weiter beobachten. Zu guter Letzt sind 300 Beamte Headley auf den Fersen, rund um die Uhr in Alarmbereitschaft. Headley hat nicht nur Kontakte zu den damals gefährlichsten Terroristennetzwerken, Lashkar und al-Qaida. Er hat jahrelang alle getäuscht und könnte, wenn man ihn jetzt ziehen lässt, untertauchen und aus der Anonymität gigantischen Schaden anrichten. Die Befürchtung der Behörden ist ganz konkret: Headley könnte auch einen Anschlag in den Vereinigten Staaten planen. Der gesamte Vorgang landet auf dem Schreibtisch von John Brennan, dem Berater des US-Präsidenten. Im Weißen Haus findet daraufhin eine Krisensitzung statt, um die der Chef der CIA gebeten hat, bis Präsident Barack Obama schließlich den Zugriff anordnet: Am 3. Oktober 2009 nehmen Beamte des FBI David Coleman Headley vor seiner erneuten Ausreise am O'Hare-Flughafen Chicago fest.

Die Ermittler des FBI haben eine sorgfältig geplante Strategie für seine Festnahme erarbeitet. Sie haben ein Profil von Headley erstellt, kennen seinen Charakter genau und wissen, es würde wenig Sinn machen, ihn mit vorgehaltener Waffe zu überwältigen und ihn so zu stellen. Denn sie wollen, dass er redet. Also beschließen sie, um mehr oder weniger sicher zu sein, dass er keine Waffe bei sich trägt, ihn alle Kontrollen passieren zu lassen. Dann erst sollen zwei erfahrene FBI-Agenten, eine Frau und ein Mann, auf ihn zugehen, sich zu erkennen geben und ihn höflich bitten, mit ihnen zu kommen. Kein »Hände hoch«, keine Gewalt, kein martialisches Auftreten, lautet die Direktive. Sie wissen, Headley hat Respekt vor Autoritäten, besonders vor hochrangigen Militärangehörigen. Also wird man ihm entsprechend gegenübertreten: Man wird ihn als Offizier behandeln, der sich ergibt. Genau so erfolgt die Festnahme schließlich. Der junge FBI-Agent, der bis dahin den Fall betreut und vorbereitet hat, wird von zwei erfahrenen Beamten, die beide eine militärische Ausbildung haben, abgelöst. Einer von ihnen kennt Pakistan und die gesamte Region.

Der gesamte Sicherheitsbereich des Flughafens ist an diesem Vormittag von Spezialkräften umstellt. Es gilt die höchste Alarmstufe, während sich die beiden Beamten der Zielperson David Coleman Headley nähern. »Mr. Headley, wir wissen, wer Sie sind. Würden Sie uns bitte folgen«, sagt der FBI-Agent, ruhig und respektvoll. Headley nickt, leistet keinen Widerstand. Ohne Aufsehen zu erregen, führen ihn die beiden Beamten ab und bringen ihn ins FBI-Hauptquartier. Dort wartet Headleys früherer DEA-V-Mannführer auf ihn. Sie sprechen nicht miteinander, haben kurz im Gang Blickkontakt. Die Anwesenheit des DEA-Mannes soll Headley ein Signal geben: »Mach das, was du immer gemacht hast. Wechsel die Seiten.« Headley hat verstanden. Nun beginnen die FBI-Agenten das Gespräch. Nicht etwa wie mit einem gewöhnlichen Inhaftierten oder einem Beschuldigten, nicht von oben herab, sondern auf Augenhöhe. Und die

Strategie geht auf. Headley gibt ihnen zu verstehen, dass er kooperieren will.

Das sind die entscheidenden Augenblicke. Nun beginnen zwei Wochen, in denen das FBI-Team und der leitende Staatsanwalt und spätere Ankläger Daniel Collins versuchen, Informationen von Headley zu bekommen. Headley muss nicht ins Gefängnis, er wird in einem Chicagoer Fünf-Sterne-Hotel untergebracht. Das Hotel und vor allem das gesamte Stockwerk, das Headley bewohnt, werden streng bewacht. Bewaffnete US-Marshals sind rund um die Uhr an Headleys Seite. Die Vernehmungen finden in zwei Räumen des FBI statt. In einem Raum ist die Technik installiert. Hier werden die Vernehmungen aufgezeichnet. Analysten des FBI und der CIA vergleichen Headleys Aussagen mit den bisherigen Ergebnissen der Observation und werten neue Informationen aus. In dem anderen Raum soll Headley auspacken und weitere Informationen liefern.

Die Ermittler sichern ihm zu, dass er weder an Dänemark noch an Indien ausgeliefert wird. Es gibt keine Zeugen. Nicht mal ein Anwalt ist zugegen. Erst nach 14 Tagen wird Headley nach einem Rechtsbeistand verlangen. Headley wittert eine Chance. Dafür verrät er alle: Hafiz Saeed, Zaki-ur-Rehman Lakhvi, Abdur Rehman alias Pasha, Sajid Mir, Major Iqbal, Ilyas Kashmiri. Er gibt seine Kontakte preis. Nennt nicht nur die Namen, sondern beschreibt auch die Zusammenarbeit von Terrorzellen mit dem Geheimdienst ISI. Informiert die Amerikaner über die Funktionen, die Verknüpfungen und Verflechtungen der Netzwerke mit dem pakistanischen Geheimdienst und dem Militär. Er spricht mit den Ermittlern nicht wie ein Gefangener oder gar Terrorist, sondern gibt sich als Agent eines gegnerischen Geheimdienstes, der bereit ist zu kooperieren. Ein Überläufer. So gibt er Informationen über Beteiligungen der Terrornetzwerke an Anschlägen. Berichtet über neue Anschlagspläne. Er gibt Personenbeschreibungen, identifiziert seine Kontaktleute auf Fotos, enthüllt Verbindungsdaten, die Adressen der Trainingscamps, der konspirativen Safe Houses, Wohn- und Aufenthaltsorte der Terroristen und ermuntert die Ermittler immer wieder zu Festnahmen. Er sagt den Ermittlern, wo sie Sajid Mir finden. Suggeriert ihnen, dass auch Sajid Mir kooperieren und, um sich zu retten, sogar für die Amerikaner arbeiten werde. Drängt darauf, Sajid Mir festzunehmen. Besonderes Interesse haben die Ermittler an dem al-Qaida-Mann Abdur Rehman alias Pasha und natürlich an Ilyas Kashmiri. Headley erklärt sich bereit, die CIA zu Kashmiri zu führen und ihnen zu helfen, ihn mit einem Drohnenangriff zu treffen.

Die Verhaftung Headleys und sein Aufenthaltsort sind Geheimsache, streng geheim – weder die Dänen noch die Inder erhalten Informationen. Während der ersten zwei Wochen im Gewahrsam der US-Justiz wissen auch seine Familie und Freunde in der Islamistenszene nicht, wo er wirklich ist. Der Doppel-, vielleicht auch Mehrfachagent David Coleman Headley hat jahrelang andere getäuscht. Nun spielt er seinen Komplizen vor, auf Erkundungsreise in Europa zu sein, dort Waffen und Unterstützung für »das Mickey-Mouse-Project« zu organisieren und dann die Reise nach Pakistan fortsetzen zu wollen, so wie er es ursprünglich vorhatte. Er hält per Mail-Korrespondenz Verbindung zu den Terrornetzwerken in Großbritannien, Dänemark, Schweden, Deutschland und Pakistan, lässt sie glauben, dass er auf dem Weg zu ihnen ist oder – wie im Fall von Sajid Mir – künftige Anschläge mit ihnen vorbereiten will. Kommuniziert in codierter Sprache, klärt die amerikanischen Fahnder über Bedeutung und Inhalte auf. Am Ende verrät er auch seinen Jugendfreund Rana und bezichtigt ihn der Mittäterschaft. Daraufhin wird Tahawwur Rana am 18. Oktober verhaftet. Ranas Verteidiger Patrick Blegen behauptet bis heute, Headley habe gelogen und seinen Mandanten nur darum hingehängt, weil er den Behörden ein Ergebnis liefern musste. Gegen seine Komplizen in Pakistan hätte die amerikanische Justiz nicht vorgehen können. Rana habe nichts von Headleys Terrorplänen gewusst und diesem nur als guter Freund helfen wollen. Außerdem wäre Headley sonst nur eine Option geblieben. Er hätte seine eigene Ehefrau ans Messer liefern müssen, die in alles eingeweiht war und Headleys radikale Ideologie teilte. Hingegen ist Staatsanwalt Daniel Collins von Ranas Komplizenschaft überzeugt. »Die Überwachungsmaßnahmen haben eindeutige Beweise gegen Rana erbracht«, sagt Collins. »Rana wäre mit oder ohne Headleys Aussage überführt worden.« Tahawwur Rana wird der Prozess gemacht. Während Headley einen Deal bekommt, verurteilt ein Gericht in Chicago den Mediziner und Geschäftsmann Dr. Tahawwur Rana im Januar 2013 wegen der Planung von Terroranschlägen und Unterstützung terroristischer Vereinigungen zu einer 14-jährigen Haftstrafe.

Bis zuletzt hofft Headley tatsächlich auf eine wundersame Fügung, die ihn wieder zum Agenten der US-Behörden machen würde. Die Vernehmungsbeamten und der Staatsanwalt erinnern sich an die Geste Headleys, mit der er zum Ausdruck bringt, nur ein Wunder könne ihn jetzt noch aus seiner misslichen Lage befreien: ein »Hail Mary«. Die Geste stammt aus dem American Football. Wenn das Spiel eigentlich schon verloren ist, wird ein langer Pass kurz vor Schluss vom zurückliegenden Team in die Endzone geworfen, um doch noch zu punkten. Headley liebt American Football und ist seit der Zeit in Philadelphia Fan der Philadelphia Eagles. Die Geste »Hail Mary« zeigt, dass er schon immer beides war: Amerikaner und pakistanischer Moslem – David Coleman Headley und Daood Gilani.

Dann kommt das Urteil: 35 Jahre Haft. Er muss, zum Zeitpunkt des Urteils 52 Jahre alt, mindestens 85 Prozent seiner Strafe, also knapp 30 Jahre, im Gefängnis verbringen, ehe er auf eine Freilassung hoffen kann. Die indische Regierung hält die in den USA verhängte 35-jährige Haftstrafe gegen die Schlüsselfigur der Terrorserie in Mumbai für nicht hart genug. »Wir hätten uns eine schwerere Strafe gewünscht«, bedauert Außenminister Salman Khurshid im Gespräch mit uns in Delhi 2018. Innen-Staatssekretär Pillai sagt: »Uns haben die Amerikaner versichert: Macht euch keine Sorgen, er bekommt 200 Jahre…«

Im Jahr danach lassen die Amerikaner jeweils ein indisches und dänisches Ermittlungsteam zu ihrem Gefangenen vor. Headley ist gesprächsbereit. Und so ist es wohl kein Zufall, dass es dem dänischen Inlandsgeheimdienst PET Ende Dezember 2010 gelingt, vier Männer zu fassen, die offenbar ein paar Tage später ein Attentat auf das Redaktionshaus von *Jyllands-Posten* begehen wollen. Ein fünfter Terrorverdächtiger wird in der schwedischen Hauptstadt Stockholm verhaftet. »Die blutige Kommandoaktion sollte in den kommenden Tagen erfolgen. Fünf Männer, bewaffnet mit Maschinenpistolen, wollten in die Redaktion stürmen und so viele Menschen töten wie möglich«, so berichtet es der Chef des Geheimdienstes Jacob Scharf bei einer Pressekonferenz. Scharf spricht von einem Attentat im »Mumbai-Stil«. Die fünf Männer, fügt er hinzu, haben allesamt Verbindungen zu internationalen Terrornetzwerken. Wie der PET-Chef ebenfalls mitteilt, gehen die Ermittler von einer Verbindung der schwedisch-dänischen Terrorzelle in die USA zu David Coleman Headley aus. Denn nach dessen Verhaftung hatte es immer wieder Drohungen und vereitelte Anschlagsversuche gegen die Zeitung gegeben. (Am 14. Februar 2015 ereignet sich dann doch ein islamistischer Anschlag in Kopenhagen; Ziel sind eine Veranstaltung des Cartoonisten, der die Mohammed-Karikaturen in der *Jyllands-Posten* veröffentlich hat, und die Hauptsynagoge der Stadt, zwei Menschen kamen ums Leben.)

Der Fall Headley hat eine beachtliche Menge an Informationen ans Licht gebracht, vor allem über das Zusammenspiel zwischen Terrororganisationen und Geheimdiensten in Pakistan. Aber es gibt einen blinden Fleck: die Zusammenarbeit mit der CIA. Was die US-Behörden letztendlich dazu veranlasste, David Coleman Headley zu dem für amerikanische Verhältnisse milden Strafmaß von 35 Jahren Haft zu verurteilen, wird wohl für immer ein Geheimnis bleiben.

Das neue Geschäft von ISI und LeT: Anschläge in Europa

Headley hat eine hohe Strafe bekommen. Und trotzdem fällt sie angesichts seiner Taten milde aus. Man hat ihn nicht an Indien oder Dänemark ausgeliefert, und man hat ihn vor der Todesstrafe und lebenslanger Haft bewahrt. Und das, obwohl er für den schlimmsten Terroranschlag in der Geschichte Indiens verantwortlich ist, und für die Entwicklung einer neuen verheerenden Terrorstrategie. Ob und in welchem Ausmaß der Deal mit Headley und die Informationen, die durch ihn ans Licht gekommen sind, zur Verhinderung von Terroranschlägen beigetragen haben, so, wie möglicherweise in Kopenhagen, darüber lässt sich nur spekulieren. Eines aber hat der Deal mit Headley nicht bewirkt: Die Hintermänner und Planer des Mumbai-Anschlags konnten nicht gefasst und zur Verantwortung gezogen werden. Sie sind auf freiem Fuß und können ungehindert neue Anschläge planen. Und genau das tun sie auch. Das jüngste Beispiel: Die Terroranschläge in Sri Lanka, Ostern 2019. Das Ziel der Attentäter waren christliche Gottesdienste und ausländische Besucher aus westlichen Staaten.

Headley, obwohl durch seine pakistanisch-amerikanische Herkunft und seine Biografie ein Doppelagent mit außerordentlichen Möglichkeiten und Fähigkeiten, ist kein Einzelfall. Beim pakistanischen Geheimdienst ISI und Lashkar-e-Taiba gab es spätestens seit den Anschlägen von Nine-Eleven eine Abteilung, die zuständig für Auslandsoperationen war: für Spionage und Terror. In dieser Abteilung spielt Sajid Mir eine zentrale Rolle. Er ist dafür verantwortlich, Personal anzuwerben und auszubilden und sich dabei insbesondere um Rekruten aus westlichen Ländern zu kümmern. Sajid Mir und das pakistanische Netzwerk aus Geheimdienst und Terrororganisationen haben mit ihren Operationen – von London über Madrid und Mumbai bis nach Kopenhagen – ihre Art des Terrors in alle Welt exportiert, und sie werden das Geschehen in Europa auch nach der Verhaftung und Verurteilung von Headley noch über Jahre in schmerzlicher Weise prägen. Dafür gibt es Belege. So sind mehrere Fälle von festgenommenen Terroristen mit europäischen Wurzeln bekannt, die berichten, dass man sie, als sie sich dem Dschihad bei den Taliban, al-Qaida oder LeT anschließen wollten, zunächst in spezielle Lager des ISI brachte. Von dort aus wurden sie al-Qaida Einheiten zugeteilt, die ein klar bestimmtes Ziel hatten: Anschläge in Europa. Davon berichteten beispielsweise die Attentäter von London, die im Juli 2005 Bomben in U-Bahnzügen und in einem Bus gezündet hatten. Ihr Agentenführer: Sajid Mir – Leiter der Auslandseinsätze von LeT und Agent des ISI.

Die Welt verändert sich

Der Irak zerfällt

Der globale Dschihad, der in Zeiten des Kalten Krieges in Afghanistan seinen Anfang nahm, erlebte mit Nine-Eleven einen tragischen Höhe- und Wendepunkt. Im Kampf gegen die Sowjets hatten die Amerikaner die Feinde ihres Feindes unterstützt, ohne zu ahnen, mit welcher Wucht sich ihre »Freunde« später gegen sie selbst und die gesamte freie, westliche Welt richten würden. Als Terroristen die beiden Flugzeuge am 11. September 2001 in die Twin Towers von New York steuerten, war der Kalte Krieg schon mehr als zehn Jahre lang Geschichte.

In der Zwischenzeit hatten die Amerikaner sich zunächst aus Pakistan zurückgezogen und auf eine neue Krisenregion konzentriert: 1990/1991 und 2003 fiel eine von den USA geführte Militärkoalition in den Irak ein, der zweite Krieg endete mit dem Sturz des Diktators Saddam Hussein. Zurück blieb ein politisch vollkommen destabilisiertes Land. Heute, in der Rückschau, sagen selbst amerikanische Akteure wie der ehemalige CIA-Chef Michael Hayden, die Invasion im Irak sei ein Fehler gewesen.

Dabei wird an der zweiten Invasion in den Irak im Jahr 2003 besonders deutlich, dass die Geheimdienste, entgegen anderslautender Verschwörungstheorien, Teil eines Systems sind, in dem maßgebliche – und folgenschwere – Entscheidungen auf anderer Ebene getroffen werden.

Zu der katastrophalen politischen Lage, in der sich der Irak heute befindet, haben weitere, folgenschwere Fehler beigetragen, die nach dem Sturz des Regimes von Saddam Hussein gemacht wurden. Dabei hat die amerikanische Regierung erneut gegen die Empfehlung ihrer eigenen Geheimdienste entschieden. Ex-CIA-Agent Sam Faddis berichtet uns erstmals von einer spektakulären Geheimdienstoperation. Faddis wurde sechs Monate vor dem Einmarsch von Truppen in die Golfregion geschickt, um den Krieg vorzubereiten. Zusammen mit einem Team, über dessen Größe er sich nicht äußern darf, überquerte er über die Kurdengebiete die Grenze in den Irak. Dort war es seine Aufgabe, sich heimlich mit Vertretern der irakischen Streitkräfte zu treffen, die Invasion der US-Truppen anzukündigen und sie dazu zu bewegen, zum gegebenen Zeitpunkt »einfach nach Hause zu gehen und Tee zu trinken«. Die Amerikaner erklärten den Angehörigen des Militärs im Irak, sie wollten Saddam Hussein absetzen, nicht aber die Armee verändern, sondern das Land gemeinsam mit dem irakischen Militär wiederaufbauen.

Die Strategie ging zunächst auf, die militärische Eroberung des Irak verlief erfolgreich, nach nur zwei Wochen war Saddam Hussein gestürzt. Dann aber entschieden politische Kräfte auf amerikanischer Regierungsebene, sich entgegen der Empfehlung ihrer Geheimdienste nicht an die ursprüngliche Abmachung zu halten. Stattdessen wurden alle Mitarbeiter der Regierungsbehörden – die Anhänger Saddam Husseins und Angehörige seiner Baath-Partei – vom Wiederaufbau des Landes ausgeschlossen. Plötzlich waren Hunderttausende Beamte und Soldaten in Unehren entlassen und standen vor dem Nichts. Der gesamte Sicherheitsapparat brach zusammen. Zur gleichen Zeit formierten sich bereits die ersten, vom afghanischen Dschihad inspirierten Terrorgruppen. Zunächst waren es nur kleine Zellen, doch sie erhielten nun von den ehemaligen Mitarbeitern des Saddam-Regimes, darunter ehemals hochrangige Mitglieder seines Geheimdienstes, großen Zulauf. Aus diesen Gruppierungen heraus entstand der sogenannte Islamische Staat, der sich nach dem Irak auch in Syrien und Libyen ausbreitete.

Der Dschihad verlagerte seinen Schwerpunkt in den Nahen und Mittleren Osten. Wie zu Zeiten der Sowjetinvasion in Afghanistan zogen Terroristen aus der ganzen Welt in den Heiligen Krieg, nur dass sie jetzt in den Irak oder nach Syrien reisten, um sich dem IS anzuschließen. Und wie schon in Afghanistan führte eine wachsende und bald vollkommen unüberschaubare Zahl von Konfliktparteien vor Ort – Kurden, Pakistanis, die Hisbollah, Saudi-Araber, Europäer, Australier, Balinesen etc. – dazu, dass auch die Zahl der agierenden Geheimdienste und ihre Operationen immer undurchsichtiger wurden. Dabei ging man wieder nach dem Motto vor: Der Feind meines Feindes ist mein Freund. So wurden beispielsweise sunnitische, al-Qaida-nahe Terrororganisationen von westlichen Geheimdiensten ausgebildet und mit Waffen ausgerüstet, nur weil sie bereit waren, gegen den syrischen Machthaber al-Assad zu kämpfen. In einem Szenario, in dem Allianzen in Windeseile wechseln und eine Langzeitausrichtung mit loyalen Bündnissen völlig unmöglich ist, erscheint dieses Vorgehen der Geheimdienste ziemlich unverantwortlich.

Der Arabische Frühling

Dann kam der *Arabische Frühling*. In vielen arabischen Staaten gingen die Massen auf die Straße und demonstrierten, nach Jahrzehnten der Willkür, der Korruption und Verelendung. Das geschah auch für die meisten Kenner und Experten völlig unerwartet; kaum einer hatte damit gerechnet, dass sich die arabischen Völker gegen ihre Diktatoren erheben würden.

Vergleichbares hatte es nie zuvor gegeben. Und Tunesien war nur der Anfang. Es folgten Ägypten, Libyen, Jemen, Syrien, Bahrain, Algerien, Jordanien, Marokko und der Irak.

Monatelang besetzten Demonstranten Straßen und Plätze. Sie verlangten Freiheit und Demokratie und wollten ihre Diktatoren loswerden. Schließlich verjagten die Aufständischen ihre Despoten, mit Massendemonstrationen und Gewalt. So wurde Zine el-Abidine Ben Ali in Tunesien nach 23 Jahren an der Macht gestürzt, wenig später Ägyptens Diktator Mubarak. Bei der Ermordung des libyschen Diktators Gaddafi unterstützte eine westliche Militärkoalition die Rebellen mit Luftangriffen. Im Jemen wurde der Herrscher Ali Abdullah Saleh vertrieben, was einen bis heute nicht entschiedenen Bürgerkrieg auslöste, in den Saudi-Arabien militärisch verwickelt ist. Und in Syrien lösten Proteste einen ebenfalls andauernden Bürgerkrieg aus. Er hat unter anderem Russland auf den Plan gerufen; mit dessen Hilfe sich Diktator al-Assad im Amt hält.

Anfangs war der Begriff *Arabischer Frühling* – in Anlehnung an den »Prager Frühling« 1968 – auf der ganzen Welt positiv besetzt. Man verband mit der überraschend einsetzenden Revolte die Hoffnung auf demokratische Verhältnisse und eine Verbesserung der Menschenrechtslage in den betroffenen Ländern. Die Aufstände wurden als der Versuch arabischer Bürger gesehen, sich gegen die Misere in ihren Ländern aufzulehnen. Für die Menschen, die unter Gefahr für Leib und Leben auf die Straße gegangen waren, hatte sich mit dem Sturz der Diktatoren kurzfristig die Chance auf eine freie, bessere Zukunft eröffnet. Im Westen sah man wohlwollend auf den Kampf einer lebenshungrigen Jugend für Gerechtigkeit und bessere Lebensverhältnisse. Mehrere junge arabische Aktivisten wurden mit hoch angesehenen Preisen geehrt. So etwa ging der Friedensnobelpreis 2011 an die

Jemenitin Tawakkul Karman. Die Sympathie, Begeisterung und Solidarität wurden von einem wohltuenden Gemeinschaftsgefühl getragen. Es war kein »vom Westen gesteuerter Coup«, wie der syrische Diktator al-Assad, der neue ägyptische Machthaber al-Sisi, das Regime in Teheran, Erdogan in Ankara und andere reaktionäre Machthaber behaupteten.

Doch bald schon machten neue Regimes die Hoffnungen der Menschen in den arabischen Ländern zunichte. Gut acht Jahre nach Beginn des *Arabischen Frühlings* haben in Tunesien und Ägypten Herrscher die Macht zurückerobert, hinter denen sich die alten Militäreliten versammeln. Der Irak, Syrien, der Jemen und Libyen versinken im Bürgerkrieg, während sich in Algerien und dem Sudan eine Neuauflage der Aufstände anbahnt. Seither fragen sich viele, ob sich ihr Einsatz gelohnt hat. Die erduldeten Repressalien, der hohe Blutzoll. Und so beginnen – zum Entsetzen des Westens – auch in den Ländern des *Arabischen Frühlings* Enttäuschte, sich als Dschihadisten dem IS anzuschließen. Andere flüchten, viele von ihnen nach Europa.

Die »Arabellion« stellte die westlichen Geheimdienste und ihre Agenten vor Ort vor eine schwierige Frage. Bis dahin hatten ihre Regierungen die Machthaber in Tunesien, Libyen, Ägypten usw. unterstützt, weil man in ihnen Garanten der Stabilität sah, die unter anderem verhinderten, dass islamistische Bewegungen, wie zum Beispiel die Muslimbrüder, erstarkten. Dafür hatten sie immer in Kauf genommen, dass Despoten wie der libysche Machthaber Gaddafi oder der ägyptische Präsident Mubarak die Menschenrechte missachteten und demokratische Bestrebungen in ihren Ländern unterdrückten. Angesichts der Revolutionen des *Arabischen Frühlings* mussten die Regierungen in den USA und Europa nun entscheiden, ob sie zu den alten Verbündeten standen oder aber der jungen Bewegung die Chance geben wollten, sich zu entfalten. Die Entscheidung war auch deshalb heikel, weil Herrscher wie beispielsweise das saudi-arabische Königshaus das Geschehen genau beobachteten. Würden sie ihren amerikanischen Partnern noch trauen, wenn die USA alte Bündnispartner in Nordafrika fallen ließen?

Die Geheimdienste, vor allem Briten und Amerikaner, hatten aus dem Desaster im Irak gelernt und warnten eindringlich davor, denselben Fehler zu begehen. Auf der Ebene der politischen Entscheidungen folgte daraufhin eine Strategie der schlecht koordinierten Ambivalenz. Weder unterstützte man Verbündete wie Mubarak, noch befürwortete man den Umsturz. Als die Despoten zu wackeln begannen, ließ man sie fallen oder gab, wie im Fall von Libyen, Schützenhilfe und bombte die langgedienten Machthaber aus dem Amt. Den Geheimdiensten blieb nichts übrig, als ihren Regierungen zu folgen; dabei wird ihnen klar gewesen sein, dass man mit einer derart uneindeutigen Strategie kein Vertrauen aufbaut, sondern im Gegenteil langsam gewachsenes Vertrauen verliert und Misstrauen sät.

Ein Ereignis in Tunesien hatte die arabische Protestwelle überraschend ausgelöst: Am 17. Dezember 2010 verbrannte sich der Gemüsehändler Mohammed Bouazizi öffentlich. Er reagierte damit auf die ihm widerfahrene Willkür und Polizeigewalt, die ihn seiner bescheidenen Existenz beraubt hatten. Sein öffentlicher Suizid löste Massenunruhen aus, die innerhalb weniger Wochen in ganz Tunesien entflammten. Der Hass auf die Unterdrücker trieb die Menschen auf die Straßen, ermutigt durch den Zuspruch in den sozialen Netzwerken, derer sich die Aufständischen virtuos bedienten.

Die Geschichte wiederholt sich

Die Invasion in den Irak und der *Arabische Frühling* hinterließen in vielen arabischen Staaten instabile soziale und politische Verhältnisse. So entstand der perfekte Nährboden für Terrornetzwerke, die sich in der arabischen Welt von Nordafrika bis nach Syrien immer weiter ausbreiteten. Hinzu kommt eine wachsende Zahl von Migranten aus Afrika nach Europa, von denen viele hofften, die Durchreise im Norden des Kontinents sei nach dem Fall der alten Regime einfacher geworden.

Europa sieht sich auf einmal mit einer neuen Bedrohungslage konfrontiert, die westliche Regierungen dazu veranlasst, je nach Einschätzung der Lage verschiedene Parteien in den betroffenen Staaten mit Geld, Waffen und Ausbildung zu unterstützen. Um die Migration zu stoppen, suchen sie die Zusammenarbeit mit Geheimdiensten und Sicherheitsbehörden in den arabischen

Ländern. Plötzlich zahlt man ihnen Milliardensummen, damit sie als Gatekeeper gegen Flüchtlingsströme fungieren und die Terroristen des IS bekämpfen. Dafür fließen Milliarden aus Europa in Länder wie die Türkei und Libyen. Für die wird die Kooperation zu einem einträglichen Geschäft – von dem sie profitieren, solange es die Probleme gibt, für deren Lösung Europa auf ihre Hilfe angewiesen ist.

Mit dem Terror und den Migranten, die nach Europa flüchten, steigt zugleich der politische Einfluss der arabischen Länder vor allem in Nordafrika sowie der Türkei; auf einmal hören die Europäer ihnen zu, interessieren sich für sie. Es ist kein Zufall, dass die EU sich im Februar 2019 zum ersten Mal in der Geschichte mit der Arabischen Liga zu einem Gipfeltreffen im ägyptischen Scharm El-Scheich versammelt hat. Im Zentrum der Gespräche: die Flüchtlingspolitik und der Antiterrorkampf. Ein Treffen, das in vielen Zeitungen kritisch kommentiert wurde, weil es Herrschern, die ihre Völker mit Repressionen drangsalieren, einen prestigeträchtigen Auftritt auf der weltpolitischen Bühne bot. Noch vor Kurzem war es undenkbar, dass Europas Regierungen sich öffentlich mit arabischen Despoten in derart trauter Harmonie zeigen.

Und wieder lernen die neuen, zum Teil äußerst fragwürdigen Bündnispartner des Westens ihre Lektion: Solange es Flüchtlinge gibt, werden wir gebraucht, und es fließt Geld. Und wenn sich unter die Migranten noch Terroristen mischen, fließt noch mehr Geld. So kommt es, dass beispielsweise libysche Sicherheitskräfte mal als

Schleuser für Flüchtlinge agieren, mal als Wachpersonal in Auffanglagern, in denen menschenunwürdige Zustände herrschen – je nachdem, wie die politische Lage gerade ist. Und so kommt es, dass wir in Europa Anschläge erleben, bei denen sich im Nachhinein herausstellt, dass die Attentäter von Hintermännern geführt wurden, die Verbindungen zu den von uns unterstützten Geheimdiensten haben. Auch die neuen Bündnispartner westlicher Regierungen, die Geheimdienste in Libyen, dem Irak, Tunesien, Marokko, Ägypten usw., kooperieren – offiziell – im Kampf gegen den Terror. Wie in Pakistan aber unterstützen diese Partner gleichzeitig den Terror, und das nimmt man im Westen wissend in Kauf. Das Desaster, dass die westlichen Geheimdienste mit ihren Partnern in Afghanistan und Pakistan erlebten, erleben wir nun vor dem Hintergrund der veränderten politischen Lage erneut, und zwar direkt vor unserer Haustür: in den arabischen Ländern Nordafrikas und des Nahen und Mittleren Ostens.

Mumbai in Europa

In den Tagen vom 26. bis zum 28. November 2008 erlebte die indische Metropole Mumbai ein Horrorszenario: Marodierende Terrorkommandos zogen quer durch die Stadt, warfen Handgranaten, erschossen wahllos Menschen, zündeten Sprengsätze, belagerten Hotels und verschanzten sich mit Geiseln. Fast drei Tage lang waren sie nicht zu stoppen. So etwas hatte es noch nicht gegeben. Geheimdienstexperten wie der Ex-CIA-Direktor Michael Hayden verstanden umgehend, welche Bedeutung dieses Attentat hatte. »Mumbai war der Wendepunkt«, glaubt auch der frühere Agent des französischen Geheimdienstes Claude Moniquet. »Mumbai führte uns vor Augen, dass es nur eine Frage der Zeit sein würde, wann diese Form des Terrors in Europa ankommt. Und wo ...« Mit den Anschlägen auf das jüdische Museum im Mai 2014 in Brüssel, Januar 2015 auf die Redaktion des Pariser Satiremagazins *Charlie Hebdo* und den Supermarkt Hyper Cacher kamen die ersten Antworten. Weitere sollten folgen.

Dabei ist Mumbai 26/11 mehr als ein Vorbild. Denn immer wieder gibt es auch konkrete personelle Verbindungen, die von Anschlägen in Europa zu Terrororganisationen in Pakistan führen. Die Attentate, die im November 2015 in Paris verübt wurden, führen sogar unmittelbar zu einem der Hintermänner der Anschläge von Mumbai: Zu Muhammad Ghani Usman, der bei den Geheimdiensten unter dem Kürzel »M.G.U.« geführt wird. Der vom pakistanischen Geheimdienst ISI ausgebildete Sprengstoffexperte wechselte nach mehreren Jahren von LeT zum Islamischen Staat (IS). M.G.U. soll in seiner Zeit bei LeT auch die in Mumbai gezündeten Bomben gebaut haben. Nach seinem Wechsel zum IS war er Teil der Kommandotruppe, die nach Europa geschickt wurde, um Paris und weitere Ziele anzugreifen. Wie Ermittlungen infolge des Pariser Anschlags ergaben, wurden die Attentäter aus dem Gebiet des IS gesteuert.

Paris

Im Herbst 2015 reist der Bombenbauer Muhammad Ghani Usman zusammen mit drei weiteren Terroristen – dem Algerier Adel Haddadi und den Syrern Ahmad al-Mohammad und Mohammed al-Mahmod – quer durch die Türkei. Auf dem Weg schließen sich die Terroristen einer Flüchtlingsgruppe aus vorwiegend pakistanischen Migranten an. In der türkischen Küstenstadt Izmir bereiten sie sich auf den wohl riskantesten Teil ihrer Reise vor, kaufen Schwimmwesten und wasserdichte Beutel für ihre Pässe und Bargeld. Dann heuern sie einen Schlepper für die Überfahrt zur griechischen Insel Leros an.

Die Sonne geht gerade auf, als am 3. Oktober 2015 ein vollgepacktes Boot die Türkei in Richtung Griechenland verlässt. 198 Personen drängen sich insgesamt auf dem Schiff, darunter die vier Terroristen. Die Überfahrt gelingt und die Schlepper setzen die Flüchtlinge in Küstennähe auf Schlauchbooten aus. Am Strand warten bereits griechische Beamte auf die Neuankömmlinge.

Die vier Männer – Usman, Haddadi, al-Mohammad und al-Mahmod – geben sich alle als Syrer aus, obwohl nur zwei von ihnen wirklich syrischer Herkunft sind. Al-Mohammad und al-Mahmod werden registriert und können einreisen. Usman und Haddadi kommen in Schwierigkeiten mit den Behörden. Der Pakistaner Usman spricht kaum Arabisch, der Algerier Haddadi kann auf Nachfrage nicht beantworten, wie es in seinem angeblichen Geburtsort Aleppo aussieht. Die griechischen Beamten untersuchen die Pässe der beiden genauer und stellen fest, dass sie zu einer Tranche von syrischen Blankopässen gehören, die der IS bei einem Beutezug geraubt hat. Doch Haddadi und Usman werden lediglich für ein paar Tage festgehalten, wegen falscher Dokumente – nicht etwa wegen Terrorverdachts. Am 27. Oktober bekommen sie die Auflage, Griechenland innerhalb von 30 Tagen zu verlassen und dürfen gehen. Al-Mohammad und al-Mahmod sind da schon weitergereist. Nun brechen auch Usman und Haddadi in Richtung Norden auf.

Auf den ersten Blick erscheint das Handeln der griechischen Behörden fahrlässig. Doch neue Informationen deuten darauf hin, dass die europäischen Inlandsgeheimdienste Einfluss nahmen und hier eine Entscheidung fällten, die belegt, auf welch schmalem Grat sich die Geheimdienste bewegen. Dass die beiden Terroristen von Leros ungehindert weiterreisen konnten, wird damit begründet, man sei froh gewesen, endlich zwei mutmaßliche IS-Terroristen auf Schritt und Tritt im Blick haben zu können. Mit anderen Worten: Um an Informationen zu kommen, lässt man sich auf die waghalsige Strategie ein, die Terroristen zu beobachten – in der Hoffnung, sie nicht aus dem Blick zu verlieren. Unterdessen sind die beiden Syrer al-Mohammad und al-Mahmod unbemerkt zu ihrem Kontaktmann in Brescia am Gardasee gereist, und von dort aus weiter nach Salzburg. Salzburg dient ihnen als Treff- und Sammelpunkt vor dem Grenzübertritt nach Deutschland.

In Bezug auf den Anschlag auf Paris geht die Strategie der Geheimdienste nicht auf. Obwohl – oder weil? – sie M.G.U. und Haddadi von Leros weiterreisen lassen, entgeht den Diensten, dass die beiden mit zwei weiteren Terroristen angekommen sind, die sich bereits auf dem Weg zu ihrem Anschlagsziel befinden. Am 13. November 2015 sprengen sich al-Mohammad und al-Mahmod während des Fußballländerspiels zwischen Deutschland und Frankreich vor dem »Stade de France« in Paris in die Luft. Zeitgleich ziehen weitere Teile des Terrorkommandos mordend durch die belebten Straßen der Stadt, am Ende fordert der Angriff 130 Tote. Und wieder gehen die Bilder um die Welt.

Obwohl immer wieder davor gewarnt wurde, dass Anschläge im Stil der Attentate von Mumbai auch in Europa stattfinden könnten, waren die Ermittlungsbehörden und Geheimdienste unvorbereitet und überfordert. Nach den Anschlägen auf die Redaktion von *Charlie Hebdo* und den koscheren Supermarkt im Januar 2015 wurden sie auch im Spätherbst gleichen Jahres von der zweiten Anschlagsserie von Paris kalt erwischt. Wieder konnten Terroristen mit Sprengstoff und Schusswaffen kreuz und quer durch Europa reisen, ohne den Ermittlungsbehörden ins Netz zu gehen.

Allerdings soll nach dem 13. November im deutschen Bundeskriminalamt schnell und entschlossen gehandelt werden – denn es gibt eine heiße Spur: Bei den Leichen von zwei der Pariser Attentäter wurden gefälschte syrische Pässe gefunden, mit denen die Mörder, getarnt als Flüchtlinge, über die Türkei nach Griechenland gekommen sind. Es sind die Pässe von Ahmad al-Mohammad und Mohammed al-Mahmod.

Im BKA wird die Sonderabteilung BAO »Echo« ins Leben gerufen. Die Beamten entwickeln ein Fahndungskonzept, mit dem sie nach weiteren Attentätern in Europa suchen wollen. Beamte fliegen umgehend auf die griechische Insel Leros, überprüfen Registrierungsunterlagen des Tages, an dem die beiden Terroristen eingereist sind und lassen sich von griechischen Kollegen die Foto- und Videoaufnahmen der relevanten Stunden zeigen. Das Ergebnis: Die zwei Attentäter sind mit mindestens zwei weiteren Männern auf Leros eingetroffen. Auf dem Radar der Ermittler sind vor allem zwei Männer, die angeblich aus Syrien stammen und sich Faisal Alaifan und Chaled Alomar nennen. Es handelt sich um die Tarnnamen von Muhammad Ghani Usman und Adel Haddadi. Nun weiß man, wo die beiden sich aufhalten, und kann so möglicherweise weitere Anschläge verhindern, die M.G.U. und Adel Haddadi planen.

Usman und Haddadi haben erst drei Wochen nach dem Pariser Attentat, am 04. Dezember 2015, den Grenzübergang Spielfeld in Österreich erreicht. Hier haben sie sich als Asylbewerber aus Algerien und Tunesien ausgegeben und dabei neue, falsche Namen genannt (Nasser Said Moqaiss und Mohammed al-Fatori). Sie wurden im Asylbewerberheim in der Münchener Straße in Salzburg untergebracht, nur wenige Meter von der Grenze nach Deutschland, und haben sich umgehend über Zugverbindungen von Salzburg nach Brüssel, Berlin und Paris informiert.

Am Abend des 10. Dezember 2015 stürmt die österreichische Spezialeinheit »Cobra«, das Pendant zur deutschen GSG 9, die Flüchtlingsunterkunft an der Münchener Straße in Puch bei Salzburg und nimmt die beiden Verdächtigen fest. Die Ermittler finden unter anderem eine türkische Telefonnummer. Dieselbe Nummer befand sich auch auf dem zerknüllten Zettel in der Tasche eines der Paris-Attentäter. Sie gehört einem IS-Kontaktmann in Izmir.

Bis heute laufen die Ermittlungsverfahren gegen Muhammad Ghani Usman und Adel Haddadi unter strenger Geheimhaltung. Nachrichtendienste aus aller Welt geben sich im Gefängnis von Puch bei Salzburg die Türklinke in die Hand. Mittlerweile sollen die beiden an Frankreich ausgeliefert worden sein. Mehr ist nicht bekannt.

Ansbach

Bei den Anschlägen von Mumbai 26/11 gaben Führungsagenten den Attentätern von einer Kommandozentrale in Karatschi aus über Handys Anweisungen, während der Tat, in Echtzeit. Während sie sich selbst Hunderte von Kilometern entfernt und in Sicherheit befanden. Auch das war neu. Dr. Sajjan Gohel, International Security Director der Asia Pacific Foundation, erklärte uns im August 2018 in einem Interview, dass sich seither viele Anschläge in ganz ähnlicher Weise abgespielt haben:

»Ich denke zum Beispiel an Mohammed Daleel, der sich beim Musikfestival in Ansbach in die Luft sprengen wollte. Sein Auftrag vom IS lautete ursprünglich, die Bombe inmitten des Festivals explodieren zu lassen und dann zu filmen, wie die Menschen fliehen; das sollte online gestreamt werden. Doch die Kontrolleure am Einlass ließen Mohammed nicht rein. Also kommunizierte er mithilfe von verschlüsselten Nachrichten an Ort und Stelle mit seinem Führungsagenten. Der erklärte ihm, der Plan werde geändert. ›Du wirst den Anschlag nicht filmen, sondern Teil des Anschlags sein, du wirst ein Selbstmordattentat verüben.‹

Das heißt, der Attentäter konnte den Anschlagsplan auf Anweisung seines Agentenführers ändern. Und das erleben wir immer häufiger mit den neuen Medien, mit verschlüsselten Nachrichten, diese Online-Anweisung und -Unterstützung von terroristischen Anschlägen in Echtzeit. Sei es in Berlin beim Anschlag auf den Weihnachtsmarkt, bei dem die Anweisungen von einer Person kamen, die sich in Libyen befand, oder hier bei Mohammed Daleel und seinem Handler, der sich vermutlich in Syrien aufhält.«

Der Attentäter von Ansbach hat sich, da er von den Kontrolleuren nicht eingelassen wurde, in der Nähe des Eingangs in die Luft gesprengt, dabei 15 Menschen verletzt und sich selbst getötet, nachdem sein Agentenführer den ursprünglichen Plan aufgegeben und ihn dazu angewiesen hatte. Dass die Führungsagenten solcher »Einzeltäter« offensichtlich professionell geschult sind, macht sie besonders gefährlich, wie uns Gohel erklärt:

»Da sind Leute, die vom Geheimdienst kommen, die möglicherweise mal zu staatlichen Institutionen gehörten, sei es im Irak, in Pakistan oder Libyen; die haben also einen Geheimdiensthintergrund, planen jetzt aber Terroranschläge. Sie können ein viel tödlicheres Chaos viel effektiver orchestrieren ... ihre Fähigkeiten für böse Ziele nutzen.«

Manchester

»Es gibt, aktuell und in der Vergangenheit, viele Doppelagenten. Leute, von denen du denkst, sie arbeiten für dich, und die sich dann gegen dich wenden. Und hier, glaube ich, kommen die Fähigkeiten unserer nationalen Geheimdienste entscheidend ins Spiel, die in der Lage sein müssen, eine Person zu beurteilen, einzuschätzen, was sie macht, und sie, so weit menschenmöglich, zu kontrollieren, denn es passiert unglaublich schnell, dass jemand, der für den Geheimdienst arbeitet, ganz plötzlich zu einer ernsten Bedrohung wird.« Das erklärte uns der ehemalige Koordinator der britischen Geheimdienste Richard Kemp im Interview.

Einer dieser Informanten war der Terrorist, der am 22. Mai 2017 nach einem Konzert der Sängerin Ariana Grande ein Selbstmordattentat verübte. 23 Menschen starben, darunter zwölf, die jünger als 16 Jahre alt waren, mehr als 500 wurden verletzt.

Der Attentäter war selbst in Manchester geboren, als Sohn einer libyschen Familie, die 1991 vor Gaddafi nach England geflüchtet war. Er hatte Kontakte zum IS und zu einer Gruppe, die mit al-Qaida in Verbindung stand. »Und das ist nur eins von sehr vielen Beispielen von Geflüchteten, die nach England gekommen sind, von angeblichen Flüchtlingen, die in unsere Länder gekommen sind und uns dann angegriffen haben«, führt Richard Kemp über den Attentäter von Manchester aus. Kemp fügt hinzu: »Und dann hat man sich Sorgen gemacht darüber, ob der Attentäter von Manchester in der Vergangenheit ein Informant des britischen Geheimdienstes war oder sogar in dessen Dienst stand.«

Kemp erklärt, das sei im Falle des Manchester-Bombers – wie in vielen anderen Fällen – möglich. Bekannt ist, dass der Vater des Attentäters 2011 nach Libyen zurückkehrte, um erneut gegen Gaddafi zu kämpfen, und dass seine beiden Söhne sich ihm anschlossen. »Eine Theorie«, so Kemp, »die in den Medien kolportiert wurde, ist, dass Leute, die [Anfang der 1990er] vor Gaddafi nach England geflüchtet sind, [2011] möglicherweise vom [britischen Inlands- und Auslandsgeheimdienst] MI5/MI6 nach Libyen in den Bürgerkrieg gegen Gaddafi geschickt wurden. Das würde bedeuten, dass sie eine Art Mitarbeiter des britischen Geheimdienstes sind.«

Kemp sagt, obwohl er es nicht beurteilen könne, sei es plausibel, dass einige dieser Personen, die der britische Geheimdienst in den Bürgerkrieg in Libyen schickte, nach England zurückkehrten und dann dort Anschläge verübten: »Das ist das Dilemma, in dem wir uns befinden. Das gilt in Bezug auf einzelne Personen wie den Manchester-Attentäter, aber wir befinden uns in derselben Situation auf zwischenstaatlicher Ebene, wenn wir es mit Organisationen wie dem ISI und Pakistan zu tun haben.«

Schluss

Madrid (2004), Paris (2015), Ansbach (2016), Kopenhagen (2016), Nizza (2016), Berlin (2016), Manchester (2017), Barcelona (2017) und London (2017): Über die vielen Anschläge, die Europa in der Vergangenheit erlebt hat, und deren Hintergründe ist bisher weitaus weniger bekannt als über Mumbai 26/11, den Fall Headley und die Verstrickungen des pakistanischen Geheimdienstes ISI. Das liegt unter anderem daran, dass Ermittlungen und Verfahren noch laufen. Die Informationen, die dabei ans Licht kommen, werden von den Behörden ausgewertet, um neue Anschläge zu verhindern. Daher bemühen sich die Geheimdienste, möglichst wenig Details an die Öffentlichkeit gelangen zu lassen. Es liegt in der Natur ihrer Arbeit, dass sie weitestgehend geheim ist.

Gerade deshalb ist das Beispiel Pakistan so aufschlussreich. Denn schon aus dem Wenigen, das wir über die jüngsten Anschläge wissen, ergeben sich schockierende Parallelen und Verbindungen zum Terror in Pakistan. Die Angriffe im Stil von Mumbai sind, wie Ex-CIA-Direktor Michael Hayden vorausgesehen hat, zum Modell des neuen Terrors rund um die Welt geworden – zu einer völlig neuen Terrorstrategie, miterfunden vom pakistanischen Geheimdienst ISI und der Terrororganisation Lashkar-e-Taiba. Von ihnen hat der IS nicht nur gelernt, sondern auch Personal rekrutiert, wie der Fall des Bombenbauers M.G.U. belegt, der sowohl in den Anschlag auf Mumbai 26/11 verwickelt gewesen sein soll als auch in den Angriff auf Paris vom 13. November 2015. Einer von vielen ehemaligen LeT- und al-Qaida-Rekruten, die später zum IS wechselten. Der Dschihad hat sich von Afghanistan in den Nahen Osten und nach Nordafrika verlagert, mit dem Ziel, Europa zu treffen. Damit hat sich der Plan von Headley und seinen ISI- und LeT-Agenten, den Terror in die europäischen Städte zu tragen, in vielfacher Weise erfüllt. Die Saat, die sie gesät haben, ist aufgegangen.

So erleben wir heute wieder Ähnliches. Etwa bei den Anschlägen auf das Musikfest in Ansbach oder den Berliner Weihnachtsmarkt. Wenn bekannt wird, dass die Attentäter Mohammed Daleel und Anis Amri über eine Telefonverbindung von Geheimdienstleuten in Libyen oder Syrien geführt wurden oder nachweislich mit Personen in Kontakt standen, die enge Verbindungen zu diesen Geheimdiensten haben, dann lässt das kaum einen anderen Schluss zu als den, dass auch die Geheimdienste unserer neuen Bündnispartner in Libyen, Syrien usw. das doppelte Spiel spielen, das für Pakistan inzwischen gut dokumentiert ist. Im Fall des Anschlags auf den Berliner Weihnachtsmarkt wurde beispielsweise im Februar 2019 bekannt, dass ein Helfer des Attentäters Anis Amri von den deutschen Behörden nach Tunesien abgeschoben wurde. Seither wird in den Medien darüber spekuliert, ob man damit womöglich einen Informanten des marokkanischen Geheimdienstes schützen wollte. Wenn diese Spekulationen zutreffen, bedeutet das im Umkehrschluss: Ein Mitarbeiter des marokkanischen Geheimdienstes war am Attentat auf den Berliner Weihnachtsmarkt beteiligt. Keep the fire burning – solange es Terror gibt, bekommen die Länder in Nordafrika viel Geld aus Europa.

Je mehr Informationen ans Licht kommen, desto deutlicher wird, dass auch hinter den Anschlägen in Europa eine Organisation steckt, die über große strategische und finanzielle Mittel verfügt. Inzwischen hat sich bestätigt, dass Anis Amri, den man anfangs für einen Einzeltäter hielt, beim Anschlag auf den Berliner Weihnachtsmarkt von einem Mentor des IS in Libyen live angeleitet wurde – genau wie der Attentäter von Ansbach. Und nicht nur das: Auch Amri können Verbindungen zu den Attentätern von Paris vom November 2015 nachgewiesen werden, auch er gehörte also zu jenem Netzwerk, in dem sich der ehemalige LeT-Mann M.G.U. befand, der in den Anschlag auf Mumbai 2008 verwickelt war.

Die Situation ist beängstigend. Denn nicht nur hat der Dschihad seinen Schwerpunkt auf den IS im Nahen Osten verlagert – auch die alten Netzwerke in Pakistan sind nach wie vor aktiv. Das führt uns der Anschlag auf christliche Gottesdienste und Luxushotels in Sri Lanka im April 2019 erneut vor Augen. Inwieweit pakistanische Akteure konkret in die Angriffe verwickelt sind, ist derzeit noch nicht bekannt, doch auch hier gilt es schon lange als offenes Geheimnis, dass Pakistan die Radikalisierung von Muslimen in der Region betrieben hat. Auch soll der indische Geheimdienst mehrfach vor Anschlägen gewarnt haben, nachdem ein indischstämmiger Muslim in den Tagen und Wochen zuvor in Indien verhaftet worden war und verhört wurde. Er soll ausgesagt haben, er habe persönlich Muslime in Sri Lanka zu Terroristen ausgebildet, die Anschläge auf Kirchen und Luxushotels nach dem Vorbild in Mumbai planten.

Was der Vergleich zwischen dem Terror von LeT, al-Qaida in Pakistan und dem IS im Nahen Osten und Europa deutlich macht: Überall, wo Terror bekämpft werden soll, entstehen ähnliche Strukturen. Das »Geschäftsmodell Terror«, das wir beschreiben, ist ein Phänomen, das sich keineswegs nur auf den islamistischen Terror beschränkt.

Zum ersten Mal sind wir auf diese Strukturen gestoßen, als wir über das Attentat auf die israelische Mannschaft bei den Olympischen Spielen von München 1972 recherchiert haben. Anfang der 1990er-Jahre konnten wir dank unserer beruflichen Kontakte zu Ermittlungsbehörden und Geheimdiensten erstmals dieser Spur des Terrors nachgehen, weil uns geheime Akten zugespielt wurden. Die Geiselnahme durch ein achtköpfiges Terrorkommando der Organisation »Schwarzer September« endete mit der Ermordung aller elf israelischen Sportler und eines deutschen Polizisten. Damals schon wurde uns klar, dass Geld nicht nur wie es landläufig heißt die Welt regiert, sondern auch die Aktionen terroristischer

Netzwerke und deren Drahtzieher diktiert. Wir fanden immer wieder Hinweise darauf, dass die PLO-Führung, genauer gesagt PLO-Chef Jassir Arafat, zumindest Kenntnis von den Attentatsplänen für München 1972 hatte. So etwa behauptete Abu Daoud, der Planer des Anschlags, bis zu seinem Tod, dass seine Gruppe von Arafats PLO finanziert wurde.

Arafat war eine nationale Symbolfigur und zugleich der Inbegriff der Korruption. Bei seiner ersten Rede vor der UNO im November 1974 versprach er Frieden, trug dabei aber einen Revolver am Gürtel. Er ist so oft vom Papst empfangen und gesegnet worden wie kein anderer Politiker. In der Öffentlichkeit verurteilte Arafat Selbstmordattentate, während militante Jugendgruppen der Fatah sich in israelischen Bussen in die Luft sprengten. Das hinderte die internationale Gemeinschaft nicht daran, ihn 1994 als Empfänger des Friedensnobelpreises zu würdigen.

Nach Arafats Tod entbrannten nicht nur um sein politisches Erbe Auseinandersetzungen, sondern auch um die Millionen internationale Hilfsgelder, die er missbraucht und veruntreut hatte. Hunderte von Millionen hatte Arafat bei den arabischen Bruderstaaten für seine PLO und den palästinensischen Freiheitskampf bekommen. Und nach dem Friedensschluss von Oslo 1993 hatte er die Palästinenser zum bestgeförderten Volk der Welt gemacht. Mehr als sechs Milliarden Dollar gingen seit 1994 bis zu Arafats Tod 2004 an die palästinensische Autonomiebehörde. Zu den großzügigsten Förderern gehörte die Europäische Union. Doch nicht das palästinensische Volk profitierte. Vielmehr unterhielt Arafat ein privates Finanzimperium, von dem die Welt nichts ahnte, sofern sie nicht bewusst die Augen verschloss. Nicht nur seine in großem Luxus in Paris lebende Ehefrau, Gefolgsleute, Verwandte und Freunde sollen Geld bekommen haben. Sondern auch Terroristen.

Wir haben viele Jahrzehnte recherchiert und können, wo immer man hinschaut, die Strukturen des Terrorgeschäfts beschreiben. Was dagegen unglaublich schwerfällt, ist die Beantwortung von Fragen, die sich dabei aufdrängen. Warum lassen sich Regierungen und Geheimdienste immer wieder auf die Zusammenarbeit mit offensichtlich illoyalen Partnern ein? Und wenn Terror ein Geschäftsmodell ist, gäbe es dann bessere Strategien, ihn zu bekämpfen?

Die Strukturen, die durch die Bekämpfung von Terror entstehen, werden vor allem durch eins begünstigt: Geheimdienste sind erfolgreich, wenn sie gut informiert sind. Um aber an Informationen zu kommen, müssen sie sich auf Menschen einlassen, deren Handlungen und Motive mindestens zweifelhaft sind. Wie Ex-CIA-Agent Sam Faddis konstatiert: »Nur die bad guys haben Informationen.« Auch der ehemalige BND-Chef Gerhard Schindler erklärt, Regierungen und Geheimdienste, die ausschließlich mit sauberen Partnern zusammenarbeiten wollen, stehen ganz schnell allein da. Schindler führt aus: »Das hat wahrscheinlich dieses Business so an sich, dass man seine Moralvorstellungen ein Stück weit hintanstellen muss, um seinen Auftrag erfüllen zu können.«

Dabei gibt es gerade in instabilen Regionen wie Pakistan oder dem Nahen Osten oft ausschließlich schlechte Optionen. Die Akteure haben hier kaum die Möglichkeit, auf Langzeitstrategien zu setzen, und stehen meist nur vor der Frage: Was ist die am wenigsten schlechte Möglichkeit?

Informationen sind die Währung der Geheimdienste. Für Informationen riskiert ein Dienst immer, sich auf das doppelte Spiel des Gegners einzulassen. Auf Allianzen, die moralisch fragwürdig sind und unter Sicherheitsaspekten riskant. Man würde eine zynische Rechnung aufmachen, wenn man sich fragte, ob die Zahl der Attentate, die die Zusammenarbeit der Geheimdienste mit korrupten und illoyalen Partnern verhindert werden können, die Zahl der Anschläge übersteigt, die sie mit den Geldern für den Kampf gegen den Terror finanzieren.

Gibt es Alternativen? Milliarden Hilfsgelder flossen zur Bekämpfung des Terrors nach Pakistan. Und doch hat man nach den Ereignissen von Sri Lanka den Eindruck, dass der Terror nicht etwa zurückgegangen ist, sondern vielmehr Hochkonjunktur hat. Wäre es da nicht dringend an der Zeit, sich nach anderen Strategien umzusehen? Erinnern wir uns an die eingangs von Richard Kemp zitierte Analyse: »Riesige Geldsummen werden von den USA, Großbritannien, Deutschland und der EU gezahlt. Und damit werden Terroristen finanziert, die Anschläge gegen uns verüben.« Wenn sich mit dem Terror des IS im Nahen Osten und Nordafrika wiederholt, was wir in Pakistan erlebt haben – droht uns dann nicht viel Schlimmeres? Droht uns nicht, dass auch hier der

Terror zunehmen wird, befeuert durch europäische Hilfsgelder?

Was müsste geschehen, damit die instabilen Krisenregionen von Nordafrika bis Pakistan zur Ruhe kommen und dem Terror der Boden entzogen würde? Wir können diese Frage nicht beantworten. Wir können nur feststellen, dass die Politik immer wieder zu denselben Mitteln greift. Am 02. Mai 2019 berichteten die Medien vom Besuch der Bundeskanzlerin Angela Merkel in Westafrika. Unter der Überschrift »Geld gegen den Terror« heißt es da: »Bundeskanzlerin Merkel hat bei ihrem Besuch in Westafrika Millionen für die Terrorbekämpfung und Entwicklungshilfe versprochen.«

Nachwort und Danksagung

Aufgrund der langjährigen Zusammenarbeit mit Behörden wie Staatsanwaltschaften, Polizeien, Interpol und erfahrenen Kriminalisten war es uns möglich, außergewöhnlich tiefe Einblicke in extremistische Netzwerke zu bekommen. Obwohl wir uns schon lange davor eingehend mit dem Phänomen Terrorismus befasst hatten, brannten sich uns die Bilder des Anschlags in Mumbai 2008 besonders in die Köpfe.

Es war kurz nach der Anschlagsserie vom 13. November 2015 in Paris, als wir zur Vorbereitung eines ARD-Themenabends über Arzneimittelkriminalität in Mumbai ankamen. Obwohl wir noch unter dem Eindruck dieser Schreckensnacht standen, dachten wir zunächst nicht an Mumbai 2008. Das änderte sich bald – und zwar in der Lobby des Oberoi-Hotels. Wir erinnerten uns sofort an die Aufnahmen der Überwachungskameras. Bilder, die zeigten wie die Männer eines Terrorkommandos mit Sturmgewehren im Anschlag in die Lobby stürmen und wahllos auf Menschen schießen. Bilder, die damals um die Welt gingen. Dann führte uns die Vorbereitung der Dreharbeiten, die im darauffolgenden Jahr stattfinden sollten, in das legendäre Taj-Mahal-Hotel. Auch hier holen uns die Bilder von 2008 ein. Und wir besuchten das Nariman House in dem bunten, lauten, quirligen Stadtteil Colaba. (Das Haus wird heutzutage streng elektronisch bewacht, ein Pförtner verlangt nach Ausweisen.) Der junge Rabbiner und Nachfolger des ermordeten Gavriel Holtzberg hieß uns willkommen und führte uns – weil wir darum baten – in die damals noch nicht renovierten oberen Stockwerke. Wir sahen die vielen Einschusslöcher an den Wänden. »Wie nach einem Krieg«, sagte einer von uns. Erschütternd aber war der Blick in das Kinderzimmer mit den blauen Delfinen, die das Ehepaar Holtzberg für ihr Baby an die Wände gemalt hatte.

Dann berichtete unser Gastgeber, der junge Rabbiner, von dem Doppelagenten David Coleman Headley und dessen mörderische Mission im Auftrag des mächtigen pakistanischen Geheimdienstes ISI. Wir setzten daraufhin unsere Recherche zum Thema Terrorismus fort, bauten neue Kontakte zu Ermittler- und Geheimdienstkreisen auf und bekamen nun wieder die Bestätigung: Terror ist ein Geschäftsmodell.

»It's all about money«, hieß es immer wieder in Gesprächen, die wir während unserer Recherchen mit Mitarbeitern diverser Nachrichtendienste führten – »Terror ist ein Geschäft«.

Mit diesen Ergebnissen wuchs in unseren Köpfen der Wunsch, dem Kampf gegen Terror einen ARD-Themenabend zu widmen. Es ging uns zu keinem Zeitpunkt darum, uns gegen den Islam, die Religion oder religiöse Strömungen zu wenden, nicht um religiösen Fanatismus und Extremismus und insbesondere nicht darum, Vorurteile gegen Andersgläubige oder gar Flüchtlinge zu schüren.

Zurück in Deutschland berichteten wir unseren Partnern bei SWR, ARD Degeto, BR, RBB und SR von dem Vorhaben und weckten mit dem geschilderten Ansatz sofort das Interesse. So entstanden der Spielfilm *Saat des Terrors* und die Dokumentation *Spur des Terrors* und bald darauf erhielten wir die Zusage von Random House für das vorliegende Buch.

Insofern werden wir nicht müde, Dank zu sagen an all die Menschen, die uns und in unsere Arbeit vertrauen. Die Filme, die wir machen, und dieses Buch wären niemals entstanden, wenn verantwortliche Redakteurinnen und Redakteure nicht den Mut hätten, uns dabei zu unterstützen. Es gehört immer wieder Mut dazu, brisante Themen aufzugreifen. Allen Gefahren und Widerständen zum Trotz haben unsere Partner diesen Mut wiederholt bewiesen. Das ist nicht selbstverständlich und wir sind jedes Mal dankbar dafür.

Wir danken zunächst unseren Redakteuren von SWR, ARD Degeto, BR, RBB, SR, Manfred Hattendorf, Christine Strobl, Claudia Gladziejewski, Verena Veihl, Andrea Etspüler für ihre Unterstützung bei der Spielfilmproduktion *Saat des Terrors*.

Wir danken den Redakteuren des SWR, Hans-Michael Kassel und Thomas Reutter, für ihr Vertrauen während der Realisierung der Fernsehdokumentation *Spur des Terrors*.

Wir danken den Verantwortlichen von ARD, SWR, ARD Degeto, BR, RBB und SR. Namentlich sind das Volker Herres, Rainald Becker, Dietmar Pretzsch, Barbara Biermann, Christine Strobl, Reinhard Scolik, Patricia Schlesinger, Martina Zöllner, Bettina Ricklefs.

Wir danken den Informanten und Geheimdienstmitarbeitern, die uns während des Projekts viele Stunden bereitwillig mit Rat und Tat zu Verfügung standen und namenlos bleiben wollen. Und nicht zuletzt danken wir den Verantwortlichen im Heyne Verlag für ihre Geduld und Zuversicht.

Daniel Harrich und
Danuta Harrich-Zandberg,
Juni 2019

Register

Abbottabad 100 ff., 105, 137
Abdel-Rahman, Omar 65
Abu Daoud 273
Abu Qahafa 143, 155, 160 f., 165
Abu Shoaib 183
Abu Umer 183
Afghanistan 34 f., 41–46, 80 f.
Ägypten 49, 65, 252 ff.
Ahmed, Mahmud 68, 212
Al Hussaini (Schiff) 180 f.
Al-Assad, Baschar 253 f.
Al-Gaddafi, Muammar 253 f.
Al-Libi, Abu Faradsch 73
Al-Liby, Abu Anas 155, 159, 161, 165
Al-Mahmod, Mohammed 260–263
Al-Mohammad, Ahmad 260–263
Al-Qadsia-Moschee 123 f., 132
Al-Qaida 46 f., 50, 70, 86, 88 f., 101, 212, 223, 233 f., 247
Al-Shehhi, Marwan 71
Al-Sisi, Abdel Fattah 254
Al-Zarqawi, Abu Musab 74 f.
Al-Zawahiri, Ayman 47, 65
Alaifan, Faisal s. Usman 263
Algerien 65, 252, 254
Ali, Chaudhry Zufliqar 88
Ali, Semeer (Major, ISI) 145, 148
Alomar, Chaled s. Haddadi 263
Amri, Anis 270 f.
Ansbach 265, 269 f.
Araber-Afghanen 37, 45, 47 ff.
Arabische Liga 257
Arabischer Frühling 252–256
Arafat, Jassir 273
Arshad, Hafiz (alias Abdul Rehman Bada) 183

281

Atomkraftwerk BARC   163, 165
Atta, Mohammed   71, 212
Australien   78
Azzam, Abdullah Yusuf   40, 47 f.

Baath-Partei   251
Bait-ul-Rizwan   136 f.
Bangladesch   49, 113
Barbar, Naseerullah   90
Barcelona   269
Basharat (alias Passha)   235
Baumann, Desirée   9, 184 f., 194 f.
Ben Ali, Zine el-Abidine   253
Berlin   13 f.
Berlin, Weihnachtsmarkt   265, 270 f.
Bharti, Deven   192
Bhutto, Benazir   25, 86 ff., 161
Bin Laden, Osama   15, 23, 39 f., 48–51, 64 ff., 70, 73 ff., 93, 100–106, 120
Binalshibh, Ramsi   71
BKA (Bundeskriminalamt, Sonderabt. Echo)   263
Blegen, Patrick   243
BND (dt. Geheimdienst)   14, 38, 58, 95
Bosnien   55
Bouazizi, Mohammed   255
Brennan, John   239
Brigitte, Willie   78 f., 131 f.

Bruguière, Jean-Louis   18, 78 f., 131 f.
Brüssel   10, 20, 227, 259, 263
Burns, William   210
Bush, George W.   60, 68, 89, 98
Butt, Muzzammil   132, 141 ff., 145, 155

Cama Hospital   189
Chabad-Haus   165 ff., 169, 172
Chaiber Pakhtunkhwa   97
Chaky (ind. Koch)   197
Charlie Hebdo (Satiremagazin)   79, 259
Chhatrapati Shivaji Terminus (Victoria Terminus)   9, 152, 155, 164 ff., 179, 187 ff.
Chhota, Abdul Rehman (alias Sakib)   183
Chicago   107, 150, 230, 238 f.
Chidambaram, Palaniappa   210 f.
China   32 f.
CIA (am. Geheimdienst)   14, 35 ff., 40 f., 49 f., 58, 103, 216
Clinton, Bill   49
Cobra (österr. Spezialeinheit)   264
Coll, Steve   35
Collins, Daniel   18, 107 f., 110, 113, 241, 243
Coulibaly, Amed   79
Cuffe Parade   163 f., 167, 182, 196

Daleel, Mohammed   265, 270 f.
Dänemark   174, 229, 235 f., 238
Daura-e-Aam   135
Daura-e-Khasa   135 f.
Daura-e-Ribat   136
Daura-e-Talba   134 f.
Derby   235
Deutschland   25 f., 93 ff., 98
DGSE (franz. Geheimdienst)   64
Drogenfahndung DEA (Drug Enforcement Administration)   119, 121 ff., 127, 129, 131, 139, 216 f., 240
Dschihad   36, 40, 123 f., 160, 249, 251, 270 f.
Durrani, Muhammad Asad (General)   19, 94, 221

El-Baradei, Mohammed   59
Europa   10, 16 f., 20 f., 76, 174, 234, 246 f., 256 f., 259, 262, 271

Faddis »Sam« Charles   19, 75, 149, 176, 208, 217 f., 226, 250, 274
Farid   236
FATA (Federally Administrated Tribl Areas)   96 f., 117, 145 f., 231, 234
FBI   63, 107 f., 126 f., 133, 139, 236–241
»Froschmann«   161 f.

Gall, Carlotto   81 ff., 85
Gamaa al-Islamija   65
GCHQ (brit. Geheimdienst)   222
Geheimdienste, westliche   14–17, 20, 44, 53, 56, 94, 223, 227, 252, 254, 258
German Bakery   231
Ghul, Hassan   74 f.
Gilani, Daood Sayed (s. a. Headley, David Coleman)   110–134, 136–147
Gilani, Sayed Salim   111–114, 117, 120
Gilani, Yousuf Raza   216
Gohel, Sajjan   19, 264 ff.
Grande, Ariana   266
Großbritannien   235
Gul, Hamid   39, 69

Haddadi, Abdel   260 ff., 264
Hamas   40
Haqqani-Netzwerk   80 f., 87, 98
Haqqani, Jalaluddin   56
Harkat al-Dschihad   49
Harkat-ul-Mujahideen   212
Haroon (Major)   133, 144, 157–160, 233
Hashim, Abdur Rehman (alias Pasha)   132 ff., 141, 143 ff., 157–160, 173, 229 f., 232, 234 f., 241 f.
Hauptsynagoge, Kopenhagen   245

Hayden, Michael V.   19, 45, 95,
    98 f., 126, 206, 210, 225 ff.,
    250, 259, 269
Headley, Alice Serrill   111 f., 114,
    116, 133
Headley, David Coleman (s. a.
    Gilani, Daood Sayed)   15 ff.,
    106–111, 148–168, 171–177,
    216–222, 229–247
Hekmatyar, Gulbuddin   45, 56
Heroin   117 ff., 121, 123
Hisbollah   40
Holder, Eric   77
Holtzberg, Gavriel   169, 171,
    197, 200
Holtzberg, Moshe (Bruder)
    171, 200
Holtzberg, Moshe (Sohn)   170,
    196, 198 f., 201
Holtzberg, Rivka   169 f., 197 f.,
    200
Hussein, Saddam   48, 119,
    249 ff.
Hyper Cacher (Supermarkt)
    79, 259

Imran, Babar (alias Abu Akasha)
    183, 196
Indien   13, 33, 57, 108, 113,
    142–147, 156–159, 162 f., 166,
    208–211, 225, 232 f.
Iqbal (Major, ISI)   146–151, 155,
    157 ff., 161 f., 164–167, 174,
    207, 229, 233, 241

Irak   12, 97, 249 f., 252, 254, 256
ISAF-Truppen   80 f.
ISI (pakist. Geheimdienst)   14,
    45, 53–56, 61 f., 69, 76, 82–86,
    90 f., 94, 103, 141–147, 160 f.,
    204, 209, 220 f., 224, 227 f.,
    241, 247, 270
Islamabad   84, 158, 204
Islamische Emirat Afghanistan
    45
Islamische Kampfgruppe
    Marokkos (GICM)   77
Islamischer Staat (IS)   251, 257,
    265, 270 f.

Jaishe-e-Mohammed   212
Jalal, Ayesha   26
Jalalabad   64
Jamaat ud-Dawa (JuD)   123, 214
Jamaat ud-Dawa (JuD)   137,
    206, 214
Jamaat-e-Islami (JI)   37
Jarrah, Ziad   71
Javed (alias Abu Ali)   183
Jemen   252, 254
Joint Terrorism Task Force   139,
    152
Jyllands-Posten (Zeitung)   174,
    230 f., 237, 245

Kabul   45, 81
Kahn, Abdul Qadeer   57–62, 86
Kahn, Ismail (alias Abu Ismail)
    183, 187, 190 f.

Kandahar 50
Karatschi 96, 174, 180 f., 207 f., 227, 264
Karkare, Hemant 190, 202
Karman, Tawakkul 254
Karzei, Hamid 86
Kasab, Ajmal (alias Abu Mujahid) 180 f., 183, 187 f., 191 f., 199, 205–208
Kaschmir 126, 136, 160, 168
Kashmiri, Ilyas 70, 78, 231 f., 234 f., 238, 241 f.
Kayani, Ashfaq Parvez 83
Kemp, Richard Justin 19, 234, 266 f., 275
KGB (russ. Geheimdienst) 34
Khalid, Sheikh Mohammed 214
Khost 40, 51
Khurram (Hauptmann) 133, 144, 157
Khurshid, Salman 108 f., 209, 219, 244
Koch, Egmont R. 59
Kopenhagen 13 f., 20, 107, 235 ff.
Kouachi (Brüder) 79

Lahore 96, 112, 118, 122 f., 134, 146, 156
Lashkar-e-Taiba (LeT) 16, 54, 78 f., 123 f., 131, 134–137, 139 ff., 159 f., 167 f., 173, 204 f., 207, 209, 214 f., 221, 228, 233, 247, 270
Leader, Howard 110 f., 120 f., 127 f.
Lee Armitage, Richard 67
Leopold Cafe 152, 166, 183 f., 186
Leros (griech. Insel) 260, 262 f.
Libyen 252, 254 f., 257, 270
London 225, 247, 269
Lubbers, Ruud 58

Madrasen (Koranschulen) 37, 52, 82, 84
Madrid 77, 225, 269
Manchester 266 f., 269
Mann, Erika 186, 193, 195 f., 203
Marine Drive 155, 163, 183
Markaz Dawa-wal-Irshad 54
Massoud, Ahmad Schah 43–46, 89 f.
McConnell, Michael 210
Merkel, Angela 276
MI5 (brit. Inlandsgeheimdienst) 236, 267
MI6 (brit. Geheimdienst) 107, 207, 213, 222
Micky-Mouse-Project 174, 229, 242
Militärakademie (NCD, Dheli) 158 f.
Mir, Sajid 137 f., 140–143, 145, 147 f., 150 f., 155, 157, 159, 161, 165 f., 168, 171–175, 198 ff.,

207, 223, 229, 233, 238, 241 f.,
247
Mohammed-Karikaturen 174,
231, 245
Mohammed, Khalid Scheich
71 f.
Molenbeek 64
Moniquet, Claude 19, 44, 51,
64, 127, 130, 259
Mossad (israel. Geheimdienst)
165, 167
Mubarak, Husni 253 ff.
Mubarakmand, Samar 210
Mudschaheddin 36–42, 45, 55
Mukherjee, Pranab 211
Mullah Omar 103
Mumbai 26/11 9, 13, 107 f., 148,
165, 168, 179–203, 225 ff.,
258 f.
Mumbai 152–158, 163 f., 166
München 272
Muridke 174
Musharraf, Pervez (pakist.
Staatspräsident) 19, 30, 33,
43, 54 f., 60 f., 66–69, 76,
88–91, 99 f., 102 f., 158, 206,
212, 221 f.
Muslimbruderschaft 37
Muzaffarabad 131, 136 f., 143,
159
MV Kuber (Schiff) 179 ff.

Nariman House 153, 165, 166,
168–172, 183, 187, 197–201

Nasir (alias Abu Umar) 183,
196
Nationale Ermittlungsbehörde
Insdien (NIA) 108
Nationale Islamische Front
40
Nawaz Sharif, Mohammed
65
Nawaz, Shuja 19
New York 77 f., 232
Nine -Eleven (11. September)
63, 71, 91, 125 f., 249
Nizza 26
Non-State-Actors 91, 144
Northern Project 174, 229
NSA (am. Auslandsgeheim-
dinest) 18, 222

Obama, Barack 15, 99 ff., 104
Oberoi-Trident (Hotel) 9, 153,
166, 179, 183 f., 186, 191 f.,
202 f.
Omar Sheikh 211–214, 232
Ombule, Tukaram 191
»Operation Bojinka« 72
»Operation Neptune's Spear«
100
Outalha, Faiza (Headleys
3. Ehefrau) 156 f., 176 f., 218
Outram (Hotel) 153 f., 163

Pakistan (Geschichte) 26–33
- Bangladesch 32
- East India Company 27

- Ghuriden 27
- Großbritannien 27 f.
- Indien 26–32
- Jammu 32
- Jinnah, Mohammed Ali 29
- Kaschmir 32
- Line of Control 33
- Mahatma Gandhi 28, 31
- Moguln 27
- Muslimliga 28
- Nehru, Jawaharla 28
- Victoria, engl. Königin 27
- Shamsuddin Ilyas Shah 27
- Partition 26, 29 f.

Pakistan (Staat/Regierung) 13 ff., 23–26, 33–37, 55 f., 61 f., 65–70, 75–83, 88–93, 96–99, 208 f., 215 f., 224, 269

Palästinensische Radikale 37

Paris 13 f., 20, 227, 259 f., 262, 269

Pasha, Ahmed Shuja 94 f., 100, 206

Pashtun Abad 82 f.

Pearl, Daniel 71, 213, 232

Peschawar 39 f., 47, 145

PET (dän. Inlandsgeheimdienst) 245

Pillai, Gopal Krishna 109, 219 f., 244

Portia (Headleys 2. Ehefrau) 134, 138 f., 152

Potzel, Markus 19, 97

Powell, Collin 67

Pune 158 f., 167, 232 f.

Puri, Munish Chandra 144

Qazi, Javed Ashraf 114

Quetta 81

Rana, Tahawwur Hussain 110, 115–118, 120 f., 142, 149–152, 230, 243

Rashid, Ahmed 36–39, 45, 50, 65

RAW (ind. Geheimdienst) 108, 218

Rawalpindi 161, 165

Reid, Richard 77

Rice, Condoleezza 211

Rose, Fleming 174, 229

Rotawan, Devika 188

Rote Moschee 84 f., 158, 160

Rotella, Sebastian 109 f., 114, 119, 122, 126, 136, 138 ff., 147, 216 f., 223, 234, 236, 238

Saeed, Hafiz Muhammad 103, 123 ff., 131, 140, 172 f., 206, 214 ff., 238, 241

Saleh, Ali Abdullah 253

Salzburg 263 f.

Samuel, Sandra 170, 196 f., 199 ff.

Sanders, Raymond 151, 154

Saudi-Arabien 37, 39 f., 47, 64, 253

Scharf, Jacob 245

Schindler, Gerhard (BND) 19, 53, 274
»Schlacht um Tora Bora« 74
Schwarzer September 272
Shah, Zarrar 214, 222
Shazad, Faisal 77
Shazia (Headleys 1. Ehefrau) 134, 138, 157, 175, 230
Sisodia, Govind 192 f., 198, 200 f., 205–208
Snowden-Dokumente 16, 18, 119, 222 f.
Solanki, Amar Singh 179 ff.
Somalia 55
»Sommerregen« 38
Sood, Vikram (ind. Geheimdienst RAW) 19, 108
Sowjetunion 34, 36, 41–43
Sri Lanka 246, 271 f.
Srinagar 134, 143
Sudan 49, 254
Sufiyaan (alias Simon) 235
Syrien 251–254

Taj Mahal Palace (Hotel) 9, 153, 158–161, 166, 177, 179, 183, 185 f., 194 f., 202 f., 208
Taliban 43–47, 52 f., 68 f., 68 f., 70, 82 f., 88–91, 96 ff.
Tenet, George J. 60 f.

TIPOFF (Terroristenbeobachtungsliste) 73
Tripathi, Sanjeev (ind. Geheimdienst RAW) 19, 218
Tunesien 252–256, 271
Türkei 257

Uhrlau, Ernst (BND) 19
Ullah, Fahad 183
USA 33 ff., 57, 65, 74, 88 f., 91 f., 98 f., 103 f., 211, 215, 218, 224
Usman, Ghani Muhammad (M.G.U.) 259–262, 264, 270 f.

Wahhabismus 39, 44
Wasiristan 52, 118
Weltmuslimliga 37
Westergaard, Kurt 174, 229, 245

Yousef, Ramzi 72

Zaki-ur-Rehman Lakhvi 70, 136, 141 f., 155, 158, 160, 162, 166, 173 f., 180, 206, 214, 241
Zardari, Asif Ali 211
Zazi, Najibullah 78
Zia-u-ul-Haq, Mohammed 36